ANNALES DU MUSÉE GUIMET

Bibliothèque de vulgarisation

PRÉCIS
D'HISTOIRE DES RELIGIONS

PREMIÈRE PARTIE

RELIGIONS DE L'INDE

BAUGÉ (MAINE-ET-LOIRE) — IMP. DALOUX

GANÉÇA,
Dieu de la science.
Statuette d'argent massif (Musée Guimet, n° 3945).

PRÉCIS
D'HISTOIRE DES RELIGIONS

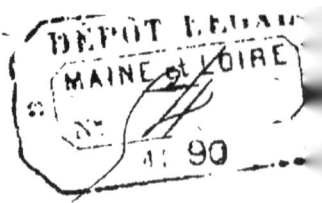

PREMIÈRE PARTIE

RELIGIONS DE L'INDE

PAR

L. DE MILLOUÉ

PARIS

ERNEST LEROUX, ÉDITEUR

RUE BONAPARTE, 28

1890

PRÉFACE

Cet ouvrage n'a pas de prétention à l'érudition. Il ne faut pas lui demander des découvertes ou des idées nouvelles. C'est un simple résumé élémentaire des faits acquis, des idées admises par la science moderne, un exposé très succinct de l'état actuel de nos connaissances dans l'immense domaine de l'histoire des religions. Me rappelant les difficultés rencontrées au début de mes études orientales, temps perdu à suivre de fausses pistes, erreurs, tâtonnements, incertitudes décourageantes, j'ai espéré être utile aux débutants comme moi et faciliter leurs premiers pas en leur faisant éviter ces écueils. Dans ce livre, je n'ai fait, en somme, que coordonner et résumer les notes recueillies pendant dix ans d'études spéciales consacrés à la classification des collections du Musée Guimet, notes qui portent principalement sur la nature, l'origine, le rôle des dieux et les formes diverses sous lesquelles ils sont représentés, les rites suivant lesquels ils sont adorés. C'est, du reste, le côté qui a été le moins développé dans les Abrégés d'Histoire des Religions publiés jusqu'ici, qui s'attachent ordinairement de préférence à la philosophie des Religions et à leurs rapports généraux; et cependant, il me semble qu'avant de rechercher l'idée philosophique qui s'est développée autour des mythes, il est important de connaitre la façon dont les dieux ont été conçus et représentés, les attributs qu'ils possèdent en propre pouvant servir à les faire reconnaitre à première vue et indiquant généralement ou rappelant leur origine première, ainsi que les formes particulières du culte qui leur est rendu.

Je me suis donc attaché à présenter aussi fidèlement que possible les divinités des différentes religions avec leurs traits et leurs attributs caractéristiques, tâchant de faire ressortir leur rôle primitif et les modifications qu'il a subies dans le cours des temps sous l'influence du développement et du progrès naturel des idées et de la civilisation et peut-être aussi du contact avec des peuples étrangers. Un autre point non moins important à étudier, c'est la transformation graduelle de la personnalité des dieux et leur anthropomorphisme progressif, cause et quelquefois effet de l'iconoplastique et du culte des images qui en est la conséquence naturelle. Enfin j'ai tâché d'indiquer les modifications du culte, si intimement liées à la conception que l'on a des dieux aux diverses époques.

Les dogmes, dans leur fond et leur forme, tiennent de si près à l'état de la civilisation spirituelle et matérielle que j'ai crû devoir tracer pour chaque époque spéciale de la religion d'un peuple un tableau de l'état social et politique où il se trouvait au moment où les transformations se sont opérées, où les schismes se sont développés, tiré de l'histoire quand elle nous donne des renseignements positifs, ou bien, si ces renseignements manquent, déduit des indices fournis par les dogmes eux-mêmes et par les livres sacrés qui les exposent.

Presque tous les ouvrages qui traitent de l'Histoire des Religions débutent par l'exposé des croyances inférieures des peuples non civilisés, pour remonter ensuite graduellement aux religions plus élevées et plus parfaites, ce qui leur permet d'établir une théorie d'évolution progressive, de faire, en un mot, la philosophie du développement religieux. Je n'ai pas crû devoir suivre ce plan. Un scrupule m'a arrêté. Nos renseignements sont peu précis sur les croyances des peuples sauvages; tout le monde sait combien ils ont de répugnance, ou peut-être de difficulté, à fournir des éclaircissements sur leurs idées religieuses et leur culte très vagues et variant de tribu à tribu et quelquefois d'homme à homme. M. Tiele, dont la compétence est grande dans ces questions, le reconnaît bien lorsqu'il dit : « Une description des religions dites sauvages, qui appartiennent à l'ethnologie, ne rentre naturellement pas dans notre plan. Elles n'ont pas d'histoire et ne figurent dans l'enchaînement historique que pour nous permettre de nous représenter les religions animistes anciennes et préhistoriques dont elles sont les restes, on pourrait dire les ruines. » *(Manuel d'Histoire des Religions, traduction française de M. M^{ce} Vernes, Introduction, page 7).* D'un autre côté, il n'y a peut-être pas actuellement sur le globe une seule peuplade sauvage qui ait une religion absolument originale, qui n'ait subi l'influence des idées religieuses de ses voisins et même des peuples civilisés, fait constaté particulièrement en Afrique, où des notions, des traditions ou des légendes de l'Islam ont pénétré jusqu'au fond des déserts. Il semble donc, dans ces conditions, qu'il y ait un danger, au moins de suspicion d'empirisme, à adopter un système basé sur un fondement aussi discutable. Il m'a paru plus rationel et plus clair de réserver les religions des peuples non-civilisés pour une sorte de vérification des principes acceptés en matière de développement religieux, et de chercher la démonstration de ces principes dans des religions plus relevées, nous offrant une base solide, indiscutable, c'est-à-dire des monuments écrits ou figurés.

Mais il est évident que la croyance que nous prendrons pour point de départ doit nous offrir un tableau suffisamment ancien et assez net des phases du développement des idées religieuses, des dogmes et du culte, et surtout qu'elle doit être suffisamment connue et étudiée pour que le doute ne puisse atteindre les enseignements que nous en tirerons. Aussi nous ne pouvons nous adresser ni à la Chaldée, ni à l'Assyrie, encore trop peu connues; ni à l'Egypte qui présente ce troublant phénomène d'une civilisation très avancée et d'une religion codifiée et fixée dès une antiquité vertigineuse sans laisser entrevoir ses sources et ses antécédents; ni au Judaïsme dont le livre sacré quelque ancien qu'il soit, ne reflète pas une civilisation primitive prise pour ainsi dire sur le vif, mais seulement une tradition déjà coordonnée et systématiquement rédigée dans un but déterminé d'exaltation et de glorification de la forme religieuse qu'il enseigne, et qui s'efforce de dissimuler et de dénaturer les idées fétichiques et polythéistes de son origine comme autant de taches honteuses.

Il n'y a que l'Inde qui présente dans des livres anciens, bien connus aujourd'hui, un tableau vraisemblable des sentiments religieux d'un peuple non plus absolument primitif, mais affranchi depuis peu des liens les plus grossiers du naturalisme et de l'animisme fétichiques. Et là, ce que nous trouvons, ce n'est pas un récit plus ou moins arrangé de faits anciens conservés par la tradition, mais le recueil même des hymnes de prière, de louange et de rogation adressés par un peuple jeune à ses dieux, sous une forme frappante de naïveté, de sincérité et de foi vive. Là nous voyons, pour ainsi dire, naître les dieux, leur personnalité se développer et prendre corps, se dégager du vague inséparable des croyances primitives qui, si elles voient des divinités partout, ne savent pas encore les différencier en leur prêtant des formes et des attributs distincts appropriés aux divers rôles qu'elles doivent remplir. Car il est incontestable que la divinité innommée de la plupart des religions primitives n'est qu'une notion incomplète, indéfinie, de l'Etre divin, seulement soupçonné ou pressenti dans les phénomènes naturels, qui se précise et se personnalise dans le polythéisme pour aboutir quelquefois au monothéisme. Le monothéisme ne peut exister au début d'une religion, puisqu'il exige un effort prodigieux de l'esprit, inaccessible aux peuples enfants, la conception de l'Infini ; et dans l'Inde, en effet, on arrive à cette notion avec la nouvelle école védàntique par une suite logique de transformations polythéistes et panthéistes accomplies en plusieurs siècles.

Je sais bien que depuis quelques années il existe une tendance à contester l'ancienneté du Véda et même à le ramener à une époque très voisine de nous, à en faire un pastiche de l'antiquité composé expressément pour les besoins d'un rituel déjà établi ; mais ces allégations ne sont rien moins que prouvées ; nombre de savants considérables les rejettent absolument et démontrent l'inanité des conséquences qu'on prétend en tirer, ainsi que l'a fait récemment M. Paul Regnaud :

« On a vainement essayé de le déprécier (le Véda) en en contestant la haute antiquité. En réalité il est probablement moins ancien que beaucoup de parties de la Bible, et l'on peut tenir pour certain qu'il le cède pour l'âge à la plupart des documents Assyriens et Babyloniens. Mais sa date absolue n'est pas ce qui importe. L'essentiel pour nous, c'est qu'il est très vieux, c'est-à-dire très primitif, par les conditions intellectuelles au milieu desquelles il a pris naissance ; c'est qu'il nous montre les mythes indo-européens en voie de création ; c'est qu'il nous révèle comment les religions de première formation commencent ; c'est qu'il nous fait assister à l'éclosion de la conscience philosophique dans un groupe social qui nous touche de près par les origines. » *(Discours d'Inauguration de la Chaire de Sanskrit à la Faculté des lettres de Lyon, page 8).*

J'ai donc consacré la première partie de cet ouvrage aux religions de l'Inde propre, le Védisme, le Brâhmanisme et l'Indouisme, avec leurs deux grands schismes, le Djaïnisme et le Bouddhisme ; dans la seconde partie sont comprises les religions Indo-européennes, c'est-à-dire Irânienne, Grecque, Italienne, Celtique, Germanique, Scandinave et Slave ; dans la troisième, les religions de la Chine et du Japon parmi lesquelles le Bouddhisme joue un rôle capital ; dans la quatrième, les religions Egyptienne et Sémitiques ; dans la cinquième, enfin, les croyances des populations sauvages ou à demi civilisées de l'Amérique, dé l'Afrique et de l'Océanie. Quant au Judaïsme, au Christianisme et à l'Islamisme, ils se tiennent de trop près pour pouvoir être séparés et feront l'objet d'une étude spéciale.

Une des difficultés matérielles que l'on rencontre quand il s'agit d'un travail de vulgarisation comme celui-ci, c'est l'orthographe des mots et des noms propres étrangers. Avec nos habitudes spéciales de prononciation si l'on orthographie ces mots d'après la stricte transcription des caractères étrangers en lettres françaises ils sont inévitablement prononcés d'une façon défectueuse qui les rend méconnaissables à l'oreille, et leur aspect inaccoutumé déroute ceux qui ne sont pas initiés aux études orientales. D'un autre côté l'orthographe phonétique les dénature de telle sorte qu'il est difficile ensuite de les ramener à leur forme réelle. Pour obvier à ces deux inconvénients, également sérieux, j'ai écrit les noms suivant leur prononciation, en les faisant suivre de leur transcription littérale placée entre parenthèses. Peut-être n'est-il pas inutile de rappeler, pour les personnes peu habituées au système de trancription adoptée généralement pour le sanskrit, que cette langue possède des sons et des lettres qui n'ont pas d'équivalents dans la nôtre, pour certains desquels on est obligé de recourir à des caractères accentués ou pointés. Ainsi :

La voyelle sanskrite	ऋ ri	se représente par	r̥
—	—	ॠ rî	=	r̥̄
—	—	ऌ lri	se représente par	l̥
—	—	उ ou	=	u
—	—	ऊ oû	=	û

La consonne gutturale	ङ na	=	ṅ
—	palatale च tcha	=	c
—	— ञ gnia	=	ñ
—	linguale ट ta	=	ṭ
—	— द da	=	ḍ
—	— ण na	=	ṇ
—	sifflante श cha	=	ç
—	— ष sha	=	ṣ

Ce précis étant, ainsi que je viens de le dire, un résumé de faits puisés dans un grand nombre d'auteurs divers, il était bien difficile de renvoyer, par des notes, aux livres et aux passages visés. Certains ouvrages, comme, par exemple, la *Religion Védique* de M. Bergaigne, seraient à citer à chaque ligne, presque à chaque mot. Dans ces conditions les notes devenaient trop encombrantes (elles eussent souvent été plus considérables que le texte) et je les ai remplacées par un *Index Bibliographique* indiquant pour chaque religion les livres dont je me suis servi, en ayant soin de placer en tête de chaque section les ouvrages les plus utiles à consulter pour les commençants ou pour ceux qui ne veulent avoir qu'une idée générale d'une religion.

9 novembre 1889.

INTRODUCTION

L'histoire des Religions ; son but. — Religion et Religions. — Origine des religions : Révélation, Naturalisme, Animisme. — Classification des religions : Fétichisme, Polythéisme, Panthéisme, Monothéisme. Religions Aryennes ou Indo-Européennes. Religions Sémitiques. — Notion de la Divinité. — Morale. — Le rite : Prière et sacrifice. — Le clergé.

L'histoire des religions est une science toute nouvelle. C'est notre siècle qui lui a donné naissance en appliquant aux recherches et aux découvertes de ses devanciers l'esprit de méthode et la critique sévère sans lesquels les idées les plus ingénieuses, les observations les plus intéressantes ne sauraient conduire à aucun résultat sérieux, sans lesquels la science n'est jamais que de l'empirisme. Dès l'antiquité la plus reculée les philosophes et les historiens, préoccupés de comprendre et d'expliquer cette institution de la religion si intimement liée à l'histoire des peuples, ont recherché les origines des croyances de leur temps, et, si les ressources dont ils disposaient ne leur ont pas permis de résoudre ce problème, leurs travaux ont eu du moins l'inappréciable mérite de nous conserver maints traits de ces croyances qui, sans eux, eussent été perdus pour nous, de nous fournir un tableau souvent très fidèle et toujours très intéressant de l'état religieux de leurs contemporains et, malgré leurs erreurs, de nous laisser des points de repère précieux pour arriver un jour à la vérité.

La période de barbarie qui suivit la chute de l'empire romain, et surtout la perte irréparable du centre scientifique d'Alexandrie, arrêtèrent ou stérilisèrent pendant des siècles les recherches hiérographiques.

Ces études furent absolument nulles, au point de vue comparatif, pendant le Moyen-Age. Quel essort pouvaient-elles prendre, quelle faveur pouvaient-elles avoir dans une société reposant sur une organisation religieuse dogmatique basée sur la doctrine de la révélation divine et traitant comme le pire des crimes tout essai de critique religieuse ou philosophique indépendante ? La Renaissance, en remettant en honneur l'étude des chefs-d'œuvre de l'antiquité, la Réforme, en posant en principe la théorie du libre examen, apportèrent un renouveau d'intérêt aux questions philosophico-religieuses ; mais à ce moment encore elles ne purent se développer, entravées qu'elles étaient par le rigorisme fanatique de l'esprit religieux de l'époque toujours imbu de l'idée de révélation qui ne lui permettait de voir que de menteuses allégories et de damnables illusions démoniaques dans les mythes des antiques religions du monde et leurs poétiques divinités.

Par une raison inverse le scepticisme du dix-huitième siècle ne devait pas produire plus de fruits, quelque fut cependant le talent de ses maîtres. Exclusivement préoccupés de détruire par la discussion ou par le ridicule un système religieux qu'ils trouvaient incompatible avec les progrès de l'esprit humain, les philosophes, les *libertins* ainsi qu'on les appelait alors, confondant dans une même haine la religion et la hiérocratie ne se donnèrent pas la peine de rechercher sérieusement et de comparer les origines des diverses croyances, ou, s'ils le firent, ce ne fut que pour y trouver des armes contre celle de leur temps. A la fin du siècle dernier cependant et au commencement de celui-ci la découverte et la publication de quelques-uns des livres sacrés de l'Orient vint jeter un jour nouveau sur l'origine des religions ; on fut frappé de certains traits communs, de saisissantes analogies de ces antiques croyances non-seulement avec celles de l'ancien monde occidental, mais même avec nos religions actuelles. On se passionna pour cette comparaison ; une légion de savants de tous les pays, en tête desquels marchaient nos illustres concitoyens les Champollion, Abel de Rémusat, Burnouf, Barthélemy St Hilaire, et tant d'autres, se vouèrent à l'œuvre ardue de traduire et d'exposer ces précieux documents en les comparant à ceux que nous possédions déjà. La Science des Religions était fondée ! Elle a marché à pas de géant.

Constater l'éclosion du sentiment religieux chez les différents peuples, la façon dont il se révèle et se développe, la transformation en religions des croyances d'abord vagues et incohérentes, les modifications que subissent celles-ci suivant les milieux où elles sont nées, le caractère propre, l'état de civilisation des peuples et leurs migrations ; déterminer enfin l'influence qu'elles ont exercée sur le moral et la civilisation de ces peuples, tel est le but de l'Histoire des Religions. Pour l'atteindre, nous devons étudier successivement toutes les religions connues dans leurs dogmes, leurs rites, leurs livres sacrés et même dans les légendes populaires ; constater leurs modifications en en recherchant les causes : développement normal, guerres, migrations, schismes, relations avec des peuples étrangers ; nous efforcer de reconnaître quels ont été les premiers objets de leur culte, de quelle façon ce culte était rendu, comment et dans quelle mesure il s'est modifié. Puis, cette tâche accomplie, il faut comparer entre elles les diverses religions pour déterminer quels sont les éléments propres à chacune, ceux qui leur sont communs, et ceux enfin qu'elles ont pu et dû s'emprunter réciproquement.

Avant d'aborder l'étude des religions, il convient de bien définir ce qu'on entend par religion et religions.

Nous ne croyons pas qu'il soit besoin de revenir ici sur tout ce qui a été dit de l'étymologie de ce mot, ni de reproduire les diverses définitions qu'en ont donné les philosophes et les grammairiens anciens et modernes. Il nous suffit de déterminer le sens dans lequel nous emploierons ces expressions. Par religion, dans un sens général, nous entendons la manifestation plus ou moins systématique de ce sentiment commun à tous les hommes qui leur fait concevoir l'existence d'un être supérieur à eux et au monde qui les environne, ou quelquefois confondu avec ce monde; être puissant, bienveillant ou malfaisant, et souvent les deux à la fois, auquel ils sentent le besoin d'adresser des prières et d'offrir des sacrifices afin d'obtenir sa protection ou bien d'apaiser et détourner sa colère.

Quand nous parlons d'une religion, nous entendons l'ensemble des croyances adoptées par un groupe quelconque de la famille humaine, indépendamment de toute considération relative à la forme et à l'état de développement de ces croyances.

Toute religion se compose de deux éléments constitutifs essentiels indispensables à son existence : la notion d'un dieu et le rite, c'est-à-dire l'instrument au moyen duquel l'homme se met en communication avec ce dieu. Au rite s'ajoute le plus souvent, mais pas obligatoirement, le symbole. La conception d'une divinité ne peut suffire à constituer une religion, parce que sans un rite établi, quel qu'il soit du reste, il ne s'agit plus que d'un sentiment individuel sans manifestation légale, variable par conséquent, non seulement pour chaque individu, mais pour un seul et même homme aux différentes époques de sa vie, ou suivant les modifications de son caractère et de ses impressions.

A quel moment précis, dans quelles conditions la conception d'une divinité prend elle une consistance suffisante et assez générale pour devenir une religion ? Quelle est, en un mot, l'origine des religions ? C'est ce que nous ignorons. Les études religieuses de ces cinquante dernières années nous permettent aujourd'hui de déterminer d'une façon probable les lois suivant lesquelles se développent, progressent et périssent les religions. Nous avons pu retrouver le sens perdu ou caché de nombreux mythes, en établir la filiation et, par là, reconnaître les sources de la plupart des croyances qui vivent ou ont vécu sur notre globe. Quant à leur origine même, à l'expression primordiale du sentiment qui leur a donné naissance, nous sommes et nous serons sans doute toujours réduits à des hypothèses plus ou moins étayées par ce que nous observons chez les peuples sauvages.

Toutefois il est un fait constaté, c'est que le sentiment religieux est universel, inné dans l'homme, sans doute par la conscience de sa faiblesse en face de tous les dangers qui l'environnent, et on pourrait même presque dire, qu'il est, au même titre que la parole et le raisonnement, un des caractères particuliers de sa nature. En effet, on n'a pas encore rencontré une peuplade absolument athée, au sens strict du mot, si bas fut-elle placée sur l'échelle de la civilisation. On a dû reconnaître chez ceux-là mêmes qu'on avait signalés comme ne possédant aucun culte, certaines superstitions et certaines pratiques, généralement relatives aux funérailles, qui dénotent un rudiment de croyance en une divinité ou en des démons, et cette croyance, si rudimentaire et si grossière qu'elle soit, n'en constitue pas moins une religion.

On peut donc admettre que le sentiment religieux se développe naturellement, spontanément chez l'homme dès que son esprit a conquis la faculté de percevoir et de se rendre compte de ses sensations.

Théologiquement, c'est l'effet de la *révélation primitive* déposée par Dieu lui-même dans le sein du premier homme et se perpétuant chez ses descendants; système le plus commode de tous, qui supprime tout le problème, mais que la méthode scientifique ne nous permet pas d'accepter *a priori*.

Scientifiquement, la conception de la divinité, une ou multiple, naît, selon les uns, de la perception et de l'observation subséquente des grands phénomènes naturels — tels que les alternatives de jour et de nuit, les saisons, la chaleur, le froid, la pluie, l'orage, etc. — que l'homme a converti en divinités bonnes ou mauvaises suivant que leurs effets lui sont agréables ou pénibles, profitables ou désastreux *(Naturalisme)*; selon d'autres, sa première étape est la notion d'une âme, essence distincte du corps et impérissable, ou du moins survivant au corps, notion qui serait suggérée à l'homme surtout par les rêves dans lesquels il revoit, après leur mort, les parents et les amis qui lui étaient chers, les ennemis qu'il redoutait. C'est aux mânes que le premier culte aurait été rendu et les dieux, en réalité, ne seraient que les ancêtres de la tribu. Plus tard, par extension ou par analogie, une âme ou un esprit aurait été attribué aux phénomènes naturels *(Animisme)*. Si l'expérience a prouvé la justesse éventuelle de ces deux systèmes, elle n'a pas démontré que l'un eût existé à l'exclusion de l'autre, pas plus que la priorité de l'un sur l'autre. Nous pensons donc que l'animisme et le naturalisme ont une part à peu près égale dans l'expression du sentiment religieux, car nous les trouvons tous les deux à la base de toutes les religions, aussi bien dans les notions vagues du sauvage que dans les conceptions métaphysiques des peuples parvenus à une merveilleuse civilisation.

Si diverses qu'elles soient dans leurs détails intimes, les religions n'en ont pas moins entre elles certains points de ressemblance, quelque fois il est vrai plus apparents que réels, d'après lesquels on peut les classer et les grouper. C'est ainsi que, ne les envisageant qu'au point de vue de leurs systèmes théogoniques, on les avait réparties autrefois en quatre classes ;

Fétichistes, Polythéistes, Panthéistes et Monothéistes[1]. Mais ces formes quelque distinctes qu'elles paraissent au premier abord, ne sont probablement que des phases successives d'un développement du sentiment religieux correspondant à des états donnés de civilisation intellectuelle et matérielle, se mélangent souvent les unes aux autres au point d'être difficilement séparées et ne constituent par conséquent pas une classification scientifique satisfaisante. Ainsi nous trouvons toujours plus ou moins le fétichisme à la base de toutes les religions; à mesure que les idées générales s'élèvent il se transforme en polythéisme ou en panthéisme, souvent même il prend ces deux formes à la fois; enfin les croyances polythéistes et panthéistes arrivent fatalement à une sorte de monothéisme ou, si l'on aime mieux, d'hénothéisme par la conception d'un dieu supérieur aux autres qui descendent bientôt au rang de simples satellites, émanations ou créatures du Dieu Souverain. Par contre, dans les monothéismes les plus absolus, la persistance d'anciennes croyances populaires, d'antiques symboles ou rites, laisse percer le fétichisme et le polythéisme détrônés. C'est pourquoi il nous paraît plus rationel de classer les religions selon leurs affinités et leur parentés reconnues que d'après des analogies dues au hasard ou

---

1. Ces termes sont trop connus pour qu'il soit besoin de les expliquer ; toutefois nous croyons devoir rappeler que le fétichisme proprement dit est l'adoration d'un objet quelconque, matériel ou animé, tenu pour dieu en lui-même, c'est-à-dire comme exerçant les fonctions et possédant la puissance d'un dieu, et qu'il ne faut pas le confondre avec l'idolâtrie, adoration d'une image ou d'un objet considéré comme la représentation ou la demeure occasionnelle, et même habituelle, d'une divinité indépendante de l'objet même. On ne devra pas oublier, non plus, que le panthéisme peut être, suivant le cas, polythéiste ou monothéiste.

résultant de phénomènes de civilisation. Nous reconnaissons à ce point de vue deux grandes familles principales dans les religions du globe : la famille Aryenne ou Indo-européenne dans laquelle rentrent toutes les religions de l'Europe ancienne ; et la famille Sémitique cantonnée dans l'Asie occidentale et l'Afrique septentrionale. En dehors de ces deux familles qui correspondent du reste à des races bien distinctes, existent de nombreux systèmes religieux, ou absolument indépendants les uns des autres ou trop insuffisamment connus pour qu'on puisse les grouper avec quelque certitude et que, jusqu'à nouvel ordre, nous étudierons comme des religions séparées. Dans cette catégorie nous plaçons les religions de la Chine, du Japon, des peuples non civilisés de l'Afrique, de l'Amérique et de l'Océanie.

Le développement normal d'une religion procède probablement, ainsi que nous venons de l'indiquer, par les phases suivantes : au début, mélange de naturalisme et d'animisme caractérisés par l'adoration des objets ou des phénomènes naturels (le ciel, la terre, le feu, le vent, la pluie, la puissance productrice de la nature) et un fétichisme plus ou moins développé. Puis ces objets et ces phénomènes, auxquels on a prêté une âme ou un esprit, perdent de leur importance au profit de cette âme qui se dégage peu à peu de ce qu'elle a de matériel et devient définitivement une divinité dirigeant ces phénomènes, acquiert une personnalité distincte et bientôt s'anthropomorphise en raison même de la personnalité qu'on lui prête. C'est la période polythéiste. Enfin, soit l'observation de l'ordre merveilleux qui règne dans la nature, qu'il est difficile de ne pas attribuer à l'action d'une volonté et d'une sagesse unique, soit l'idée d'assimiler le gouvernement de l'univers à celui d'un état, amène à la conception d'un dieu supérieur aux autres, leur maître à tous, et qui pourra, à un moment donné, les annuler soit parce qu'on arrivera à considérer ce dieu comme existant dans toute la nature et se confondant avec elle (*Panthéisme*), soit parce qu'on l'estimera assez grand et assez puissant pour ne pas avoir besoin d'auxiliaires et ne pas souffrir de rivaux dans le gouvernement du monde (*Monothéisme*).

Il est bien entendu qu'en indiquant ces évolutions successives nous ne prétendons pas affirmer que toutes les religions aient parcouru ou doivent parcourir leurs diverses étapes. Il en est qui, par suite des éléments de corruption qu'elles portaient en elles, ou d'accidents fortuits, se sont vues arrêtées dans leur développement et ont péri tout entières; d'autres que les schismes ou les influences étrangères ont radicalement modifiées avant qu'elles aient pu parfaire leur carrière; d'autres qui nées d'une croyance plus ancienne se présentent à nous sous une forme presque parfaite dès leur naissance; d'autres enfin qui, à l'heure actuelle, n'ont pas encore achevé leur évolution; mais dans les unes comme dans les autres nous retrouvons, au moins en partie, les mêmes formes répondant à des situations analogues.

Dans les croyances primitives l'idée du mal semble jouer un rôle plus important que celle du bien. Les dieux malfaisants sont bien plus adorés que les bons, ce qui pourrait donner à croire que la frayeur plus que la reconnaissance a été le premier moteur du sentiment religieux. Il fallait un culte pour propitier une divinité malveillante et échapper aux maux qu'on en pouvait redouter; mais quel besoin y avait-il de s'occuper de celle de qui on n'avait rien à craindre ? Dans certaines religions cette notion du mal a persisté avec ténacité et a abouti au dualisme de l'esprit du mal ou des ténèbres en lutte avec l'esprit du bien ou de la lumière et contrebalançant son pouvoir ; conception d'un caractère évidemment inférieur. Dans d'autres au contraire, les religions Indo-européennes par exemple, la divinité a perdu dès le principe le caractère malveillant ; elle est essentiellement bienfaisante, secourable, et sa toute-puissance ne saurait tolérer à côté d'elle l'existence d'un rival, d'un ennemi malfaisant.

Un autre caractère des croyances primitives, c'est que l'élément moral y fait presque complètement défaut ; ce qui s'explique par le fait que les fonctions attribuées aux dieux sont d'un ordre purement matériel. Il faut un état très développé pour que la sanction morale apparaisse dans les religions sous la forme de rétribution des actes soit dans la vie terrestre soit dans une existence future, et que l'acte coupable au point de vue social soit assimilé à une offense envers la divinité, devienne un péché.

Nous venons de voir par quelles phases passe la notion de la divinité ; le rite, lui aussi, subit des modifications analogues dans ses deux éléments : la prière et le sacrifice. Dans les religions primitives la prière a une forme toute spéciale : c'est un exorcisme, une adjuration, une rogation, ou bien un marché en règle. On apaise le dieu irrité, on le séduit par l'appât du sacrifice. Puis, à mesure que s'épure la notion divine, la prière prend une forme plus élevée ; c'est une supplication, un appel à la justice, à la bienveillance du dieu. Enfin quand l'homme est assez cultivé pour ne plus s'imaginer avoir à désarmer un ennemi, à apaiser un tyran, elle devient l'adoration du créateur, du *père,* en la bonté de qui l'on se confie, l'expression de la reconnaissance de ses bienfaits.

Tandis que la prière parcourt ces divers degrés, le sacrifice éprouve une métamorphose semblable. Au début il est presque toujours sanglant. Il faut au dieu terrible la quantité et la qualité des victimes ; les plus nobles lui sont les plus agréables. Aussi l'homme, de gré ou de force, verse son sang sur les autels. Plus tard le sacrifice humain paraît révoltant à la conscience adoucie ; l'animal est immolé comme substitut de l'homme. Enfin l'animal lui-même est remplacé par les symboles, et des parfums, des fleurs, les fruits de la terre sont, en dernier lieu, les offrandes jugées les seules convenables pour la divinité dégagée de tout ce qu'on lui prêtait de cruel.

Il nous reste un mot à dire d'une institution inséparable de la religion : le clergé. Tant que les peuples primitifs demeurent à l'état patriarcal, ils n'ont pas de clergé. La charge du culte est un des privilèges et des devoirs du chef de famille. Bientôt cependant on voit à côté de lui le sorcier ou l'exorciste possesseur de secrets infaillibles pour forcer la volonté des dieux, secrets qui ne sont naturellement que jongleries ou certaines formules de prières récitées d'une façon particulière et accompagnées de sacrifices. Puis la prière se codifie, se fixe ; il ne s'agit plus d'une improvisation inspirée par les circonstances ; le dieu veut être adoré suivant des formes déterminées. Le sacrifice aussi se complique. Le laïque n'est plus capable de procéder au culte. Il faut un prêtre. Ce sera d'abord un vieillard riche d'expérience, ou bien un homme doué du génie de l'improvisation et qui passera pour inspiré ; puis un savant qui consacre sa vie à l'étude des minuties du rite. Alors on voit se former un corps sacerdotal recruté soit par voie d'initiation soit par hérédité qui, bientôt, orgueilleux de sa mission d'intermédiaire avec la divinité réclame au nom de son dieu le pouvoir et l'opulence.

Telles sont, rapidement esquissées, les phases par lesquelles nous verrons passer les religions, soit qu'elles aient terminé leur carrière et disparu pour faire place à d'autres plus en harmonie avec les besoins sociaux, soit qu'elles continuent encore de nos jours une évolution dont il est réservé à l'avenir de voir le couronnement.

Prithivî ou Pârvatî,
Déesse de la Terre.
Fragment de char de Çriringham (Musée Guimet, n° 8793).
Gravure sur bois du Magasin Pittoresque.

PREMIÈRE PARTIE

RELIGIONS ARYENNES

CHAPITRE I

Védisme.

Les Védas. — Origine et état de civilisation des Ayras védiques. — Le culte védique. Les hymnes. Le sacrifice. Les Rishis. — Naturalisme du Védisme. — Les dieux védiques. L'Asoura. Dyaus-Pitàr. Prithivî et Aditî. Les Adityas. Varouna et Mitra. Les Dévas, divinités solaires et météorologiques. Agni et Soma. Indra. Vishnou. Roudra. Les Marouts. Vayou. Savitri. Tvashtri. Oushas. Yama. Les Açvins. Les Ribhous. Etc. — Les Démons. Vritra. Ahi. Çambara. Etc.

C'est par les croyances Aryennes que nous croyons devoir commencer cette étude, non que nous prétendions leur attribuer une autorité ou une antiquité supérieure aux autres (ce n'est pas ici le lieu de discuter cette question si controversée et jusqu'à présent non résolue de la priorité d'une religion), mais parce que chez elles seulement nous trouvons des livres, dits sacrés, qui nous permettent de suivre, pour ainsi dire pas à pas, depuis une époque historique suffisamment reculée, le développement d'un culte assez primitif pour nous servir d'exemple, et aussi, parcequ'elles présentent une importance toute particulière par les éléments qu'elles ont en commun avec les religions du monde occidental et que nous avons tout lieu de supposer y avoir été introduits par nos ancêtres aryens les conquérants et civilisateurs de l'Europe.

La religion primitive des Aryas, ou du moins la forme la plus ancienne qu'on en connaisse, est généralement désignée dans les ouvrages européens sous le nom de *Védisme*. Ce nom dérive du mot sanskrit *Veda*, qui signifie « science », par lequel les Aryas désignent l'ensemble de leurs livres sacrés par excellence, les Védas, attribués aux Rishis (*sk.* ṛṣis) premiers sacrificateurs et chantres inspirés. Le plus ancien de ces livres, et peut-être le seul qui appartienne positivement à l'époque que nous appelons Védique, est le Rig-Véda, recueil (samhîtâ) d'hymnes en vers (mantras), composés en des mètres différents, qui se chantaient ou se déclamaient pendant le sacrifice. Puis viennent : le Yadjour-Véda (Yajur) — divisé en Yadjour blanc et Yadjour noir, — le Sâma, et l'Atharva, recueils d'hymnes en grande partie empruntés au Rig, livres de liturgie et de rituel à l'usage des prêtres. L'Atharva, plus original, est aussi plus moderne. C'est peut-être pour cette raison que Manou et les anciens brâhmanes ne font allusion qu'à trois divisions du Véda : Rik, Yajus et Sâman, le *Triple-Véda* dont la connaissance confère aux initiés la science parfaite. Le Rig-Véda est de beaucoup le plus important des quatre au point de vue de la religion Védique et pour la compréhension du Bràhmanisme qui lui a succédé.

Il est impossible d'assigner une date positive à la composition de ces livres. Si nous en croyons les Bràhmanes, les auteurs inspirés des hymnes auraient été contemporains de la création du monde et pères de l'humanité (on sait que c'est la tendance de toutes les religions de prétendre à une antiquité vertigineuse). Parmi les savants européens, quelques uns se basant sur l'introduction tardive de l'écriture dans l'Inde n'accordent pas même au Rig-Véda une antiquité beaucoup supérieure à l'invasion d'Alexandre le Grand ; d'autres, et ce sont les plus autorisés, s'appuyant sur les caractères généraux des hymnes et l'archaisme de la langue, croient pouvoir les faire remonter jusqu'à la période comprise entre 800 et 2000 av. J.-C. Ces dernières dates nous paraissent les plus vraisemblables étant donné l'état de civilisation que nous dépeignent les hymnes du Rig-Véda, état bien différent de celui qui régnait dans l'Inde au moment de la fondation du Bouddhisme, c'est-à-dire deux ou trois siècles avant l'invasion grecque. Les hymnes ont du certainement se conserver par tradition orale pendant des siècles, de la même façon que se transmettait le dogme Druidique dans les forêts de la Gaule, avant d'être fixés dans leur forme actuelle par l'écriture. A l'appui de cette opinion la critique relève dans le Véda des différences de style, des modifications et des interpolations incontestablement plus récentes que la masse des hymnes, et on sait, du reste, que, même dans les contrées où l'écriture était depuis longtemps employée, les doctrines et les formules sacrées se communiquaient oralement à l'initié de crainte qu'écrites elles ne fussent profanées par le vulgaire. L'objection la plus sérieuse que l'on fasse à la théorie de la conservation des Védas par tradition orale consiste dans la difficulté de retenir un recueil aussi volumineux — à lui seul le Rig renferme 1017 hymnes — mais, outre que de nos jours encore on rencontre, dit-on, des Brâhmanes capables de réciter le Véda de mémoire, il y a tout lieu de supposer que chaque famille ou tribu possédait en patrimoine un certain nombre d'hymnes, et qu'ils n'ont été réunis en un tout que lorsqu'il s'est agi de les confier définitivement à l'écriture.

Les Aryas, tels qu'ils se révèlent à nous dans les hymnes du Rig-Véda, appartiennent à la race blanche et sont incontestablement une branche de la grande famille qui envahit et civilisa l'Europe aux temps préhistoriques. Pasteurs et agriculteurs, divisés en familles ou tribus (gotra) ils possédaient déjà une civilisation assez avancée, puisqu'ils connaissaient l'usage des métaux et peut-être même du fer. Etablis d'abord dans la région de l'Indus, au pays des sept rivières (Sapta-Sindhava), où ils paraissent avoir pénétré par les passages du nord-ouest, ils s'avancent vers le sud en soumettant ou chassant devant eux les indigènes qu'ils désignent habituellement sous les noms de Dasyous « brigands », ou Mlecchhas « barbares » et quelquefois par l'épithète de « noirs » ce qui nous indique qu'ils avaient affaire à des peuples d'une race brune ou même absolument noire, peut-être celle qui s'est perpétuée dans le sud de l'Inde sur la côte de Malabar, et dans quelques districts montagneux. On peut supposer que ces autochtones étaient dans un état de civilisation à peu près égal, au point de vue matériel, à celui des Aryas ; qu'ils habitaient des villes, étaient riches en troupeaux et en chevaux, qu'ils connaissaient les arts et les raffinements du luxe ; c'est du moins ce que l'on peut inférer des nombreux hymnes qui supplient Indra de dépouiller les barbares, les « ennemis des dieux » de trésors qui font défaut aux Aryas, de détruire leurs forteresses. La conquête fut longue et difficile ; elle eut ses alternatives de succès et de revers dont nous retrouvons la trace dans les chants de triomphe ou de désolation, dans les actions de grâce ou les adjurations adressés aux dieux.

Le culte, à l'époque védique, parait être individuel, c'est à dire spécial à chaque famille, sauf peut-être dans certaines occasions solennelles, et se célèbre au foyer domestique, ou bien dans un enclos soigneusement préparé à cet effet. Il se compose habituellement de deux sacrifices — au lever du jour, et au coucher du soleil — dont l'acte principal est la production du feu sacré au moyen de la friction de deux morceaux de bois, les Âraṇis. Le père de famille agit comme sacrificateur ; il accompagne les cérémonies du rite consacré de la récitation d'hymnes appropriés à chaque circonstance qu'il a appris, ou qu'il improvise suivant la tradition des Rishis. Ces hymnes ne constituent, le plus souvent, pas une adoration à proprement parler, mais plutôt une rogation un marché proposé à la divinité. En échange du sacrifice le dieu devra donner la victoire, le riche butin, la moisson abondante, faire prospérer les troupeaux, accorder au fidèle une nombreuse postérité d'enfants mâles, préserver sa famille des maladies, etc. Si l'on est content de lui, l'hymne est une action de grâce ; on ne peut assez célébrer la bonté, la puissance, la splendeur du dieu. Mais aussi quels reproches amers quand, impuissant ou malveillant, il n'a pas su ou voulu répondre aux demandes intéressées de ses adorateurs.

Le père de famille, le Grihasta *(sk.* Gṛhasta) « maître de maison » présidant lui-même aux sacrifices journaliers, il ne devait pas y avoir place pour un corps sacerdotal constitué ; et en effet il ne semble pas qu'on puisse attribuer ce caractère aux Rishis qui sont principalement des chantres, des improvisateurs d'hymnes, ni aux Ritvidjs « sacrificateurs », bien qu'ils fussent appelés à présider et à diriger les sacrifices solennels en raison de leur science des rites sacrés, et qu'il soit admissible de voir dans ce fait le germe d'une fonction sacerdotale ; mais rien ne nous indique leur rôle dans la société ni le pouvoir qu'ils possédaient en dehors du sacrifice. Les Rishis sont représentés comme les fils des dieux, les premiers sacrificateurs et les ancêtres de la race Aryenne. Par un enchaînement, ou une confusion d'idées, fréquent dans les livres védiques les sacrificateurs se confondent avec le sacrifice auquel ils empruntent des attributs ignés ; bien plus, le fait d'avoir inventé le sacrifice qui donne, en quelque sorte, naissance aux dieux — principalement à Agni et Soma — leur a valu une paternité sur les dieux. Ils sont les pères de leurs pères. Leur carrière terrestre terminée, ils ont pour demeure le ciel ou les astres, dont ils deviennent les représentants ou les régents, et en particulier la Grande Ourse (Saptaṛṣis « les sept Rishis ») dont les sept étoiles sont assignées pour résidences aux sept principaux Rishis. Nous pouvons voir dans ce fait une preuve que, les Indous Aryens possédaient dès cette époque la notion de l'immortalité de l'âme. Cette notion se rattache du reste intimement à la croyance en l'origine divine de l'homme qui se révèle clairement dans de nombreux passages du Véda. L'Arya est de la famille des dieux, il est leur progéniture, non seulement parcequ'il a été procréé par les Rishis fils des dieux, mais parceque le *feu* qui l'anime est une partie de l'essence, de la substance des dieux. Les Rishis et les Pitris « ancêtres » sont souvent assimilés ou même confondus avec les dieux dans les mythes védiques.

L'autel du sacrifice est un simple monticule de gazon, construit de préférence sur un point élevé, une colline, comme du reste dans toutes les religions primitives, et celui de chaque famille doit être suffisamment éloigné pour que la voix d'un sacrificateur ne puisse arriver jusqu'à son voisin. Les offrandes consistent généralement en Soma (suc d'une plante du genre asclépiade mélangé avec du lait pour le faire fermenter) et en beurre clarifié dont on fait des libations sur l'autel pour aviver la flamme naissant des Âranis, en fleurs, fruits, céréales et animaux divers. Dans les occasions solennelles, probablement quand la tribu entière participait au sacrifice, on égorgeait et on brûlait sur l'autel des victimes plus précieuses, des chevaux, des taureaux, quelquefois des vaches et même, nous n'en pouvons malheureusement pas douter, des hommes. Toutefois il semble qu'au temps védique les sacrifices humains étaient déjà très rares et qu'ils ne tardèrent pas à être complètement abandonnés. Le sacrifice du cheval (Açvamedha) paraît les avoir remplacé.

Dans l'idée de l'Arya, le sacrifice accompli sur la terre est la reproduction exacte, la contrepartie du sacrifice célébré dans le ciel par les dieux (sans qu'il soit expliqué clairement à qui le sacrifice des dieux est offert) et il possède la propriété de faire se produire le phénomène dont le sacrifice céleste est l'image. C'est ainsi, par exemple, que le sacrifice terrestre du point du jour a pour but et pour effet de produire le lever du soleil, c'est à dire, de faire naître le feu céleste dans le ciel à l'instant précis où la flamme s'allume sur l'autel terrestre.

La religion du Rig-Véda est naturaliste, mais ce n'est évidemment plus une religion primitive. Le fétichisme grossier en a déjà disparu. Elle en est à la forme polythéiste, avec une tendance marquée vers un panthéisme que nous verrons se développer complètement dans le Brâhmanisme. Elle nous présente un système très élaboré, très poétique, très relevé d'idées, où le mythe témoigne d'observations attentives de la nature dont les forces, ou plus exactement les phénomènes — surtout ceux de l'ordre solaire et météorologique — sont personnifiés, anthropomorphisés et transformés en dieux, les Dévas, les « brillants ». Ces dieux sont vagues encore, indécis, ils se confondent ou se remplacent souvent au point de sembler n'être que des formes différentes, de simples épithètes, d'une divinité unique, ce qui a pu faire croire à un monothéisme, ou à un hénothéisme primitif qui est loin d'être prouvé. Ainsi, dans plusieurs hymnes, le poëte déclare que tel ou tel dieu, Agni surtout, est à lui seul tous les dieux ; mais il semble que ce ne soit qu'une forme ultra-laudative sans autre portée. Assez fréquemment aussi il est fait allusion à une divinité souveraine, mais plus vague encore que les autres, qui personnifie le ciel, la lumière ou la vie et qui paraît être une réminiscence d'une croyance naturaliste démoniaque déjà tombée en désuétude.

La souveraineté est, le plus souvent, attribuée à une classe de dieux, sur lesquels on manque de données précises, qualifiés Asouras et quelquefois, au singulier, l'Asoura. Ce mot Asoura (Asura) signifie « celui qui possède la vie, qui en est le propriétaire ou le dépositaire ». D'autres divinités sont également appelées occasionnellement Asouras, notamment les Aditiyas et plusieurs dieux tels que Parjanya, Roudra, Savitri, Tvashtri, les Marouts, lorsqu'on leur prête les fonctions souveraines. Les Dévas ont rendu un culte aux Asouras et il paraît probable que c'est encore à eux qu'ils sacrifient. Cette souveraineté ou royauté universelle comporte la « possession et la jouissance de droit » de tout ce que les autres dieux ne peuvent acquérir que par la lutte, et principalement des éléments de la vie — la lumière, le feu, les eaux — dont les dieux souverains sont les répartiteurs. Mais, quelquefois ils sont jaloux, avares de cette propriété et n'en cèdent une partie que contraints de vive force. Aussi possèdent-ils un caractère marqué de malveillance qui nous rappelle l'aspect malfaisant et démoniaque du dieu des croyances primitives. C'est sans doute là la cause du changement qui s'est produit, déjà à l'époque védique, dans le sens du mot Asoura, de dieu devenu démon. Cependant cet aspect malveillant n'est pas permanent ; les dieux souverains sont alternativement bons et méchants et, au fond, la bienveillance l'emporte chez eux. A leur avarice, à leur répugnance à se dessaisir de leurs trésors se rattache le mythe de la lutte qu'ils ont à soutenir contre les Dévas, divinités d'origine incontestablement postérieure, protecteurs attitrés des hommes et ardents à conquérir ces biens que demandent avec instance leurs adorateurs. Cette lutte, dans laquelle les dieux souverains succombent toujours, offre une analogie frappante avec les combats mythiques de ces mêmes Dévas contre les démons ravisseurs des eaux, de la lumière et du soma, qui ne sont peut-être que des formes altérées des anciens dieux détrônés. Nous devons toutefois constater que les Aryas ne rendent jamais de culte aux démons.

Les dieux souverains reçoivent fréquemment le nom de *Père*, non comme marque d'amour de la part de leurs adorateurs, ainsi qu'il arrive lorsque cette expression s'applique aux Dévas, mais comme pères effectifs, pères des dieux — principalement d'Agni et de Soma — et des hommes en tant qu'essence et détenteurs de la vie et de tout ce qui l'entretient. Cependant ils ne sont pas créateurs, mais seulement générateurs, et nous ne trouvons pas dans le Véda de récit de création proprement dite. On ne s'adresse pas aux dieux souverains, comme aux Dévas, pour obtenir des biens matériels, ou la lumière, la pluie, etc ; on ne leur demande que grâce et protection. C'est surtout au point de vue moral qu'ils semblent s'occuper des hommes dont ils surveillent les actions par l'intermédiaire de leurs espions, le soleil pendant le jour, les astres pendant la nuit, et le feu en tout temps.

A la classe des Asouras appartient, bien qu'il possède un caractère exclusivement bienveillant, Dyaus ou Dyaus-Pitàr (*sk.* Dyu « brillant ») qui représente le ciel et plus particulièrement le ciel lumineux. Nous n'avons que peu de chose à dire de ce dieu qui semble, déjà à l'époque Védique, relégué au second plan en divinité qui a fait son temps. Il est surtout intéressant pour nous par le rôle qu'il joue dans les religions Indo-européennes comme dieu souverain (Zeus, Jupiter, Thor, Tyr et peut-être Esus). Dans le Véda il personnifie le plus souvent le ciel procréateur des dieux et des hommes, et alors il est ordinairement uni à la terre, Prithivî « la large », ou à Aditî « la non liée, la libre, l'espace illimité. » Prithivî et Aditî se confondent quelquefois et certains auteurs sont disposés à les identifier complètement l'une à l'autre. Pourtant, Prithivî personnifie toujours la terre, tandis que Aditî représenterait plutôt l'infini céleste en opposition au fini terrestre, ou bien la nature universelle source et substance de toutes choses et de tous les êtres, ou peut-être encore la nature diurne et brillante opposée à la nature nocturne personnifiée en une autre déesse, Ditî, dont le caractère ténébreux est notament indiqué par les fonctions démoniaques attribuées à ses fils, les Daityas.

Quelquefois le ciel est considéré comme androgyne, principalement dans les hymnes où il paraît comme père d'Agni et de Soma. Quelquefois aussi on dit que le ciel et la terre ont été créés ; mais alors il s'agit du ciel et de la terre matériels.

Dyaus est très rarement anthropomorphisé ou zoomorphisé ; on lui donne cependant l'épithète de taureau symbole de la puissance génératrice.

A l'époque Védique le véritable dieu souverain des Aryas est Varouna (*sk.* Varuṇa), le premier, le chef des Adityas. Les Adityas sont les fils d'Aditî. Ils n'ont point de père. La mythologie védique compte sept Adityas (nous en trouverons douze dans le brâhmanisme) dont trois seulement ont un rôle important : Varouna, Mitra et Aryaman ; les quatre autres sont

Bhaga, Daksha, Amça et Savitri. Souvent Bhaga est remplacé par Indra qu'on dit fils d'Aditi et de Tvashtri, et Savitri par Sourya (*sk.* Sûrya) qui, comme lui, préside au soleil. Quelquefois aussi on leur adjoint un huitième frère, Mârtânda. Ce sont des êtres éternels, inviolables, dieux de la céleste lumière qui est leur demeure et peut-être leur essence. Aussi ne peut-on les assimiler d'une façon absolue à aucune des formes sous lesquelles cette lumière se manifeste dans l'univers, le soleil, la lune, les étoiles, les aurores ; mais ils apparaissent comme les préservateurs éternels de la lumière de vie qui existe par delà tous les phénomènes naturels visibles. Ils ont surtout un caractère moral ; leur protection est efficace contre les malheurs, résultats ou punitions du péché ; ils étendent cette protection sur leurs adorateurs « ainsi que les oiseaux couvrent de leurs ailes leurs petits ».

Varouna « celui qui enveloppe, qui emprisonne, qui retient, qui attache » est, comme Dyaus, un représentant du ciel, mais, à ce qu'il semble, du ciel considéré comme le lieu où sont retenus la lumière le feu et les eaux. De là est né le côté malveillant de son caractère et le mythe de sa lutte avec Indra qui finit par lui arracher la royauté universelle ; de là aussi la qualité de dieu des eaux qui en fera plus tard exclusivement le dieu de l'océan qui enveloppe la terre ; de là les lacets qu'on lui donne pour attribut et avec lesquels il enserre le pécheur. Comme représentant le ciel il est presque toujours associé à son frère Mitra « l'ami » qui personnifie spécialement le ciel diurne ou le soleil. Mitra n'est guère que le satellite de Varouna ; on ne l'invoque presque jamais seul. Varouna est le ciel obscur, le ciel nocturne. Ces deux divinités remplissent un rôle considérable dans la mythologie Védique, surtout en tant que gardiens sévères de la morale ; mais c'est Varouna qui tient le rang le plus élevé, la place la plus belle. Il est vénéré et redouté entre tous ; car il connait toutes les actions des hommes, même les plus secrètes, et la nuit la plus sombre ne peut arrêter les regards de ses innombrables espions, les étoiles. Il sait châtier, mais il sait aussi récompenser. Le respect et l'adoration éclatent, dans les nombreux hymnes qui lui sont consacrés, en termes d'une grandeur et d'une élévation incomparable. On le rapproche, et peut-être non sans raison, de l'Ouranos grec avec lequel il a du reste beaucoup de similitude.

Parmi les divinités de l'ordre solaire et météorologique désignées sous le nom générique de Dévas, les premières en importance sont le soleil, l'éclair et le feu terrestre, qui tantôt sont considérés comme dieux distincts, tantôt comme se syncrétisant sous le nom d'Agni « le feu terrestre » le plus éminent d'entre eux, fait qui n'a rien pour nous étonner si nous tenons compte de l'assimilation toute naturelle du soleil et de l'éclair au feu, et du rôle capital que joue le feu chez les peuples primitifs, surtout chez ceux qui, comme les Aryas, le tiennent pour l'essence de toute vie.

Agni est proprement le feu terrestre, mais surtout le feu du sacrifice. C'est sur l'autel qu'il naît de la main du prêtre par la friction de deux morceaux de bois, les Àraṇis, ou plus exactement l'Àraṇi et le Pramatha ; ce dernier taillé en pointe, le premier percé d'un trou destiné à recevoir la pointe du Pramatha. Ces deux morceaux de bois sont souvent appelés les *mères d'Agni* ; c'est dans leur sein qu'il demeure caché après y avoir été engendré par le *feu liquide* contenu dans les eaux des pluies. L'étincelle ainsi produite, avivée par le vent ou par le souffle du sacrificateur, est nourrie et fortifiée par des libations de Soma et de beurre clarifié. Plein de force alors Agni s'élance et porte au ciel aux autres dieux dans sa flamme brillante le sacrifice et la prière qui l'accompagne. De là l'idée de faire d'Agni le prêtre, le sacrificateur, le chantre par excellence ; il est l'inspirateur des hymnes, l'inventeur de la prière ; en lui se personnifie le sacrifice entier. Le sacrificateur qui lui a donné naissance est son père ; mais comme c'est Agni lui-même qui, sous les noms des premiers rishis Bhrigou, Mâtariçvan, Angiras, a apporté le feu aux hommes et présidé aux premiers sacrifices, il est le père des sacrificateurs descendants et héritiers de ces ancêtres de la race Aryenne, le père de ses pères.

Transporté au foyer domestique, qu'il éclaire et qu'il réchauffe, Agni est le bienfaiteur de l'humanité. C'est le civilisateur qui a rendu sédentaires les nomades par la séduction des douceurs et du bien être de la vie de famille et a donné les lois à la société, c'est le *Maître de Maison*, le Grihasta par excellence. A lui revient l'honneur de l'invention des arts et des industries, celles surtout qui s'exercent avec l'aide du feu, telles que la fonte et la manipulation des métaux ; toutefois dans ce rôle il prend plutôt le nom de deux de ses formes : Viçvakarman, l'architecte divin, le Prométhée indou, père de la première femme, et Tvashtri, le forgeron des dieux, l'artisan de la foudre d'Indra, le prototype de l'Héphaïstos des grecs. Enfin, il est encore le Psycopompe divin qui emporte dans les cieux, dans le soleil ou dans les astres, au milieu de la flamme du bûcher funèbre, la partie immatérielle de l'âme des défunts.

Mais le feu, l'Agni terrestre, n'est qu'une reproduction, une émanation du feu céleste qui se manifeste par le soleil et qui est *tombé* sur la terre, ou qui a été apporté par Bhrigou et accaparé par ses descendants, les Bhrigous, auxquels enfin Mâtariçvan le déroba pour le donner définitivement aux hommes. Agni est donc aussi le feu céleste, le soleil, bien que dans cette fonction d'autres noms lui soient donnés ; il devient alors Mitra, Poushan, Savitri et Sourya, le nourrisseur, le créateur, l'œil du ciel, ou bien le dieu dont le soleil est l'œil. Ses actes dans le ciel sont identiques à ceux qu'il accomplit sur la terre, et sa principale fonction est de présider au sacrifice en qualité de Pourohita (*sk.* purohita) « prêtre » des dieux. Cependant, si Agni ou ses représentants personnifient fréquemment le soleil, celui-ci n'est pas toujours considéré comme un dieu ; souvent aussi c'est un objet matériel, demeure d'un dieu, ou bien un char traîné par sept chevaux rouges ou blancs et quelquefois par un seul cheval nommé Etaça ; c'est aussi un œil, l'œil du ciel ou du Père, l'œil d'Agni, de Mitra, de Varouna.

C'est encore Agni qui traverse impétueusement l'espace sous la forme de l'éclair, quoique ce rôle soit plutôt celui du dieu Soma, et va déposer sa semence d'or dans les gouttes de pluie qui fécondent la terre et donnent la vie à tous les êtres. C'est à ce rôle de fécondateur, de donneur de vie, qu'il doit son épithète de *taureau*. Ses cornes sont les flammes, ses mugissements la grande voix du tonnerre.

Le *Triple Agni* personnifie donc le feu dans les trois mondes, ciel, atmosphère et terre.

Il est impossible de séparer d'Agni un autre dieu, Soma, d'une importance à peu près égale au point de vue de l'acte le plus considérable du culte védique, le sacrifice, et qui se confond fréquemment avec lui. Soma est du reste aussi une divinité du feu, mais du feu liquide, la libation faite dieu. En réalité c'est le suc tiré d'une asclépiade *(asclepias-acida)* qu'on mélangeait avec du lait pour le faire fermenter. Enivrante et essentiellement inflammable cette liqueur servait aux libations sur l'autel; les improvisateurs d'hymnes et les sacrificateurs la buvaient pour se donner l'inspiration; c'était l'offrande la plus agréable aux dieux. Divinisé à cause de son action vivifiante sur le feu naissant du sacrifice et de l'ivresse qu'il procure, d'accessoire du sacrifice et d'offrande Soma devient, de même qu'Agni, le sacrifice lui-même, le sacrificateur puisqu'il fait naître et nourrit le feu du sacrifice, le chantre divin par excellence puisqu'il inspire les chantres. Comme Agni il a une triple existence : dans le ciel, où il prend naissance en qualité de fils du Père souverain, essence du feu, ou feu caché, et où il remplit les mêmes fonctions sacrificatoires que sur la terre; dans l'atmosphère où son feu *liquide* pénètre et vivifie les gouttes de pluie et où il se révèle aussi sous la forme de l'éclair; sur la terre enfin, où, en plus du rôle qu'il joue dans le sacrifice, il est encore créateur et fécondateur.

En tant que liqueur, Soma est le breuvage des dieux, il leur donne la force d'accomplir leurs exploits; il donne la vie, il procure l'immortalité et nous le retrouverons en cette qualité dans le Brâhmanisme sous le nom d'Amrita (*sk.* Amṛta) et dans les religions Indo Européennes sous celui d'Ambroisie.

Agni et Soma sont presque toujours associés et même confondus. A eux deux ils sont les créateurs de tous les êtres ; séparés ils se remplacent continuellement l'un l'autre dans les mythes védiques. Tous deux ont pour symbole l'aigle qui, dit-ont, déroba le feu du ciel pour l'apporter aux hommes. Ce sont incontestablement les divinités les plus naturalistes du panthéon védique, et, comme à dessein, ce caractère reste visible sous l'anthropomorphisme et le zoomorphisme transparents dont ils sont quelquefois revêtus, si toutefois on peut appeler zoomorphisme l'application à ces dieux de noms d'animaux bien connus pour des symboles de la force créatrice et fécondatrice du feu solaire. Leur titre de père des hommes et même des dieux se rattache étroitement à la croyance des Aryas en une origine ignée de la race humaine et en sa parenté divine.

Après Agni et Soma le dieu le plus considérable au double point de vue de son action dans le monde et du culte qui lui est rendu — plus de 200 hymnes lui sont consacrés dans le Rig-Véda — est, sans contredit, Indra. Indra est bien encore une divinité naturaliste, une forme d'Agni et de Soma et par conséquent un dieu du feu ainsi qu'en témoignent les attributs qu'on lui donne : sa face est brillante comme le soleil, son char est étincelant, les deux chevaux qui le traînent sont bais ou jaunes (hari), ont une crinière d'or et pour queue des plumes de paon ; mais chez lui le naturalisme est déjà dissimulé sous un anthropomorphisme assez complet pour lui donner à première vue un aspect de figure historique.

Indra est avant tout un dieu guerrier. Il est né pour la lutte ; il combat dès sa naissance, avant même sa naissance puisqu'il sort de vive force du sein de sa mère, Aditi, qui tardait trop à son gré, à lui donner le jour. A peine né il lutte contre son père, Tvashtri, et le tue pour lui ravir le Soma. Il est monté sur un char dont le roulement retentit au loin ; ses armes sont tantôt la hache fabriquée pour lui par Tvashtri, le forgeron divin, tantôt l'arc et les flèches, et le plus souvent la foudre (vajra) que les poètes védiques appellent aussi la « pierre du ciel ». Ses combats sont de deux ordres : mythiques quand il remplit le rôle météorologique de dieu de l'orage, ou de soleil dispersant les ténèbres ; historiques quand il vient en aide aux Aryas contre leurs ennemis ; mais il faut reconnaître qu'il est souvent bien difficile de décider à quel ordre appartiennent les victoires célébrées dans les hymnes.

Indra est le roi des dieux, roi par droit de conquête, par droit du plus fort ; il les a détrônés après avoir été d'abord leur champion dans leurs luttes avec les démons ; il a vaincu l'auguste Varouna et l'a obligé à lui céder la puissance souveraine. A ce titre c'est bien un dieu souverain ; mais il est à remarquer qu'il ne prend jamais l'aspect malveillant. Il est toujours bon, secourable, généreux. C'est pour les dieux et les hommes qu'il affronte les périls d'une bataille terrible, seul contre des ennemis qui ont fait fuir tous les dieux l'abandonnant lâchement dans leur terreur, contre Vritra et Ahi, les démons des ténèbres et de la sécheresse, noirs dragons (nuages) qui retiennent prisonnières les eaux et la lumière. Sous les coups de sa foudre l'ennemi faiblit, recule et meurt laissant couler à flots les eaux bienfaisantes qu'il emprisonnait, et briller radieuse la lumière dont il étouffait les rayons. Dans ces combats sans cesse renouvelés Indra a pour alliés Vishnou (Viṣṇu), les Marouts (Marut), Agni et Soma, les deux Açvins, les Ribhous. C'est pour les hommes, pour leur conquérir Agni et

Soma, qu'il entre en guerre avec les autres dieux possesseurs jaloux ou gardiens avares de ces trésors que sa victoire rend à la terre. Tous ces mythes sont faciles à expliquer par les phénomènes météorologiques de l'orage et la lutte entre la lumière et les ténèbres.

Mais ce n'est pas seulement contre les démons et les dieux avares qu'Indra prend les armes. Il guerroye aussi sur terre pour ses fidèles Aryas, il frappe, il abat leurs ennemis. Tantôt il prend une part active au combat, tantôt il se contente d'assurer la victoire par sa présence ; mais dans tous les cas le butin, chevaux, vaches, femmes et autres richesses devient tout entier la propriété des Aryas.

Si Indra est l'allié des hommes sur la terre, ceux-ci à leur tour lui portent secours dans ses batailles célestes, et c'est par le sacrifice que les rishis d'abord, les sacrificateurs plus tard lui viennent en aide. Le sacrifice, en effet, tient une place prépondérante dans le mythe d'Indra. Indra est avide de sacrifices ; il lui faut en abondance la chair des victimes et par dessus tout le Soma dont il aime à s'enivrer. Cette ivresse fait sa force, le rend invincible. Son amour du Soma est tel que pour en être possesseur il livre combat à son père et ne recule pas devant un parricide. C'est par le sacrifice qu'on obtient la faveur d'Indra, par le sacrifice qu'on lui témoigne sa reconnaissance. Quand les victimes sont égorgées, quand le Soma est pressé, Agni appelle Indra qui accourt sur son char rapide pour manger et boire avidement, *par la langue* d'Agni, la chair et le Soma. A qui sait satisfaire ses goûts Indra n'a rien à refuser. Il donne généreusement ; il ne repousse jamais la prière qu'accompagne un sacrifice convenable ; la seule crainte qu'ait le suppliant, c'est qu'Indra mal content d'un sacrifice insuffisant écoute de préférence un rival plus avisé et plus généreux. Indra est loin d'être un dieu moral comme Varouna. Pourvu que l'autel fume pour lui, il est prêt à fermer les yeux sur les peccadilles de ses dévots.

Malgré son naturalisme c'est certainement de toutes les divinités védiques la figure la plus complète. On pressent la légende qui va se créer autour de lui et lui donner définitivement le rang suprême. Ses actes, ses fonctions tendent déjà à perdre l'aspect mythique; il ne lui reste plus qu'un pas à franchir pour devenir un Dieu dans le sens propre que nous attribuons à ce mot.

Si nous ne tenions compte que de la place qu'il occupe dans la mythologie Védique Vishnou (Višṇu) serait un des dieux les plus insignifiants. C'est à peine, en effet, s'il est invoqué dans les hymnes. Nous croyons cependant devoir le rapprocher des grands dieux, dont nous venons d'esquisser les traits, en raison de son rôle de divinité solaire et de son identité incontestable avec Agni et Soma. Dans le Rig-Véda Vishnou n'a d'importance que comme allié fidèle d'Indra, dont il partage les victoires qui parfois même lui sont exclusivement attribuées. Les hymnes le représentent franchissant le monde en trois pas dont deux sont visibles et le troisième invisible. Ces trois pas de Vishnou ont été expliqués par les trois positions du soleil à son lever, au milieu du jour et à son coucher; mais il semble plus rationel de les entendre des trois mondes : le monde invisible où Vishnou réside et d'où il part, le ciel et la terre qu'il parcourt dans sa carrière quotidienne, et cela d'autant plus qu'il lui est aussi attribué trois demeures qui ont, sans doute, la même signification que ses trois pas. Les trois pas et les trois demeures de Vishnou nous rappellent les trois demeures d'Agni et de Soma et ce n'est pas la seule analogie qu'il ait avec ces personnages. Comme eux, comme Indra, on dit qu'il a *engendré* le soleil, l'aurore, le feu, (il s'agit ici du résultat de sa victoire sur le démon Vṛitra), mythe qui s'explique aisément par l'apparition du soleil ou de l'aurore soit lorsque ils dissipent les ténèbres nocturnes, soit après que l'orage a dispersé les nuages qui voilaient le firmament.

Vishnou possède une double nature ou une double forme : tantôt il est brillant, tantôt il est noir ou sombre. Dans ce dernier cas il représente le soleil invisible pendant la nuit, et il semble que ce soit le rôle qui lui est principalement attribué. De là le teint noir ou bleu que lui donnera le Brâhmanisme. La demeure invisible de Vishnou est aussi celle des âmes des défunts, et peut-être est-ce cette notion qui a contribué à lui faire attribuer plus tard le rang de divinité suprême en facilitant son identification avec l'âme universelle en qui se résorbent les âmes des hommes parvenus au terme définitif de leurs existences.

Jusqu'à présent, sauf Varouna, nous avons toujours eu affaire à des divinités exclusivement bienveillantes. Avec Roudra (*sk*. Rudra) nous entrons dans la série des dieux à double nature, tantôt bienveillants, tantôt redoutables. Considéré dans ses traits les plus saillants Roudra personnifie assez bien le dieu de l'orage dévastateur ; mais ce n'est là qu'un des côtés de sa figure, le moins important peut-être, et l'on risquerait de se faire une idée absolument fausse de son rôle si on ne l'envisageait que sous cet aspect que semble pourtant confirmer son titre de père des Marouts (*Sk.* Marut), appelés à cause de cette filiation Roudras ou Roudriyas, que l'on assimile habituellement aux vents (nous verrons cependant plus loin qu'ils personnifient plus probablement les éclairs). Roudra est incontestablement un dieu du feu et par conséquent solaire, non-seulement parceque dans les hymnes il est explicitement assimilé à Agni, l'Agni des trois mondes, mais surtout à cause des attributs et des fonctions qu'on lui donne. Roudra est un archer, il combat avec l'arc et les flèches, et il n'est pas difficile de saisir l'identité de sa flèche avec l'éclair. Il y a une analogie évidente entre la flèche de Roudra et l'arme d'Indra (la foudre), analogie qui pourrait faire croire à une identité des deux personnages, surtout lorsqu'on voit attribuer à Roudra le pouvoir de faire couler les rivières de même qu'Indra fait couler les eaux retenues prisonnières dans les nuages ; mais ici s'arrête la ressemblance. Nous voyons Indra allié aux Marouts, dans ses combats contre Vritra, quelquefois il est leur frère, mais jamais on ne le dit leur père, qualité réservée à Roudra et accidentellement à une autre divinité, Vayou, le dieu du vent. D'un autre côté jamais Roudra ne partage les combats mythiques des Marouts, ce qui ne manquerait pas d'arriver s'il y avait la moindre connexité entre les deux mythes d'Indra et de Roudra. Il existe une différence bien plus grande au point de vue de leurs caractères respectifs. Indra en effet, est toujours bienveillant alors même qu'il remplit les fonctions de dieu souverain, royauté acquise par sa victoire sur Varouna. Roudra, lui aussi, est souvent considéré comme un dieu souverain, mais alors il en a le caractère malveillant. Il est l'Asoura du ciel, l'archer gardien avare du soma. Quand Indra lance sa foudre c'est contre les démons ou contre les ennemis des sacrificateurs ; Roudra, dans sa colère, dirige souvent ses traits contre les sacrificateurs eux-mêmes. Indra inspire l'amour, Roudra la terreur. Ce n'est pas à dire pourtant que Roudra ait toujours le caractère démoniaque, il a aussi son rôle bienfaisant comme toutes les divinités védiques. Il est le médecin par excellence, le possesseur et le répartiteur des remèdes, du seul remède infaillible, le soma qui donne l'immortalité, et c'est même là, le côté le plus important de son rôle dans le Véda. Les hymnes qui lui sont adressés sont presque tous conçus dans cet ordre d'idées : on supplie Roudra d'écarter les maladies, d'accorder les remèdes, mais, il faut bien le dire, ces maladies c'est lui qui les a causées. Comme Varouna il est un dieu justicier, car c'est par le péché, par la contravention aux lois divines et humaines, par la négligence du sacrifice que sa colère est excitée. Quelques auteurs assimilent Roudra au ciel père du feu, ce qui est peut-être en effet son rôle comme dieu souverain, mais nous croyons plutôt qu'il faut voir en lui l'éclair, ou même le nuage père des éclairs ; car tandis que les divinités qui personnifient le ciel ont toujours pour épouse la terre ou bien l'espace, l'épouse de Roudra, la mère des Marouts, Priçnî, paraît être le nuage dans le sein duquel se forment, d'où naissent les éclairs, ce que le Rig-Véda indique du reste en lui attribuant l'épithète de *vache* qui caractérise le nuage dont les eaux sont le lait.

Sous les noms de Marouts, Roudras et Roudriyas, les hymnes désignent un groupe de personnages divins, frères jumeaux, tous semblables entre eux, toujours réunis, soit qu'ils reposent dans une même demeure, soit qu'ils se livrent à leur belliqueuse ardeur. Leur nombre n'est jamais spécifié : on les adore en masse et ils ne paraissent pas avoir de noms particuliers à chacun d'eux. Il est assez difficile de préciser leur nature grâce à la multiplicité des fonctions qu'on leur prête. Suivant les uns les Marouts représentent les vents, alliés naturels du dieu météorologique de l'orage, et en effet nous les voyons soit poussant les nuages (ou les montagnes), soit attelant les chevaux d'Indra, soit encore lui servant de chevaux. Une de leurs fonctions, c'est peut-être même la principale, est de répandre les eaux de la pluie, de les disperser au loin, ce qui paraît bien être un des attributs du vent. Cette interprétation est adoptée du reste par les Indous modernes qui donnent même aux Marouts, pour cette raison, Vayou au lieu de Roudra pour père. Selon d'autres ils personnifient les éclairs nés dans le nuage. Cette dernière assimilation nous parait la plus vraisemblable étant donné le rôle qu'on leur fait remplir dans le Véda. Nous avons déjà vu que leur père, Roudra, est fréquemment assimilé à Agni et à Soma soit explicitement soit en raison des attributs et des actes qu'on lui prête ; de plus les Marouts sont souvent dits fils d'Agni. Ils sont brillants, leur parure est brillante, ils ont l'éclat de l'éclair ou du soleil, ils sont armés de lances ou de traits étincelants, ce sont des archers, le bruit de leur course est terrible, enfin comme alliés d'Indra dans ses combats contre les démons de la sécheresse et des ténèbres, Vritra, Ahi et Çambara, ils l'aident à conquérir les *vaches*, c'est-à-dire les eaux, la lumière et l'aurore, actes que l'on peut vraisemblablement attribuer aux éclairs qui déchirent les nuages et semblent les détruire en donnant libre essor aux eaux renfermées dans leur sein.

Ces mêmes actions, à la vérité, pourraient aussi s'appliquer aux vents dispersant les nuées, mais une étude plus approfondie des diverses fonctions de ce groupe divin nous révèle chez eux une analogie caractéristique avec les dieux du feu Agni et Soma. Comme eux les Marouts sont des sacrificateurs, des chantres, des prêtres célestes ; ils préparent, ils pressent le soma pour les dieux, et c'est par leurs sacrifices, par leurs prières plutôt que par une intervention directe qu'ils soutiennent et assistent Indra. De même que nous avons vu le sacrifice céleste d'Agni et de Soma servir de modèle aux sacrifices des ancêtres, de même celui des Marouts est imité par les sacrificateurs védiques dont ils dirigent même les actes religieux. Ce sont eux qui leur inspirent les hymnes appropriés à chaque circonstance, qui leur apprennent la prière par laquelle il convient d'honorer les dieux. Ils font plus encore. Ils dirigent ou accomplissent eux-mêmes le sacrifice domestique.

Dans la plupart de leurs actions les Marouts agissent en divinités bienveillantes, et tout particulièrement ils sont médecins et possesseurs de remèdes au même titre que leur père Roudra. Cependant, de même que Roudra, ils possèdent aussi un caractère démoniaque. Ils sont susceptibles, faciles à irriter, leur colère est terrible. Ils frappent alors sans pitié de leurs traits les hommes et les animaux, et c'est à force de sacrifices qu'on parvient à les apaiser et à obtenir d'eux les remèdes aux maux qu'ils ont causés.

Dans une religion naturaliste comme celle du Véda, il semble que le vent doive occuper une place importante à côté du feu, étant donné l'action qu'il exerce soit sur le feu qu'il active de son souffle, soit sur les eaux qu'il contribue à faire couler en amassant les nuages et les broyant les uns contre les autres et qu'il répand au loin sur les ailes de ses raffales, soit encore à titre d'élément ou de principe de la vie qui se manifeste, aux yeux des peuples primitifs, par le mouvement et le souffle autant que par la chaleur. Tel est bien, en effet, le rôle qu'on attribue au vent dans les hymnes du Rig-Véda ; cependant Vayou (Vayu) qui le personnifie, est loin d'avoir l'importance non seulement d'Agni et de Soma, mais même de la plupart des divinités secondaires de nature ignée. Il est relativement peu invoqué, ou du moins on l'invoque habituellement en compagnie d'autres dieux. C'est ainsi que souvent il forme une triade avec le soleil et le feu, et quelquefois un couple avec Indra, ou bien encore il participe au sacrifice dans la foule des Viçvedévas (tous les dieux). On dit pourtant que Vayou est un buveur de soma et aussi qu'il boit ou goute le soma avant toutes les autres divinités. Peut-être cela tient-il à ce fait que le soma étant versé sur le feu naissant pour lui donner plus de force, le vent, qui lui aussi contribue à aviver, à *exciter* Agni, prend sa part des vapeurs de la liqueur divine avant qu'elles aient pu parvenir jusqu'aux autres dieux.

Vayou est le messager des dieux. Quelquefois il est le père des Marouts (quoique cette parenté paraisse appartenir plus spécialement à Roudra) et ce mythe peut s'expliquer aisément soit qu'on assimile ces derniers aux vents, soit qu'on les identifie aux éclairs qui naissent dans les nuages frappés ou poussés par le vent. C'est aussi, sans doute, à son action sur les nuages qu'il doit la qualité de donneur de pluie qu'on lui attribue et en vertu de laquelle il est le plus ordinairement invoqué.

Nous avons vu que plusieurs des divinités védiques, notamment Agni, Soma et les Marouts étaient assimilées à des sacrificateurs, à des prêtres. Vayou, lui aussi, est quelquefois appelé un prêtre, soit à cause de sa coopération active dans le sacrifice par la vitalité qu'il donne à Agni, soit parce que le vent est explicitement assimilé à la prière, assimilation qui déroule probablement de la comparaison des murmures du vent au bruit de la voix humaine, de la parole. Le dieu du vent, ou plutôt le dieu-vent reste toujours absolument distinct du vent élément qui est désigné sous le nom de Vata. Comme élément le vent est un des principes essentiels de la vie ; il donne, il est lui-même le soufle et le mouvement, de même que le feu est l'origine de la chaleur vitale. Peut-être aussi est-ce en qualité de souffle qu'il devient parole, et de parole prière, qui est la parole par excellence.

A propos de l'identification d'Agni au soleil, nous avons eu l'occasion de citer le nom de Savitri comme un des dieux du soleil, un des représentants divins de cet astre. C'est une divinité secondaire, ainsi du reste que toutes celles dont nous avons encore à traiter. Savitri, ou Savitâr, a une personnalité assez difficile à déterminer en raison du vague de ses fonctions et de sa confusion fréquente avec d'autres personnages divins. Par ses attributs ignés il paraît être une forme d'Agni, ou peut-être de Soma, en tout cas un dieu du feu. En effet, il est tantôt le soleil même, ou Sourya le dieu dirigeant du soleil ; tantôt on nous le représente comme le dieu qui met en mouvement et arrête le soleil et, probablement par suite de cette fonction, on lui prête le nom d'Etaça, le cheval qui conduit le char du Soleil. D'autrefois c'est un dieu préparateur du soma, ou que l'on confond avec Soma dont il possède l'éclat et la puissance. Nous avons vu qu'il fait partie des sept Adityas. Dans ce cas il semble usurper une partie des fonctions de Varouṇa en qualité de faiseur de lois obéies par tous les êtres, quoiqu'il ne lui soit pas attribué de pouvoir justicier pour punir les contraventions à ces lois, et que son caractère soit toujours exclusivement bienveillant. En somme, pris dans l'ensemble de ses fonctions, on peut sans commettre d'erreur le considérer comme un dieu du soleil, et c'est du reste en cette qualité que nous le retrouverons dans le panthéon brâhmanique.

Quelquefois on confond, ou plutôt on associe Savitri avec un autre dieu du feu, forme d'Agni, Tvashtri (Tvaṣṭr̥) qui, lui, possède un caractère habituellement malveillant et joue, dans quelques circonstances, le rôle de dieu souverain comme gardien avare du soma et père d'Indra, avec lequel il lutte pour la possession de ce trésor et par lequel il est tué. Tvashtri est surtout représenté comme le forgeron divin, l'artisan qui fabrique les armes des dieux et particulièrement la foudre avec laquelle Indra combat les démons, fait qui, joint à son rôle de gardien du soma (ou des eaux) semble autoriser l'identification de Tvashtri avec le nuage, et le rapprocher des démons.

Un assez grand nombre d'hymnes s'adressent à deux personnages énigmatiques, frères jumeaux, que l'on représente tantôt à cheval, tantôt assis sur un même char, ou bien sur deux chars attelés en même temps. Les Açvins (Açvinau) sont des dieux secourables et nullement malveillants. On leur attribue les fonctions de médecins faiseurs de guérisons miraculeuses. Ils font couler les eaux. Ils précèdent l'aurore et dissipent les ténèbres. Ce sont donc des divinités matinales. De plus ils s'emploient au sacrifice comme chantres et comme prêtres. Enfin ils sont les protecteurs des Rishis. On ne sait jusqu'à présent à quel phénomène naturel les identifier. Comme précurseurs de l'aurore ils peuvent représenter le crépuscule. Mais alors pourquoi sont-ils deux? On a proposé de les identifier à Indra et à Agni, tous deux dissipateurs des ténèbres et représentant l'un le feu céleste, l'autre le feu terrestre. Peut-être, tout simplement, le mythe des deux chars attelés en même temps symbolise-t-il le soleil levant et le sacrifice matinal célébré au moment précis du lever de l'astre.

Oushas (Ušas) « l'aurore » est fille du ciel, sœur de Bhaga et sœur de la nuit. Son rôle est assez important par la raison qu'elle annonce le moment où doit avoir lieu le sacrifice et peut-être est-ce pour la même cause qu'on lui donne parfois le titre de Mère des dieux. Quelque fois aussi elle a pour père Brâhmanaspati ou Soma ce qui paraîtrait impliquer l'idée que la prière et le sacrifice donnent naissance à l'aurore, de même qu'au feu et au soleil.

Il fut un temps où l'on doutait que les Aryas védiques possédassent la notion de l'immortalité de l'âme. Nous avons déjà vu que ce fait découlait des divers mythes relatifs aux Rishis, aux Pîtris et au soleil considéré comme demeure des morts, et, s'il restait quelque doute à ce sujet, le mythe du dieu Yama suffirait à trancher la question. Yama est en effet le dieu ou le roi des morts. Fils de Vivaçvat (un Rishi, un ancien sacrificateur qui porte un des noms d'Agni, et qui est en réalité Agni lui-même), Yama fut le premier homme et aussi le premier mort. Sa demeure est située dans le monde invisible, dans la partie la plus reculée du ciel, là où Soma psychopompe conduit les âmes. Comme fils d'Agni, Yama est assimilé au soleil qui, nous ne devons pas l'oublier, sert aussi de résidence aux morts et c'est de là sans doute que vient le titre de dieu des morts attribué à Yama, comme régent de leur demeure. Yama est justicier, et sous ce rapport a quelques traits de ressemblance avec Varouṇa, avec cette différence toutefois que la justice de Yama ne s'exerce qu'après la mort, tandis que celle de Varouṇa a une sanction pénale en ce monde. Chez Yama le caractère malfaisant domine; aussi supplie-t-on les autres dieux de l'écarter, de détourner ses traits. On lui donne pour épouse Yamî, sa sœur jumelle, qui n'est peut-être que la prière ou bien le sacrifice terrestre.

Les hymnes du Rig-Véda nous révèlent encore quelques autres dieux, d'une importance beaucoup moindre au point de vue du culte qui leur est rendu et de leurs fonctions dans le monde, sans compter ceux qui peuvent être considérés comme de simples épithètes d'une divinité spéciale ou de la divinité en général, tels que Parjanya, Pradjapati « le créateur », Poushan « le nourrisseur, » etc. Nous nous contenterons d'indiquer brièvement le nom et les fonctions de ceux d'entre eux qui ont un rôle un peu marqué.

Viçvakarman « celui qui fait toutes choses ». Architecte divin, il construit les citadelles des dieux. Il est dit « fils des eaux », épithète qui s'applique également à Agni, ainsi que nous l'avons vu précédemment. Ce personnage est incontestablement une forme secondaire d'Agni et remplit un rôle bienveillant. Il a donné naissance à la première femme, d'autres disent qu'il l'a façonnée de ses mains.

Gandharva, dieu des eaux, est peut-être une forme secondaire de Soma, ou bien un gardien du soma car c'est un archer comme Roudra ; mais ce n'est pas un gardien avare puisque c'est lui qui apporte le soma aux hommes. Plus tard, à l'époque brâhmanique, Gandharva perd son titre de dieu des eaux qui passe à Varouna, et pluralisé devient sous le nom des Gandharvas le chœur des bardes ou des musiciens célestes.

Les Apsaras sont des déesses en nombre indéterminé, musiciennes, danseuses et chanteuses de la cour céleste.

Sous le nom de Ribhous (Ribhu) on désigne trois anciens sacrificateurs déifiés. Ils n'ont pas de noms propres ; on ne les désigne que comme le premier, le second, le troisième. Ce sont des ouvriers habiles, ils enseignent aux hommes les industries. Ils personnifient probablement les trois feux qui se manifestent dans le ciel, dans l'atmosphère et sur la terre.

Il nous reste à dire un mot des démons, appelés souvent Asouras (du même nom que les dieux souverains avec lesquels ils ont une certaine ressemblance) et aussi Dasas et Dasyous, exactement comme les ennemis des Aryas. Les démons sont les ennemis des dieux, ils sont impies, ils ne sacrifient pas, ils sont trompeurs, malfaisants. Habituellement leurs méfaits consistent à retenir prisonnières les vaches (les eaux, la lumière, l'aurore), à faire les ténèbres et à troubler le sacrifice. C'est contre eux que les dieux, principalement Indra, livrent leurs batailles mythiques. Par les formes, les demeures qu'on leur attribue et les épisodes de leurs combats avec les dieux, il est facile d'identifier aux nuages, ennemis des dieux météorologiques, les démons principaux Ahi, Çambara, Namoutchi, Piprou, Vritra.

Ahi est un serpent monstrueux, gardien des vaches célestes, si terrible que son seul aspect suffit à mettre en fuite les dieux affolés. Indra lui-même faiblit devant lui et s'enfuit non sans l'avoir toutefois frappé mortellement de sa foudre.

Vritra (Vṛtra) « celui qui enveloppe, qui retient » est l'ennemi mortel d'Indra. Sans cesse mis à mort par ce dieu, il renaît sans cesse. Presque toute l'épopée védique du mythe d'Indra roule sur cette lutte éternelle du dieu de la pluie contre le démon ravisseur des vaches, le nuage qui retient les eaux.

Namoutchi, Çambara, Piprou ne sont en réalité que des noms différents donnés à ces mêmes nuages que personnifient déjà Vritra et Ahi. Ainsi Çambara a sa retraite sur une haute montagne ou dans une forteresse que les dieux, Indra ou les Marouts *fendent* avec la *pierre tranchante du ciel* (la foudre) pour ouvrir une issue aux vaches prisonnières ; Piprou semble plus spécialement personnifier les ténèbres, et c'est de la tête écrasée de Namoutchi qu'Indra fait couler à flots le soma.

La dernière catégorie des démons, et aussi la plus nombreuse, est celle des Rakshas (Rakša) ou Rakshasas qui rappellent singulièrement les ogres de nos contes populaires. Ils sont surtout perturbateurs des sacrifices. Les Rakshas se métamorphosent à leur volonté en divers animaux, de préférence en animaux féroces et en oiseaux pour détruire et souiller le sacrifice à la façon des Harpies.

En résumé, prise dans ses grandes lignes, la religion védique se présente comme un polythéisme panthéiste très primitif, puisque ses dieux sont encore pour la plupart flottants et indécis, mais dégagé de ce que le fétichisme a de grossier. Son culte presque entièrement domestique consiste en offrandes et en prières ; le sacrifice s'accomplit dans chaque demeure au foyer de la famille ; il n'existe pas de temples, ni de corps sacerdotal constitué, institution dont nous pouvons cependant voir le germe dans les Rishis, les Ritvidjs et les Pourohitas, brâhmanes officiant comme substituts du chef de famille empêché. Ses dieux sont naturalistes ; ils personnifient le ciel et la terre parents de tous les êtres *Dyaus* et *Prithivi* ; l'espace sans limites *Aditi* le ciel étoilé et l'Océan, *Varouna* ; le soleil, *Savitri*, *Mitra*, *Vishnou* et *Sourya* ; le feu terrestre, du sacrifice ou domestique, *Agni* ; le vent, *Vayou* ; les phénomènes météorologiques de l'orage bienfaisant, *Indra*, et de l'orage dévastateur, *Roudra* ; l'aurore, *Oushas* ; le crépuscule, les *Açvins* et peut-être *Yama* ; etc. Ces divinités ne sont pas représentées par des idoles, ce sont de purs esprits que l'imagination anthropomorphise afin de les concevoir plus clairement ; de les rendre en quelque sorte tangibles.

L'importance toute spéciale que le védisme donne au feu qui, sous ses différentes formes d'Agni, Soma, Indra, Roudra, Vishnou, Savitri, constitue presque a lui seul tout le panthéon indou, ainsi que la croyance nettement affirmée en l'origine ignée et la parenté divine de la race humaine, montre que les Indous tenaient le feu pour essence et générateur de toute vie, ce que l'on peut expliquer soit par le fait que la vie se révèle dans le monde par la chaleur, soit par l'importance capitale que devait avoir le feu dans une civilisation primitive ; il semble même qu'on retrouve dans le Véda un souvenir encore vivant des temps de misère où le feu était inconnu à l'homme.

Ils concevaient des démons, ou plutôt des génies malfaisants et admettaient la lutte de ces puissances, restes peut-être de croyances plus imparfaites, avec les dieux, mais sans jamais leur accorder une puissance supérieure, ni même égale, à celle des Dévas et ne leur faisaient jouer qu'un rôle absolument cosmique ou météorologique comme représentants des ténèbres et de la sécheresse, les deux fléaux les plus redoutés des peuples de l'Inde. Les démons n'intervenaient pas dans les affaires particulières des hommes, et le mythe de leurs combats avec les dieux, combats où ils sont vaincus d'avance, semble presque n'avoir pour but que de mettre en relief la puissance et la grandeur incomparable de la divinité protectrice des peuples.

Les Aryas croyaient à l'immortalité des âmes qui devaient, après la mort, habiter le ciel, le soleil ou les astres et qu'ils tendaient à rapprocher des dieux. Ils possédaient la notion du péché et, jusqu'à un certain point, de la rédemption ou plutôt de la rémission, ainsi qu'en témoignent les hymnes adressés à Roudra, aux Marouts, aux Açvins et plus spécialement à Varouna le grand justicier.

VISHNOU,
Dieu conservateur du monde.
Bois sculpté de Bâli (Musée Guimet, n° 8795).
Gravure sur bois du Magasin Pittoresque.

CHAPITRE II

Brâhmanisme.

Le Brâhmanisme. — Modifications de la Société Aryenne. Institution d'un corps sacerdotal. — Les quatre castes : Brâhmanes, Kshatryas, Vaiçyas, Çoudras. — Livres sacrés : les Brâhmanas, les Oupanishads, les Soûtras, les Çastras, les Pourânas. Le Manava-Dharma-Çastra. Les Itihasas. — Transformation du Védisme. Divinités brâhmaniques. Démons. — Création du monde. Cosmogonie. — L'âme universelle. — Immortalité de l'âme. Dogme de la Transmigration, ou Métempsycose. — Le Svarga, le Moksha. L'Enfer. — Vie religieuse de l'Arya. Initiation. Le Dvidja ; les quatre époques de sa vie. — Ascétisme. — Prescriptions morales. Le péché. — Sacrifices. Prières. — Temples. Images. — Ecoles philosophiques. Leur influence sur la religion. Les Schismes.

La distinction que nous avons cru devoir faire entre le Védisme et le Brâhmanisme est, nous devons l'avouer, assez arbitraire. Il n'y a pas là deux religions différentes, mais deux formes d'une même religion correspondant à des modifications sociales et religieuses, ces dernières provenant du développement normal du sentiment religieux influencé par les nouvelles conditions sociales.

A l'époque que nous appelons Védique, le Véda nous montrait, avons nous dit, une société primitive, patriarcale, sans rois, sans clergé, ou du moins avec un clergé à l'état rudimentaire ; ses dieux étaient naturalistes, indécis, la prière et le culte livrés à l'inspiration du fidèle qui improvisait des hymnes ou se servait de ceux qu'avaient, avant lui, récités les ancêtres.

Au temps qualifié Brâhmanique, la société indoue s'est constituée, s'est assise ; elle s'est centralisée ; elle a un gouvernement ou des gouvernements locaux ressortissant peut-être d'un ou de plusieurs royaumes plus importants. Les idées se sont élargies, la philosophie a fait son apparition en même temps que le sens des anciens mythes naturalistes s'effaçait. Il fallait une religion moins incohérente, plus systématique à un peuple déjà habitué à réfléchir, à rechercher et discuter l'origine des choses.

Combien de siècles fallut-il pour opérer cette transformation ? c'est ce qu'il sera sans doute toujours impossible de dire. Nous constatons un résultat dont nous soupçonnons les causes sans pouvoir en suivre l'action lente, insaisissable. En présence de cet inconnu nous ne possédons qu'un seul point de repère : la date à peu près fixée du grand schisme bouddhique qui nous prouve que l'institution brâhmanique proprement dite avait atteint tout son développement au milieu du cinquième ou du sixième siècle avant notre ère.

Le phénomène le plus caractéristique de cette nouvelle période est, sans contredit, la formation d'un corps sacerdotal chargé de célébrer le sacrifice, devenu trop compliqué pour le commun des fidèles, en même temps que les hymnes du Véda, que le vulgaire ne comprenait plus, prenaient la valeur de formules magiques, de conjurations agissant d'une façon toute puissante sur les dieux. On n'improvisait plus guères d'hymnes sous l'influence de l'enthousiasme religieux ; on les récitait sans pouvoir y changer rien. Le mot était devenu formule.

Ce clergé avait dû probablement se recruter parmi les savants, héritiers des divins Rishis, ayant consacré leur vie à l'étude des hymnes maintenant fixés comme textes canoniques, et s'exerçant à en interpréter les passages obscurs, fonctions délicates qui devinrent, un beau jour, l'apanage d'un certain nombre de familles. Alors celles-ci, pour mieux assurer cet héritage entre leurs mains et élever une barrière infranchissable entre elles et les ambitieux qui pourraient être tentés de marcher sur leurs brisées, s'attribuèrent une origine supérieure, divine, et inventèrent les castes qui, aujourd'hui encore, retiennent immobilisés dans leurs liens étroits les peuples de l'Inde.

Ces castes sont au nombre de quatre. La caste des Brâhmanes, les prêtres, dont le nom marque leur origine divine, leur parenté avec le dieu suprême Brahmâ ; celle des guerriers, Kshatryas ou Râjas (princes) ; celle des marchands, Vaiçyas, et enfin celle des laboureurs et des artisans, les Çoudras.

Aux Brâhmanes est réservé le droit et le devoir de sacrifier pour la nation, d'étudier les livres sacrés de façon à pouvoir choisir et réciter sans erreurs les prières et les hymnes convenables dans chaque occasion — la moindre faute ou négligence non-seulement détruit tout l'effet du sacrifice, mais peut encore provoquer la colère divine —, d'enseigner à ceux de leurs concitoyens que la loi en déclarait dignes les vérités de la religion, et ils ne devaient pas tarder à s'introduire, sous le nom de Pourohîtas (Purohita), comme chapelains auprès des rois et à prendre sur eux un tel ascendant qu'ils devinrent en réalité les véritables gouvernants.

Les Kshatryas devaient avant tout aux Brâhmanes et au reste du peuple le secours de leurs bras pour les défendre contre l'ennemi. A eux incombaient les durs labeurs de la guerre ; mais en compensation ils avaient la gloire et la puissance ; leur race donnait naissance aux princes et aux rois. Ils avaient droit à une instruction religieuse presque égale à celle des Brâhmanes ; ils avaient qualité pour accomplir de leurs propres mains les cérémonies des sacrifices journaliers.

Les Vaiçyas possédaient, au point de vue religieux, presque les mêmes droits que les Kshatryas, c'est-à-dire qu'ils pouvaient et devaient célébrer chaque jour le culte domestique ; mais cependant ils ne pouvaient être initiés qu'à une partie du Triple Véda, celle qui a rapport au sacrifice domestique, Grihya. Leurs devoirs envers la société consistaient à l'enrichir par leur travail et à entretenir de leurs dons et de leurs aumônes leurs maîtres spirituels, les Brâhmanes.

A ces trois premières classes appartient le titre de Dvidja (dvija) « deux fois né » par allusion à la seconde naissance qu'elles reçoivent par le fait de l'initiation religieuse. Quant aux Çoudras ils n'avaient qu'à peiner pour le compte des autres et pour eux point de droits. L'instruction religieuse même leur était à tel point fermée que le Brâhmane convaincu de leur avoir enseigné les Écritures, ou célébré pour eux le sacrifice, eut été immédiatement dégradé et banni comme s'étant rendu coupable du plus grand des crimes.

Nous avons dit, dans le précédent chapitre, qu'il n'existe aucune trace des castes dans le Véda. Il y a cependant un hymne, un seul, le quatre-vingt-dixième du dixième livre du Rig-Véda, le Pourousha-Soûkta (Puruša-Sûkta), qui traite de l'origine des castes, mais on a tout lieu de le croire de composition postérieure et interpolé à seule fin de couvrir l'institution des castes de l'autorité du Véda. D'après cet hymne célèbre, le Brâhmane naquit de la bouche du créateur, Pourousha ou Brahmâ; le Kshatrya de ses bras; le Vaiçya de ses cuisses; et le Çoudra de ses pieds. Ainsi s'établissait, du droit de leur origine divine, la supériorité des Brâhmanes sur toutes les autres castes, qu'ils dominent et dirigent ainsi que le fait la tête pour tous les membres du corps. Cette prétention, les Brâhmanes eux mêmes ne songent pas à la soutenir sérieusement. Dans les livres sacrés attribuables à l'époque qui nous occupe nous retrouvons, il est vrai, la même légende sous des formes différentes. Tantôt il s'agit de quatre créations successives; tantôt les quatre castes sont représentées comme issues de quatre classes de dieux, et toujours la première place est réservée aux Brâhmanes. Mais dans les mêmes ouvrages nous lisons que pendant les deux premiers âges du monde, le Kritâ et le Trétâ Youga, époques de perfection, il n'y avait ni Kshatryas, ni Vaiçyas, tous les Aryas étaient brâhmanes. La

Bṛihadâranyaka-Oupanishad dit même : « rien n'est supérieur au Kshatrya », et « le Brâhmane s'asseoit au dessous du Kshatrya », ce qui semblerait indiquer qu'à un moment donné, probablement à l'époque de la conquête, le prêtre était considéré comme l'inférieur du guerrier. Il est donc permis de supposer que l'institution des castes s'établit seulement alors que les Aryas vainqueurs songèrent à organiser leur conquête et à s'en assurer à jamais la paisible jouissance en traçant entre eux et la tourbe des vaincus une barrière infranchissable. Ainsi s'explique l'interdiction pour ces derniers de participer au sacrifice, soit afin de leur enlever tout moyen de gagner la protection des dieux, soit parce que les populations conquises, sans aucun doute d'une autre religion que leurs vainqueurs, étaient tenues pour indignes de s'adresser aux dieux qu'elles avaient combattus. Nous trouvons encore un autre argument en faveur de notre hypothèse dans le fait que c'est par le terme Varna « couleur » que les Aryas désignent les castes supérieures en opposition aux Çoudras et aux hors-castes, Thandalas (Candala) et Parias (Pariya). Ils attachent à la couleur une importance toute particulière [1]. Aujourd'hui encore les brâhmanes du nord de l'Inde se glorifient de la blancheur relative de leur teint comme d'un signe de la pureté de leur race.

1. — « Six couleurs sont d'une importance capitale chez les créatures vivantes : noir, brun et bleu, ensuite le rouge est meilleur, jaune est le bonheur, blanc est le bonheur extrême. L'être parfait exempt de souillure, de chagrin et d'épuisement est blanc ; possédant cette couleur un être après avoir passé par diverses naissances arrive à la perfection dans un millier de formes. Ainsi la destination est causée par la couleur, et la couleur est causée par le temps. La destination de la couleur noire est mauvaise. Quand elle a produit ses effets, elle aboutit à l'enfer. » — Çantiparvan 10052-10062. Muir : *Sanskrit texts*, I, p. 151.

Quelles que soient, du reste, l'origine et l'antiquité du système des castes, ce ne fut pas sans luttes que s'établit l'autorité des Brâhmanes sur leurs frères de race Aryenne. Les Kshatryas surtout paraissent avoir eu peine à plier leur orgueil de guerriers sous la férule du prêtre. Bien qu'aucun texte précis ne constate cette lutte, nous en trouvons les traces tout au long de l'histoire de l'Inde, dans les épisodes des livres sacrés et des poëmes, dans les mythes même de la religion, et, quand nous arriverons aux deux grands schismes, le Djaïnisme et le Boudhisme, qui ont mis la foi brâhmanique à deux doigts de sa ruine et fortement contribué à sa transformation en Indouisme, nous pourrons encore y retrouver vivace la rancune et la résistance de cette caste faisant cause commune avec les classes inférieures contre l'oppression de la toute puissance ecclésiastique. Un épisode des Brâhmanas est bien caractéristique de cette lutte ; c'est la querelle du brâhmane Vasishta et du Kshatrya Viçvamitra qui parvient à force de science, de méditation et d'austérités à forcer les dieux à lui conférer la dignité de Brâhmane et tous les privilèges qui y étaient attachés.

A l'époque brâhmanique les Védas sont toujours les livres sacrés par excellence, et c'est même peut-être au commencement de cette période qu'il convient de placer la composition de l'Atharva-Véda, le quatrième de ces livres. Mais alors déjà ils ne sont plus guère compris que de quelques prêtres initiés. La masse des fidèles, la plupart des prêtres eux-mêmes, ont perdu le sens de leurs mythes. Des commentaires sont devenus nécessaires, tant pour expliquer la signification des hymnes, que pour guider le sacrificateur dans la parfaite observation des rites de plus en plus compliqués. C'est à cet ordre d'ouvrages qu'appartiennent presque tous les livres religieux de l'époque brâhmanique. Ces livres, assez nombreux, se classent suivant les sujets dont ils traitent en :

1° *Brâhmaṇas*, commentaires relatifs à l'emploi des *Mantras*, ou hymnes du Véda, et à la célébration des rites du sacrifice. Ces brâhmaṇas sont maintenant considérés comme des compléments nécessaires du Véda, qui se trouve ainsi composé de la *Saṃhitâ* ou recueil des hymnes et du *brâhmaṇa* qui est en réalité l'explication de la Saṃhîtâ.

2° *Oupanishads* (Upaniṣad) qui traitent plus particulièrement de la doctrine mystique ésotérique. On peut considérer les Oupanishads comme parties des Brâhmaṇas.

3° *Çâstras* et *Soûtras* (Sûtra) qui ont rapport à la célébration des sacrifices journaliers de moindre importance, notamment des sacrifices domestiques, et de la discipline religieuse destinée à conduire le fidèle au salut.

Toute cette littérature se range sous les deux grandes dénominations de Çrouti (çruti) « révélation » qui comprend les quatre Védas, tous les brâhmaṇas et les Oupanishads, et Smṛiti (smṛti) « tradition » qui s'applique aux Çâstras, aux Soûtras et aux Itihasas.

La Çrouti est tenue pour révélée par les dieux, surtout par Brahmâ, aux rishis d'abord, puis aux brâhmanes leurs successeurs. Plus tard on en attribuera la composition au rishi Vyasa qui passe pour avoir reçu la révélation directe de Brahmâ, et à qui on prête la paternité de tous les ouvrages religieux dont les auteurs ou compilateurs sont inconnus. La Smṛiti est le recueil des traditions léguées par les rishis, par leurs successeurs et par les ancêtres.

Si nous en croyons les brâhmanes il faut ajouter aux Brâhmaṇas, Oupanishads, Çastras et Soûtras un certain nombre d'anciens Pourâṇas (Purâṇa), ouvrages traitant de la mythologie et des légendes divines; mais tous ces livres sont perdus, si tant est qu'ils aient jamais existé, ce qu'il est permis toutefois de croire d'après quelques passages des nouveaux Pourâṇas qui, eux, appartiennent sans conteste à la période moderne du brâhmanisme sectaire. Quelques auteurs indous et européens prétendent faire entrer également dans le nombre des ouvrages de l'époque brâhmanique les Itihasas (poëmes épiques dont deux sont parvenus jusqu'à nous, le Râmâyaṇa et le Mahâbhârata) et le Manava-Dharma Çastra ou Lois de Manou. Nous croyons que ces livres appartiennent à l'époque du brâhmanisme sectaire. Il pourrait cependant y avoir doute en ce qui concerne le Manava-Dharmā Çastra par la raison que ce code expose comme lois fondamentales de la société brâhmanique des prescriptions et des coutumes qui portent bien l'empreinte de l'époque dont nous nous occupons, qu'il n'y est fait nulle part allusion aux schismes djainique et bouddhique et enfin parce que les divinités dont il parle sont bien des dieux védiques tandis qu'une seule fois on y rencontre les noms de Vishṇou et de Çiva. Quant aux Itihasas il ne saurait y avoir d'hésitation ; ils sont incontestablement de l'époque sectaire bien qu'ils reproduisent les traditions et les légendes de la période précédente.

La lecture attentive des livres brâhmaniques les plus autorisés, c'est-à-dire les brâhmaṇas et les oupanishads, nous révèle une modification importante accomplie ou en voie de s'accomplir dans les antiques croyances, modification dans laquelle la philosophie a dû jouer un rôle capital. Les mythes védiques, déjà assez obscurs par eux-mêmes, ont perdu presque tout sens. On ne sait plus reconnaître les forces et les phénomènes naturels dans les dieux qui tendent à prendre une personnalité propre, à s'anthropomorphiser de plus en plus pour se mettre à la portée de l'esprit des fidèles. Sans doute l'initié sait encore quel sens se dissimule sous le mythe divin, à quels actes, à quels phénomènes les hymnes font allusion ; mais le vulgaire commence à vouloir trouver des personnages réels sous ces noms qui ne rappellent rien à son esprit. Nominalement les dieux védiques existent toujours, mais ils prennent des fonctions plus déterminées, on leur crée une parenté, on leur donne une compagne, la Sakti, personnification de leur énergie d'action, ils ne sont plus éternels, ce sont maintenant les fils d'un dieu existant par lui-même et seul éternel dans l'univers, ils se rapprochent de plus en plus de l'humanité, ils en ont les faiblesses et les passions. La contemplation du monde et de son ordre admirable, l'observation des phénomènes et de la régularité qui y préside avaient amené presque fatalement l'Indou védique à concevoir des êtres en quelque manière semblables à lui, mais plus puissants, préposés au fonctionnement de ce monde. Ces êtres qu'il imaginait grands et parfaits, pouvait-il admettre qu'ils fussent nés de rien par l'action d'une aveugle nécessité ? N'était-il pas plus naturel et plus juste de les tenir pour créés, ou enfantés, par une volonté intelligente et consciente ? Cette volonté, cette intelligence toute puissante sera Brahmâ, l'âme, le souffle de l'univers, le Pourousha, le mâle divin, le créateur et les dieux seront ses fils, créés par lui ou émanés de son essence pour régler et conserver sa création, son œuvre parfaite.

Nous manquons un peu de données précises sur les divinités de la seconde manière du brâhmanisme. Les vieux Pourânas qui pourraient nous éclairer sur la mythologie de cette époque sont perdus, et à leur défaut, à part les allusions contenues dans quelques passages des brâhmanas, des oupanishads et des aranyakas, nous devons nous en rapporter presque exclusivement aux livres du bouddhisme et du djaïnisme pour nous renseigner sur l'existence de ces dieux et sur leurs fonctions nouvelles.

Un fait frappe tout d'abord. Ces dieux ne sont pas immortels par droit de naissance. Pourousha les a créés plus puissants, il est vrai, que les hommes, mais au fond leur nature est la même. Soumis eux aussi aux maux, à la mort, c'est par les austérités religieuses et par la méditation qu'ils ont conquis l'immortalité et les hautes fonctions qu'ils remplissent.

En raison même de cette nouvelle conception nous devons nous attendre à voir disparaître celles des divinités védiques qui ont un caractère plus particulièrement naturaliste, et de fait nous constatons tout d'abord la disparition de Dyaus complètement absorbé par Brahmâ dans son rôle de créateur ou de générateur du monde, et par Indra dans celui de dieu du ciel.

Les Adityas, qui avaient une place si importante dans le Védisme, ne sont plus que des divinités solaires régissant ou personnifiant les mois. On a porté leur nombre de sept à douze, probablement afin de rendre possible cette identification.

Varouna, le roi des dieux, le souverain majestueux et terrible, rigide défenseur de la justice et de la vertu, perd définitivement la royauté qu'avait déjà commencé à lui ravir Indra et descend aux fonctions de dieu de l'océan, sans doute par une réminiscence de ses anciennes fonctions de dieu de l'atmosphère qui enveloppe la terre ainsi que l'océan avec lequel il semble se confondre à l'horizon.

Soma, dont le culte rivalisait avec celui d'Agni, n'est plus que le régent de la lune et se confondra même avec cet astre.

Les Marouts, les Açvins, les Ribhous ne sont plus guères que des noms qui figurent à titre de souvenirs poétiques dans les vers du poëte, mais n'ont plus auprès du fidèle ni importance ni culte.

De tous les dieux védiques quatre seulement ont conservé leur rang ; Agni, Vayou, Indra et Sourya. Et encore si nous regardons d'un peu près nous trouvons que le culte de Vayou, purement nominal, se confond avec celui d'Indra, tandis qu'Agni, l'antique dieu du feu, représentant sur la terre de l'essence ignée génératrice de toutes les choses, fils et père du soleil, soleil lui-même, n'est plus considéré que comme le dieu du sacrifice, le dieu exclusif des prêtres. Sourya qui n'était qu'une des formes d'Agni en tant que conducteur du soleil, le détrône dans cette fonction, prend une importance plus grande et personnifie le soleil-dieu, qualité qu'il conservera dans la suite.

La carrière d'Indra est plus brillante. Déjà dans le Védisme, nous l'avons vu tendre à accaparer un rang hors pair parmi les autres dieux. Maintenant son rôle s'aggrandit encore. Il usurpe les fonctions que l'ancienne mythologie donnait à Dyaus. Dieu indiscuté du ciel il prend l'aspect du Zeus des Grecs et du Jupiter des Romains, et quelquefois même il s'adjuge au dépens de Sourya la souveraineté du soleil. Tout ce que nous révèle de lui la mythologie brâhmanique et bouddhique lui confère sans conteste le rang de roi des dieux sous le nom de Çakra que lui donnaient déjà les hymnes du Rig-Véda. Seulement il semble que dans la vie des dieux, comme dans celle des hommes, toute médaille doit avoir son revers. Le puissant, le redoutable Indra est obligé de compter avec l'envie, avec la malignité des autres dieux ses rivaux. Ses qualités de courage et d'ardeur tournent parfois en défauts. L'orgueil le domine, la passion l'emporte et nous le voyons souvent, dans la légende, commettre des actes coupables qui lui font perdre momentanément sa souveraineté universelle. Il ne garde pas toujours l'impartialité de justice qui convient au roi des dieux ; il a ses amitiés et ses rancunes. Ce n'est plus le dieu toujours bon et secourable que nous avons connu dans le Védisme. Il ne se contente plus de combattre les démons de la sécheresse et du nuage pour le plus grand avantage des Aryas ; il intervient personnellement dans les affaires des hommes, et, nous devons le dire, pas toujours à sa gloire. Jaloux, il persécute impitoyablement les ascètes dans la crainte que s'élevant par leurs austérités et la méditation au rang des dieux — nous avons vu que les dieux eux-mêmes ne devaient l'immortalité et la puissance qu'à ces pratiques — ils ne parviennent un jour à le détrôner. Telle est la raison de ses démêlés célèbres avec les grands rishis Kâçyapa, Viçvamitra, Vasishta qui finissent pourtant par l'obliger à capituler en repoussant victorieusement par la force de leur grandeur d'âme toutes les tentations qu'il accumule contre eux dans l'espoir qu'un instant d'oubli leur fera perdre le fruit de toute une existence de vertu.

L'anthropomorphisme chez lui va jusqu'à lui donner les passions humaines. Souvent il se laisse séduire et détourner de ses méditations religieuses par Kâma, le dieu de l'amour. Comme Zeus il a épousé sa sœur, Indraṇî, à laquelle il fait de nombreuses infidélités. Les épouses des Rishis et des Mounis (Muni « ascéte ») sont fréquemment en butte à ses entreprises amoureuses, et pour les séduire tous les moyens, voire les ruses les moins délicates, lui sont bons. C'est ainsi qu'il prend la forme du sage Gaudama pour séduire Àhalyâ, épouse de cet ascète, crime dont il fut du reste cruellement puni. Frappé par la malédiction du Rishi outragé, non-seulement il perdit son rang de souverain des dieux, mais encore la vue et la virilité qu'il ne put recouvrer que par une longue et rigoureuse pénitence.

Tel qu'il est, avec ses qualités et ses défauts, Indra nous semble une personnification assez exacte du caractère du guerrier Arya, et nous n'avons pas lieu de nous étonner de le voir prendre une place à part, celle en quelque sorte de dieu spécial des Kshatryas, presque en opposition avec Agni qui reste plus particulièrement le dieu des Brâhmanes. Plus nous avançons vers l'époque sectaire, plus nous voyons Indra prendre de l'importance au détriment des autres divinités, jusqu'au moment ou il devra s'effacer lui-même devant la personnalité de Vishṇou.

Si les dieux les plus anciens du Védisme disparaissent, nous en voyons, par contre, de nouveaux s'élever à l'horizon religieux. Vishṇou, dont le nom est à peine cité dans le Véda, commmence à prendre une influence plus grande, une place plus importante à côté d'Indra. Son caractère de dieu solaire se reconnait toujours, il est vrai, par le teint tantôt rouge, ou jaune, ou noir qui lui est attribué et par la nature de certains de ses exploits, mais il se rapproche plus encore qu'Indra de l'humanité. Il prend à l'Indra védique son rôle de champion des dieux et des hommes, en apportant dans ces fonctions plus de ruse et plus d'habileté. C'est lui qui apporte le meilleur conseil dans l'assemblée des dieux. C'est lui qui s'entend le mieux à détruire leurs ennemis, mais plus souvent par l'astuce que par la force. Seulement, sans doute en conséquence de l'anthropomorphisme qui s'impose de plus en plus, ce n'est plus dans le ciel ou l'atmosphère, c'est sur la terre même qu'il livre la plupart de ses combats, car la terre tend à devenir le champ clos des dieux et des démons.

Chaque fois qu'un danger menace les dieux ou les hommes, et nécessite son intervention, Vishnou revêt une forme illusive ou bien s'incarne en héros humain; jamais, ou très rarement au moins il ne combat sous sa forme divine. Ainsi par exemple, à force d'austérités et de science, Bali, roi des Daityas (fils de Diti, démons des ténèbres), devenu l'égal des dieux, menace de leur ravir l'empire du monde et de les chasser du ciel; c'est sous la figure d'un nain très petit (Vamana) que Vishnou se présente à lui et réclame pour son empire l'espace qu'il pourra franchir en trois pas. Abusé par l'aspect trompeur du dieu, Bali méprisant un si chétif compétiteur accorde la requête et aussitôt Vishnou devient un géant immense qui de ses trois pas arpente le ciel, la terre et l'atmosphère.

Lorsque les démons Asouras — le terme Âsura a

décidément pris le sens de démons — en guerre avec les Dévas, sont sur le point de boire l'Amṛitâ (Amṛta) la liqueur d'immortalité qui leur assurera la suprématie, Vishṇou se change en une femme d'une beauté irrésistible, Mohinî, s'introduit dans leur assemblée, les embrase d'amour et tourne si bien leurs têtes qu'il parvient à leur dérober le breuvage divin.

Les démons Rakshas persécutaient et dévoraient les hommes, l'humanité était sur le point de disparaître. Les dieux s'en émeuvent et Vishṇou s'incarne en la personne du héros Râmâ-Tchandra (Râmâ-Candra) et détruit les démons qu'il pourchasse jusque dans leur repaire de Laṇkâ (Ceylan).

Les Brâhmanes en lutte avec les Kshatryas sont sur le point de succomber. Ils réclament le secours des dieux en faisant valoir que leur défaite aura pour résultat de priver les immortels des sacrifices que seuls les Brâhmanes ont qualité pour célébrer. Vishṇou prend la forme humaine dans le corps de Paraçou-Râmâ (Paraçu-Râmâ) et décime la race des Kshatryas qui ne se relèvera pas de ce désastre.

Vishṇou paraît être particulièrement chargé de la création et par suite de présider aux fonctions génératrices de toutes choses. Il a pour épouse Lakshmî, la Vénus de l'Inde, née comme Aphrodite de l'écume de l'océan. Cette déesse porte les différents noms de Çrî, Hérî, Sîtâ « le sillon », fille de Bhrigou : elle est la mère de Kâma, le dieu de l'amour, que cependant d'autres légendes disent créé le premier de tous les dieux par Brahmâ. Quelque grande que soit l'importance du rôle de Vishṇou (que l'on nomme aussi Hari et Bhagavat) il reste cependant toujours inférieur et subordonné à Indra.

Un dieu tout nouveau, Çiva, apparaît en même

ÇIVA
Dieu destructeur et générateur
Bronze indien (Musée Guimet, n° 8794).
Gravure sur bois du Magasin Pittoresque.

temps, et s'identifie avec le terrible Roudra des hymnes védiques, sans toutefois occuper encore une place prépondérante. Nous verrons plus tard, quand nous étudierons le brâhmanisme sectaire, quelles sont les raisons qui nous portent à croire que cette divinité appartient non au Brâhmanisme, mais à la religion primitive des autochtones et que son introduction dans le panthéon brâhmanique est une concession aux peuples vaincus, ou une victoire morale remportée par eux sur les vainqueurs. Çiva, emprunte à Roudra le côté terrible et destructeur de son caractère, comme lui il lance la foudre ; mais en plus c'est un dieu essentiellement jaloux et susceptible ainsi qu'en témoigne la légende de Daksha réduit en cendres par Çiva pour avoir oublié de l'inviter à un sacrifice solennel. C'est le dieu des austérités, il passe son temps dans la pratique des pénitences religieuses (tapa) et de la méditation (dhyana), mais malgré cela il a des passions vives et plus d'une fois la colère et les tentations de Kâma lui font perdre le fruit de toute sa ferveur ascétique. On lui donne pour épouse Pârvatî ou Prithivî (la terre), ou bien Ouma (Uma), fille de l'Himalaya, qui est aussi une personnification de la terre. Son adoption par le brâhmanisme doit être assez récente, car il n'est pas cité dans les livres bouddhiques et djaïns les plus anciens.

La personnalité la plus haute, celle qui domine toute l'époque brâhmanique, à laquelle du reste elle donne son nom, est celle de Brahmâ qui ne jouait qu'un rôle insignifiant à l'époque Védique. Brahmâ (masculin) est la personnification de Brahm (neutre), souffle, essence, âme et aussi prière. De même que le souffle est l'essence de la vie, de même Brahmâ est l'essence de tout ce qui existe. C'est l'Être existant par lui-même, éternel, et créateur de l'univers et de tous les êtres, les dieux compris.

La même transformation qui a eu lieu chez les dieux s'est opérée aussi chez les démons. Les noms sont restés les mêmes ; mais ce ne sont plus seulement des personnifications des ténèbres, de la sécheresse, ce sont décidément des ennemis des dieux. Les Asouras — nous avons déjà vu au chapitre précédent ce nom changer de sens —, les Daityas, les Rakshas sont des êtres supérieurs aux hommes, égaux en puissance des Dévas, et auxquels il n'a manqué pour prendre leur place que de les égaler en austérités religieuses et aussi un peu d'obtenir les sacrifices des hommes. C'est une lutte pour le pouvoir qui existe entre ces rivaux, lutte dont le sacrifice doit être le prix. Aussi est-ce souvent sur la terre qu'elle a lieu. Les démons s'efforcent continuellement de vaincre les Dévas sur le terrain des pratiques religieuses et de détacher les hommes du culte qu'ils leur rendent, dussent-ils bouleverser le monde pour arriver à leurs fins. Leur méfait le plus habituel est de troubler et de souiller le sacrifice. Parmi eux, il en est cependant qui reconnaissent le pouvoir des dieux et sont favorables aux hommes. Ce sont les Nâgas, démons serpents qui habitent les profondeurs de l'océan ou bien la région Pâtâla. Ils peuvent à volonté prendre la forme humaine. Leurs princes se sont souvent alliés par le mariage aux familles des princes de la terre et ont apporté à leurs alliés humains, dans le cas de péril pressant, le secours de leurs armées. Sous le nom d'Asouras on désigne le plus souvent les démons pris en général, ou bien les démons célestes et de l'atmosphère. Les Rakshas, ogres, sont des démons terrestres ; ils se montrent tantôt sous la forme humaine, tantôt sous celle d'animaux féroces. En général les maladies, les désastres de toutes sortes sont attribués à l'action malfaisante des démons. Les démons ne sont pas immortels. Après leur mort ils peuvent revivre sur la terre comme hommes et alors, par la pratique de la vertu, s'élever jusqu'au rang des dieux.

Le monde, avons nous dit tout à l'heure, a été créé par Brahmâ. A elle seule cette notion d'un créateur et d'une création creuse un abîme entre le Védisme et le Brâhmanisme. L'Arya védique semble avoir eu assez à faire à observer le monde extérieur pour ne pas se préoccuper outre mesure de la façon dont ce monde était venu à l'existence, ou, tout au moins, dans cet ordre d'idées ses tentatives ne s'élevèrent pas au-dessus de conceptions presque enfantines, comme celle du partage du corps de Parjanya de qui les membres supérieurs formèrent le ciel et les inférieurs la terre. Maintenant il réfléchit davantage ; ses connaissances se sont développées ; devenu sédentaire il a le temps de se livrer à des spéculations métaphysiques et tout naturellement devient curieux de se rendre compte de l'origine des choses. De même qu'il voit le jour succéder à la nuit et tous les objets émergeant progressivement de l'ombre devenir visibles, il admettra bien que l'univers, la lumière, etc., ont pu sortir des ténèbres d'une nuit primordiale chaôtique ; mais il ne peut comprendre l'ordre parfait de cet univers sans une volonté sage et consciente pour l'ordonner. Cette volonté c'est Brahmâ agissant sous la forme de Pourousha « le mâle, le créateur. »

On se tromperait étrangement si l'on se figurait trouver dans les écritures brâhmaniques une tradition uniforme de la création. Chaque livre en donne un récit plus ou moins différent dont cependant Brahmâ est toujours l'acteur. Voici les principales de ces légendes :

L'univers n'était rien. Brahmâ seul existait sans être — c'est-à-dire sans manifester son existence. Il résolut d'être. Entrant en méditation il créa la fumée, le feu, la lumière, la flamme, le nuage qui, en se condensant, devint l'océan. Condensé l'océan devint la terre. Alors le monde étant formé et prêt à les recevoir Brahmâ créa de sa propre substance les dieux, les démons, les hommes et les animaux. Il est à remarquer que le créateur est ici considéré comme androgyne.

D'après une autre légende, Brahmâ après avoir créé les principes des choses, ou la matière, puis le monde, tira les dieux de sa propre substance par la méditation. Ensuite divisant son corps en deux, il en fit une partie mâle, Pourousha, et l'autre femelle à laquelle il donna le nom de Saraçvatî, ou de Çataroupâ (Çatarupâ « qui a cent formes »). Enflammé d'amour pour cette fille de sa chair il s'unit avec elle et donna naissance aux hommes et aux animaux divers par suite des transformations successives de Saraçvatî en génisse, brebis, lionne, etc. Cet inceste souleva l'indignation des dieux qui, sous la conduite d'Indra et de Vishnou, vainquirent Brahmâ et le dépossédèrent de sa souveraineté.

Quelquefois aussi on fait naître de l'union de Brahmâ et de Saraçvatî le Manou Svayambhou, (Svayambhu) ou Viradj, père des Mahârshis (grands rishis) et de toute la race humaine.

D'autres fois le créateur ayant résolu de créer le monde dépose au sein de l'Océan chaotique un œuf d'or, d'où sort Pourousha Hiranyagarba qui devient alors l'agent de la création. Des divers membres de de son corps naissent dieux (devas), démons (asouras), hommes et animaux.

Cet univers ainsi créé par Brahmà ne doit pas avoir une existence éternelle. Il dure un *jour de Brahmà*, soit 4.320.000.000 d'années humaines, après quoi il se dissout et se transforme en un immense océan sur lequel flotte Brahmà endormi. Cette dissolution de l'univers s'appelle *nuit de Brahmà*; elle a une durée égale à celle du jour. Ce temps écoulé le créateur se réveille et recommence la création. Les dieux, comme tous les autres êtres, sont soumis à la dissolution. Leur immortalité n'est donc que relative.

Le jour de Brahmà est divisé en quatorze *Manvantaras*, ou règnes de personnages légendaires, rois et sacrificateurs à la fois, initiateurs des hommes à la civilisation, appelés Manous (Manu). Il se subdivise en mille Kalpas formés chacun de quatre Yougas (Yuga) ou âges, appelés Krità, Tretà, Dvaparà et Kali-Youga. Ces âges nous rappellent d'une façon curieuse les âges d'or, d'argent, d'airain, et de fer de la mythologie gréco-romaine.

Le premier âge est une époque de perfection absolue. Fervents adorateurs des dieux, sans passions, les hommes y mènent une existence de bonheur parfait, sans lois, sans soucis, sans travail. La nature se charge de pourvoir abondamment à tous leurs besoins. Selon quelques auteurs les habitants de la terre à cette époque étaient des hermaphrodites. Cet état heureux se prolonge encore pendant la durée du second âge ; mais déjà l'humanité se relâche, la vie de l'homme diminue de longueur, les productions naturelles sont moins abondantes.

Avec le troisième âge le mal fait son apparition dans le monde, l'égoïsme s'empare de ses habitants, le culte des dieux est délaissé, les passions se déchaînent et nécessitent l'institution des lois ; en punition des forfaits de la race humaine la nature cesse de fournir sans travail à sa subsistance. Enfin dans le quatrième, celui où nous vivons, le mal domine apportant avec lui toutes les misères, justes châtiments des crimes de l'homme déchu et oublieux des dieux.

A la fin de chaque Kalpa a lieu une destruction partielle du monde. La contrée, ou, pour nous servir du terme indou, le continent le plus gangrené est détruit par le vent et le feu, puis repeuplé par l'imigration de populations vertueuses venant des continents épargnés. Cette destruction ne s'opère jamais par un déluge, idée qui paraît étrangère aux Aryas. Nous trouvons bien, à la vérité, un récit de déluge dans les Brâhmanas, notamment dans la Satapatha-brâhmana, mais ce cataclysme survenant au commencement du Kalpa actuel, dans le Tretâ-Youga, est peu à sa place dans une époque de perfection où il ne devait pas y avoir de crimes à châtier. Aussi plusieurs auteurs sont-ils disposés à attribuer ce récit à un emprunt fait à une source étrangère, probablement à la tradition chaldéenne dont il se rapproche par beaucoup de points. Voici cette légende dans sa forme la plus ordinaire.

Le pieux Manou Vaivaçvata pêcha un jour un tout petit poisson. Comme il le tenait dans sa main le considérant, le poisson le supplia de ne point lui ôter la vie, et de le placer dans un vase rempli d'eau où il pourrait grandir sans avoir à redouter la gloutonnerie des autres habitants des eaux. Manou fit ce que le poisson demandait. Puis lorsqu'il fut devenu assez grand pour ne plus pouvoir demeurer dans le vase, il le porta dans un étang, ensuite dans un fleuve et enfin dans la mer. Alors le poisson reconnaissant lui révéla que la race humaine allait périr toute entière dans un déluge et lui conseilla de construire un bateau où il se réfugierait, lui promettant de venir à son aide au moment du danger. Manou suivit ce conseil. Le déluge survint. Le bateau ayant commencé à flotter le poisson arriva aussitôt et attachant à une corne qui surmontait sa tête le cable du navire, il le conduisit sain et sauf jusqu'aux monts Himalaya. Lorsque les eaux se furent retirées Manou devint le père d'une nouvelle race d'hommes. C'était naturellement Brahmâ qui avait pris la figure du poisson pour sauver son fidèle serviteur.

Chaque création est toujours identiquement semblable aux précédentes. L'univers est toujours composé de la même façon : le monde supérieur ou céleste, le monde terrestre, et le monde inférieur. Le monde céleste est divisé en sept cieux demeures des différents dieux ; le plus élevé, le septième, appelé *Svarga* est présidé par Indra ; c'est en réalité ce que nous appelons le paradis. La terre est une surface plate partagée en sept continents (dvîpa ou varša) entourés chacun d'un océan et groupés autour de la montagne sacrée, le mont Mérou (Meru) — probablement l'Himalaya — sur les pentes Est et Sud de laquelle habitent les génies favorables aux hommes et adorateurs des dieux ; les démons sont cantonnés sur les versants Ouest et Nord. Naturellement l'Inde, à elle seule, constitue le plus important de ces continents, c'est le Djamboudvipa (jambudvîpa) ou

Bharatavarsha, du nom du premier roi qui lui donna des lois, Bharata, l'aîné des cent fils de Vrishabha. Habituellement on représente ces continents comme concentriques et dans ce cas l'Inde occupe le centre du système. Le Djamboudvipa est arrosé par sept rivières parmi lesquelles ont cite surtout : la Saraçvatî, consacrée à la déesse du même nom, le Sindhou (Sindhu) ou Indus, la Djamounâ (Jamunâ) et le Ganges, le fleuve par excellence qui prend sa source sur le mont Mérou. C'est le seul pays civilisé. Les autres continents, Plakshadvipa, Çâlmalidvîpa, Kuçadvîpa, Kraunchadvîpa, Çâkadvîpa, et Poushkaradvîpa sont habités par les Barbares, les Mlechhas ou Dasyous. Quelques auteurs remplacent un de ces six continents par l'Airavartha que l'on suppose être le pays d'Iran, la Perse. Le monde inférieur est la résidence des démons les plus misérables. Il se compose de huit régions superposées, dont la plus inférieure est le Naraka, ou Enfer, divisé lui-même en huit ou dix-huit étages.

Dans l'œuvre de la création Brahmâ produit toutes les choses de sa propre substance, les anime de son esprit, ou bien, selon d'autres auteurs, il anime de son souffle une matière préexistante et éternelle, mais inerte et informe. Brahmâ est donc le principe de toute vie, l'âme qui gouverne et anime tout l'univers, les choses et les êtres ; c'est en lui qu'au moment de la destruction du monde viendront se résoudre les multitudes d'âmes, ou d'étincelles vitales qui donnent la vie à ce monde. C'est *l'Ame Universelle*, Le Grand Tout.

De cette conception découle naturellement celle de l'immortalité de l'âme humaine particule de l'âme universelle ou de Brahmâ, et en effet cette croyance

BRÂHMA,
Dieu créateur du Monde.
Fragment de char de Karikal (Musée Guimet, n° 2244).
Dessin de Félix Régamey.

s'affirme de la façon la plus formelle. Mais tandis qu'il semble qu'aux temps védiques l'âme était considérée comme n'ayant qu'une seule existence terrestre suivie d'une autre vie, en quelque sorte divine, dans les cieux ou les astres, le brâmanisme conçoit l'existence de l'âme sous un aspect tout nouveau, celui de la *Transmigration* ou *Métempsycose*. Il admet qu'après sa séparation d'avec Brahmà l'âme qui anime un corps, tout en conservant son principe immortel, perd par le fait de son contact avec la matière sa pureté divine. Par une sorte de procédé de perfectionnement nécessaire elle parcourt tous ou un certain nombre des degrés de l'échelle des êtres depuis les plus infimes jusqu'aux plus parfaits, acquérant ainsi au cour de ces pérégrinations une somme croissante de mérites, jusqu'à ce qu'enfin elle arrive à animer le corps d'un homme. Toutefois cette marche ne se produit pas fatalement dans le sens de la perfection, elle peut avoir lieu en sens contraire, faire rétrograder l'âme d'un ou de plusieurs rangs, voire même la faire tomber pour un certain temps dans l'un des enfers du Naraka.

Quittant la condition humaine l'âme vertueuse peut aller habiter l'un des paradis, ou mondes des dieux, dont le plus élevé est le Svarga, présidé par Indra, lieu de félicité relativement parfaite — quoique, à ce qu'il semble, plus matérielle que spirituelle — où les loisirs des bienheureux sont charmés par les chœurs des *Gandharvas* (musiciens) et des *Apsaras* (nymphes danseuses et chanteuses). D'autres, après un certain temps passé dans l'un des monde célestes, peuvent reprendre la forme humaine pour achever leur purification. D'autres plus pures obtiennent de passer de suite, par la vertu des austérités religieuses et de la méditation, dans l'état de béatitude suprême et éternelle du Moksha. Le Moksha n'est pas un lieu, un paradis, comme on pourrait le croire à la lecture de certains textes, mais bien un état. C'est la cessation de l'existence et par suite de tous les maux ; c'est la réunion de l'âme avec Brahmâ ou plutôt son absorbion dans Brahmâ (l'âme universelle), l'anéantissement dans le sein de la divinité.

Mais si la condition humaine ouvre la porte du Svarga ou de Moksha, c'est aussi l'état le plus critique pour l'âme que le moindre faux pas peut faire rétrograder dans les conditions animales, ou même jusqu'en enfer. Cet enfer, le Naraka, est composé, selon les uns de huit, selon les autres de dix-huit étages superposés où les âmes coupables souffrent principalement les tourments du feu et du froid, de la faim et de la soif. L'enfer le plus terrible est situé le dernier, tout au fond du Naraka. Toutefois, il ne faut pas l'oublier, l'enfer brâhmanique n'est pas éternel ; l'âme y subit une peine dont la rigueur et la durée sont proportionnelles à ses crimes, et quand elle en sort elle peut espérer regagner dans des transmigrations futures le terrain qu'elle a un moment perdu. Mais, naturellement, le poids des anciennes fautes commises dans des existences antérieures continue à peser sur elle dans ses vies nouvelles. Le bonheur, la richesse, les honneurs, la naissance dans une bonne caste sont les récompenses terrestres des bonnes actions précédentes, de même que le malheur, la pauvreté, la maladie, une naissance dans une basse caste, sont les châtiments inévitables des fautes ou des crimes. Il n'y a donc pas de pitié à avoir pour le misérable ; il paye par ses maux ou son abjection ses péchés passés. Telle est la la doctrine du *Karma* ou « conséquence des actes. »

On comprend facilement quelles conséquences terribles peuvent découler de ce dogme. Les bonnes castes, Vaiçya, Kshatrya et surtout Brâhmane ont acheté leur situation privilégiée par d'innombrables vertus pratiquées sans défaillances pendant des milliers d'existences. Le Brâhmane, le plus pur de tous les êtres, est seul en point d'atteindre au Moksha. Le bonheur céleste éternel ne peut donc être obtenu qu'à la condition de mériter d'abord de naître brâhmane. Quand aux Çoudras, et plus encore les Hors-caste, leur condition misérable est une preuve irrécusable de tant et de si grands crimes qu'ils ne sauraient avoir une place dans la société religieuse. Ils sont indignes de recevoir le pur enseignement du Véda. Leur seul présence suffit à souiller le sacrifice. Ils n'ont pas même le suprême espoir du repos après la mort, leur âme emportée dans le tourbillon des transmigrations n'a d'autre perspective que d'incessantes renaissances.

Si la naissance dans la caste des brâhmanes, ou au moins des Kshatryas, si nous en croyons certains textes, est indispensable pour espérer le bonheur du Svarga ou de Moksha, elle n'est cependant pas suffisante. Le fidèle qui aspire à cette haute récompense doit la mériter par des œuvres religieuses, les aumônes aux brâhmanes, l'adoration des dieux, l'observation scrupuleuse des lois sacrées, et surtout la méditation. Toute son éducation tend vers ce but. L'enfant, fut-il brâhmane de naissance, n'a pas de caste et ne peut participer à aucun sacrifice, même domestique, ni lire les livres sacrés tant qu'il n'a pas reçu le sacrement de l'Initiation (Upanâyana). Aussi dès l'âge de cinq ans est-il confié aux soins d'un bràhmane versé dans les écritures qui le prépare par de sévères leçons à cet acte important. Entre neuf et douze ans il reçoit solennellement l'Initiation qui lui confère le droit d'étudier le Véda. Cette cérémonie comprend l'investiture du cordon et de la ceinture sacrés, signes distinctifs de sa foi et de sa caste, et qu'il ne devra jamais quitter. Le cordon sacré indique, en effet, par sa matière à quel rang appartient le fidèle. Pour le bràhmane il est de coton, de chanvre pour le Kshatrya et de laine pour le Vaiçya. La ceinture est faite d'une herbe nommée Kouça (Kuça). A partir du moment de cette investiture l'enfant a droit au titre de *Dvidja* (dvija) « deux fois né » par allusion à la naissance religieuse que lui confère la cérémonie de l'Initiation.

Il est alors remis entre les mains d'un *gourou* (guru) « maître, précepteur » chargé de lui enseigner les dogmes de la religion et les rites des sacrifices qu'il est appelé à accomplir. Le gourou est toujours un bràhmane. Le jeune homme prend alors le nom de *Bràhmatchari* (bràhmacari) « étudiant » qu'il conserve jusqu'à son mariage. Le temps ordinaire des études est de douze ans. Ceux qui, ambitieux de parvenir à la libération finale, au Moksha, veulent se vouer exclusivement à la vie religieuse le prolongent quelquefois toute leur vie ou, tout ou moins, jusqu'à la mort de leur gourou. Pendant toute la durée de son séjour chez le gourou, le Bràhmatchari doit non seulement s'appliquer à l'étude des textes sacrés, témoigner à son maître le même respect qu'à son père (la loi bràhmanique déclare que le gourou est un second père), l'aider et le servir dans les préparatifs et la célébration des sacrifices, mais encore lui rendre de véritables services de domesticité.

Marié, l'Arya devient Grihasta (gṛhasta) « maître de maison » et à ses devoirs de famille s'ajoutent les devoirs religieux, notamment les sacrifices domestiques, chaque jour obligatoires, les sacrifices en l'honneur des ancêtres, les repas à offrir aux brâhmanes, que jusque là il n'avait pas le droit de faire. C'est la seconde période de sa carrière.

Quand il a au moins un fils, que sa famille est élevée, qu'il a acquis par son travail et ses peines une aisance suffisant aux besoins des siens, il doit se relâcher de ses soucis et de ses labeurs matériels pour s'adonner plus spécialement aux bonnes œuvres, à l'enseignement de la loi, et se livrer à la méditation religieuse.

Enfin quand il a un fils marié lui-même et apte par conséquent à le remplacer dans ses droits de chef de famille et dans l'accomplissement du culte domestique et de celui des ancêtres, celui qui aspire au bonheur du paradis devra partager à ses enfants une partie de son bien, distribuer l'autre en aumônes aux brâhmanes, et, quittant le monde, se retirer au fond des bois ou sur le sommet d'une montagne pour se livrer, en attendant la fin d'une vie désormais inutile, à la méditation et aux austérités religieuses qui lui ouvriront le Moksha.

Cette dernière prescription donne naturellement à l'ascétisme une place prépondérante dans la vie de l'Indou. L'ascète brâhmane (Sanyasi, Yogi et Mouni) joue en effet un rôle capital dans toutes les légendes sacrées. Par ses austérités, qui consistent principalement à jeûner, observer la chasteté, s'exposer sans vêtements aux intempéries des saisons, garder pendant un temps plus ou moins long et quelquefois des années entières une posture gênante, et surtout méditer sur la nature de la divinité, l'origine du monde, et les prescriptions de la loi, il devient l'égal des dieux et maintes fois leur inspire des craintes sérieuses pour le maintien de leur puissance. Ils n'ont alors d'autre ressource que de lui susciter des tentations capables de lui faire perdre par un acte de passion le mérite de ses longs travaux. Pour ceux qui n'appartiennent pas à la caste privilégiée, l'ascétisme est le seul moyen de s'assurer pour une nouvelle existence le rang si envié de brâhmane, ou tout au moins le passage dans une caste supérieure à celle dont ils font partie. C'est par ses austérités prodigieuses que le kshatrya Viçvamitra obtint d'être élevé avant sa mort au rang de brâhmane, faveur sans précédent dûe à la terreur qu'il avait inspirée aux dieux. Car l'ascète parfait est en possession d'un pouvoir sans limites ; non seulement il peut à son gré suspendre et changer les lois de la nature, créer des mondes nouveaux avec leurs habitants, détruire tout ou partie de l'univers existant, mais encore détrôner et détruire les dieux eux-mêmes. La malédiction d'un ascète a les effets les plus terribles ; rien n'y peut résister, pas même la puissance d'un rival d'égal mérite, pas même la puissance suprême du roi des dieux. C'est à coups de malédictions que se combattent les rivaux en ascétisme, et la malédiction de Gaudama fait perdre un instant le trône à Indra lui-même.

Le Védisme, avons nous dit, était comme toutes les religions primitives, peu préoccupé de la morale. Sauf Varouṇa, le surveillant infaillible des actions humaines, et peut-être les Marouts, tous ses dieux se déclaraient satisfaits pourvu que sur leurs autels fumât le sacrifice, que pour eux le Soma coulât à flots, sans plus s'inquiéter de l'état de la conscience de leurs adorateurs. A la période brâhmanique la société plus organisée sent le besoin de mettre ses lois organiques, et par conséquent la morale, sous la protection divine. Si le respect des dieux et le soin des autels demeure la première de ses préoccupations (car le sacrifice est indispensable à la conservation du monde que frapperaient les plus terribles calamités si les rites sacrés étaient négligés, omission qui entraîne pour les Kshatriyas et les Vaiçyas qui s'en rendent coupables la perte de leur caste et les fait déchoir au rang de *Vrâtyas*, c'est-à-dire de barbares au même titre que les Dasyous), elle introduit dans ses livres sacrés les prescriptions les plus indispensables à sa préservation en ayant soin d'en attribuer l'institution aux dieux. Pour sauvegarder la famille et la propriété, bases de toute société organisée, la religion défend, sous la menace des plus terribles châtiments, l'adultère et le vol, la fourberie et le mensonge. Elle impose, comme une vertu obligatoire, le respect des parents, l'obéissance à leurs ordres même injustes ; elle fait du culte des ancêtres un devoir sacré dont la négligence est considérée comme presque aussi coupable que l'omission du sacrifice domestique de chaque jour. Non-seulement elle donne au père de famille une autorité absolue sur les siens, mais elle le revêt en quelque sorte d'un caractère divin en lui confiant le privilège de procéder chaque jour aux sacrifices du matin et du soir. En revanche elle lui impose aussi le devoir de protéger et d'élever sa famille, et, afin d'assurer la propagation de la race, elle met une nombreuse postérité, d'enfants mâles surtout, au rang du plus grand bienfait que puissent accorder les dieux. Elle donne à la mère de famille une situation tout particulièrement honorable, et qu'on ne trouve dans aucune autre civilisation primitive, en interdisant la polygamie et en faisant de l'épouse l'associée obligée du père de famille dans le sacrifice que, veuf, il ne peut plus accomplir ; mais elle lui impose aussi l'obligation d'une fidélité persistant jusqu'au delà du tombeau et interdit à la veuve de convoler à de nouvelles noces. L'adultère de la femme est puni de mort. Les enfants adultérins sont privés de tous droits d'héritage, exclus du sacrifice comme contaminés d'une souillure indélébile et, quelque soit le rang de leurs parents, considérés comme hors-castes de la plus basse classe. De même aussi le fils d'une veuve remariée perd sa caste et est indigne de participer au sacrifice que sa seule présence suffirait à souiller.

De la famille l'obligation du respect et de l'obéissance s'étend aux supérieurs quels qu'ils soient et cette loi est la première que l'on inculque à l'enfant lorsqu'il est confié aux soins du *gourou*, auquel il doit, ainsi que nous l'avons déjà dit, le même respect, la même affection qu'à son propre père. L'influence du gourou ne prend pas fin avec le noviciat du brâhmatchari ; le précepteur demeure toujours le guide tant spirituel que temporel, le conseiller dans toutes les difficultés de la vie, et c'est à lui qu'appartient le privilège d'officier aux sacrifices solennels accomplis par son pupile.

D'origine divine les Castes sont naturellement protégées d'une façon toute particulière par la religion. Elle enseigne que nul ne peut en cette vie, sauf par des mérites religieux hors de la portée du vulgaire, franchir leurs barrières, et elle ordonne, comme une expiation de fautes passées (péché originel) la patience et la soumission à la fatalité consciente (karma « conséquence des actes ») qui règle la naissance et la carrière des hommes. A chacune elle règle ses devoirs, tant particuliers que réciproques, à toutes elle impose le respect du brâhmane, le représentant des dieux sur la terre ; aux brâhmanes eux-mêmes elle impose le respect des rangs qu'établit entre eux l'âge, la science et la vertu. Ces castes sont si rigoureusement fermées qu'aucune union ne peut avoir lieu de l'une à l'autre. Les enfants nés de ces unions illicites perdent tous leurs droits et tombent plus bas mêmes que les Çoudras, bien qu'il y ait cependant encore des degrés dans leur infamie suivant les castes auxquelles appartenaient leurs parents, degrés qu'indiquent les noms divers *d'ambashṭha, nishâda, parâsara, âyogava, kshattri* et *tchaṇḍâla* qui leur sont appliqués.

Par suite de la sanction religieuse appliquée aux lois sociales, les crimes et les délits deviennent des *péchés* dans le sens exact que nous attribuons à ce mot, c'est à dire contravention à la loi divine. Des fautes humaines, les unes sont punies à la fois par la justice des hommes et par celle du destin (karma), les autres par le destin seulement, soit parcequ'elles sont demeurées cachées, soit parceque par leur nature elles échappent à la vindicte publique.

Au point de vue social les pénalités sont la mort, l'exil, l'amputation d'un membre, la prison, l'amende, et, tout naturellement, les basses castes sont frappées bien plus sévèrement que les hautes. Le meurtre même involontaire d'un brâhmane est puni d'une sorte d'excommunication qui fait perdre toute caste et interdit toute communication avec les autres hommes ; le coupable devient un *paria* (pariya). Quant au brâhmane coupable, quelque grand que soit son crime, il ne peut être puni, sa vie étant sacrée, que de l'exil et de la dégradation.

Au point de vue religieux les fautes légères entrainent généralement une renaissance dans une caste inférieure : la négligence du sacrifice fait renaitre parmi les barbares ou les hors-castes. Le meurtrier renait sous la forme d'un animal féroce, lion, tigre, loup ; le luxurieux sous celle d'un chien ; l'intempérant sous celle d'un porc, etc., indépendamment de quelques siècles d'enfer qui précèdent ces châtiments dans les cas graves. Le meurtre volontaire d'un brâhmane, le plus grand de tous les crimes, plus grand que la plus grave offense envers les dieux, est puni de la peine de l'enfer, après quoi le coupable doit recommencer toute la série des existences depuis l'animal le plus infime, ver de terre ou insecte. Néanmoins il peut y avoir des accomodements. Tous les péchés peuvent être atténués et même entièrement effacés par les austérités ascétiques : « quelques péchés qu'un homme ait pu commettre par pensées, par parole et par actions, nous dit Manou, il les *consume* promptement tous s'il devient riche en dévotion ». Certains sacrifices solennels, *l'açvamédha* « sacrifice du cheval », par exemple, et d'abondantes aumônes aux brâhmanes peuvent également atteindre le même résultat, surtout lorsqu'il s'agit d'un roi ou d'un grand personnage ; mais ce mode de rédemption ne permet pas, comme le font les pénitences religieuses, de s'élever ensuite jusqu'à la perfection et la béatitude finale. Il est donc beaucoup moins recommandé au fidèle qui aspire à se libérer à tout jamais des misères terrestres.

Dans les pages qui précèdent nous avons dû maintes fois faire allusion aux sacrifices sans pouvoir en parler avec les détails que mérite cette partie importante de la religion brâhmanique. Le sacrifice, en effet, joue un rôle capital dans la vie de l'Indou, vie presque entièrement religieuse. Le sens et la valeur symbolique du sacrifice, de même que ceux du mythe, se sont obscurcis, mais l'importance qu'il conserve nous prouve qu'aux yeux des initiés il a toujours pour but principal et pour effet de déterminer et au besoin de forcer les dieux à faire naître les phénomènes naturels quotidiens, périodiques ou accidentels nécessaires à la vie du monde, et accessoirement d'obtenir leur protection soit pour la réusite d'entreprises, soit dans le cas de calamités ou de désastres sociaux ou privés, guerres, maladies, famines, etc. C'est toujours, comme aux temps védiques, un appas qui leur est offert, un marché qui leur est proposé, et si l'on célèbre leur bonté, leur grandeur, leur puissance, c'est moins pour les honorer et les remercier de leurs faveurs que pour en obtenir de nouvelles.

Les sacrifices brâhmaniques, Pouja (puja), peuvent se répartir en deux ordres : les grands sacrifices obligatoires ou facultatifs qui comportent la présence inévitable du prêtre, et les sacrifices domestiques, toujours obligatoires, célébrés par le père de famille exclusivement, ou, dans le cas d'un empêchement absolu, par son représentant, son substitut. Quel que soit le sacrifice célébré, la première condition pour qu'il soit valable et efficace est qu'il ne soit souillé par la présence d'aucun être impur. Sont impurs les meurtriers, les proches parents d'un mort, ceux qui ont touché même par mégarde un cadavre d'homme ou d'animal, les hors-castes. Est souillé tout objet servant au sacrifice ou destiné à être offert qui a été seulement effleuré par une personne ou un animal impur. Si une souillure quelconque survient au cours du sacrifice celui-ci devient de nul effet et doit être recommencé de point en point. Il y a des heures, des jours et même des mois où les sacrifices sont absolument interdits. Ces interdictions, très formellement prescrites par les rituels, se rattachent à la croyance, à l'influence de certaines époques néfastes presque toujours déterminées par des phénomènes solaires, lunaires et sidéraux, tels que le lever et le coucher, les conjonctions des astres, les éclipses, par l'action attribuée sur ces époques à des dieux ou à des démons, et par de singulières anomalies particulières au calendrier indou en vertu desquelles certains jours ne possèdent pas de lever de soleil, tandis que d'autres en comprennent deux.

Les Indous se servent d'une année lunaire divisée en douze mois composés chacun de vingt-neuf et demi de nos jours, soit 354 jours. Ces douze mois portent les noms de Chaitra, Vaishaka, Jyeshta, Ashâda, Çravana, Bhâdrapada, Açvina, Kârtika, Mârgashirsha, Pausha, Mâga, et Phalgouna (Phalguna). Pour faire concorder l'année lunaire de 354 jours avec l'année solaire de 365 jours, on ajoute tous les trente deux mois un mois intercalaire. Ce mois est impropre aux sacrifices non obligatoires, c'est-à-dire facultatifs ou accidentels. Le mois lunaire de vingt-neuf jours et demi est divisé en trente parties inégales appelées *Tithi* « date » Ces tithis sont les véritables jours des Indous au point de vue religieux et civil. Les tithis ne se comptent pas de un à trente, mais seulement de un à quinze de façon à diviser le mois en deux quinzaines appelées *demi-mois de la lune croissante ou claire* allant de la nouvelle à la pleine lune, et *demi-mois de la lune décroissante ou obscure* allant de la pleine lune à la nouvelle. Pour établir les tithis on a partagé l'orbite mensuel apparent de la lune en trente parties de douze degrés chaque, et la tithi est le temps que met la lune à parcourir douze de ces degrés. Comme la course de la lune est d'autant plus rapide qu'elle se rapproche plus de la terre, il y a des tithis de moins de vingt et une heures dans lesquelles il peut par conséquent ne pas y avoir de lever de soleil, et des tithis de près de vingt-sept heures qui peuvent renfermer deux levers de soleil. Les divisions de la tithi sont : la *mouhoûrta* (muhûrta), la *ghaṭika*, le *pala* et le *vipala*. La mouhoûrta vaut quarante-huit minutes et la ghatika vingt-quatre, le pala vingt-quatre secondes et le vipala vingt-quatre tierces.

Chacune des quinze tithis de chaque demi-mois est spécialement propice ou néfaste pour un ou plusieurs sacrifices obligatoires, facultatifs et accidentels. Ainsi la huitième et la quatorzième tithis sont considérées comme néfastes et le jeûne est obligatoire pendant toute leur durée ; le sacrifice aux Nâgas doit se célébrer à la cinquième ; la quinzième est désignée pour le sacrifice aux *trois feux domestiques* et pour l'Anvâdhanam ; le feu sacrificatoire, c'est-à-dire le feu perpétuel auquel on allume celui des sacrifices domestiques, doit être établi le jour du changement de lune ; le feu domestique doit être allumé le jour de la pleine lune ; les sacrifices d'animaux doivent se faire à l'une des quatres pleines lunes de la saison pluvieuse (la saison des pluies dure quatre mois) ;

le Balihârana (sacrifice et offrande de riz aux ancêtres) le jour de la conjonction ; le repas en l'honneur des ancêtres le jour de la nouvelle lune, etc. On ne peut célébrer aucun sacrifice pendant une éclipse, ni pendant le jour qui la précède ou celui qui la suit, à cause de la souillure attachée à ce phénomène attribué aux efforts faits par le démon Rahou pour dévorer le soleil ou la lune.

Pour les grands sacrifices la nécessité de la présence et de l'intervention d'un ou plusieurs brâhmanes s'explique par la multiplicité et la minutie des détails dont ils sont surchargés et par la croyance que l'omission ou même la simple interversion d'un rite rendrait le sacrifice non-seulement nul, mais encore éminemment dangereux pour celui qui l'offre, en attirant sur lui la colère des dieux qu'il se proposait de propitier. De plus la sainteté du prêtre officiant ajoute à la valeur de l'offrande et à son action sur la divinité. Le nombre des brâhmanes invités et les honneurs qui leur sont rendus par le Maître de maison ont aussi une grande influence sur l'efficacité de l'offrande.

La pureté des assistants et de tout ce qui doit servir au sacrifice étant la condition absolue de son efficacité, le premier soin du brâhmane officiant comme sacrificateur est d'accomplir toutes les purifications, bains, ablutions, onctions et prières, exigées par les rites. Ensuite, sous sa direction, on procède au choix de la place convenable, on nivelle le terrain, on le nettoye soigneusement de tout ce qui peut l'obstruer ou offenser la vue, on l'enclot au moyen de piquets et de cordes, puis on prépare l'autel, on le couvre de l'herbe sacrée *Kouça* (Kuça). Le bois bien choisi est apporté et empilé ; on prépare les offrandes, des fleurs, des fruits, du riz, des feuilles de certains arbres, notamment du tulasi, et les victimes, habituellement des moutons ou des boucs, ou bien des chevaux lorsqu'il s'agit du sacrifice exceptionnel de *l'Açvamédha* et quelquefois des bœufs. A l'heure fixée par la tradition sacrée le prêtre récitant les hymnes du Véda (Rik ou Atharvan) appropriés à la circonstance allume le feu, à la manière védique, par la friction des Àranis, l'active de son souffle d'abord puis lui donne plus de vigueur en arrosant l'autel de beurre fondu et de soma. La flamme brille et s'élève ardente vers les cieux, les offrandes, ou la chair des victimes, sont placées sur l'autel. Une partie seulement est destinée à être consumée par le feu, le reste est consommé par les bràhmanes dans le repas qui clôture la cérémonie et qui ne constitue pas la partie la moins importante de l'acte religieux, car c'est « par la bouche des bràhmanes que les dieux goûtent le sacrifice. » Enfin la cérémonie se termine par la distribution de riches présents aux bràhmanes qui l'ont honorée et sanctifiée par leur présence.

Ces sacrifices durent plusieurs jours ; au moins trois, et quelquefois des mois et même des années, si nous en croyons les récits des livres sacrés. L'heure propice pour le sacrifice varie suivant la divinité à laquelle il s'adresse. Il peut être offert à un dieu seul, ou à plusieurs ensemble, ou bien encore à tous les dieux. De crainte d'erreur le sacrificateur a grand soin d'appeler à haute voix les Dévas choisis par son client. Les dieux attendent avec anxiété cet appel, nous dit la Çatapatha Bràhmana, et aussitôt nommés accourent prendre leur part des victimes et des offrandes ; une fois qu'ils ont accepté le sacrifice ils sont contraints d'accorder tout ce que le sacrificiant demande en faisant l'offrande.

Pendant toute la durée du sacrifice le sacrificateur fait grand bruit en frappant sur les deux meules qui servent à moudre le riz de l'offrande afin d'éloigner les Rakshasas qui pourraient être tentés de troubler ou de souiller le sacrifice.

Les sacrifices obligatoires sont fixés par la loi au nombre de quatre-vingt-seize dans l'année, soit :

12 rites *Amâ*, ou rites qui doivent se célébrer à chaque nouvelle lune ;

4 rites de *Yoûga* (Yuga) célébrés en commémoration des quatre Yoûgas, ou grands âges du monde, le Kritâ, Trétâ, Dvapara et Kali-youga ;

14 rites de *Manou* en l'honneur des quatorze Manvantaras, ou règnes des divins ancêtres appelés du nom de Manous ;

12 rites *Kranti* correspondant aux douze passages du soleil dans les constellations ou *Maisons* zodiacales ;

12 rites *Dhriti* qui s'accomplissent le jour du mois où le soleil et la lune sont du même côté d'un des solstices, mais dans une direction opposée ;

12 rites *Pâla* que l'on doit célébrer le jour du mois où le soleil et la lune se trouvent de côtés différents de l'un des solstices, tout en ayant une même déclinaison ;

15 rites *Mahâlaya*, sacrifices solennels et rites funéraires importants qui se célèbrent dans le mois de Bhadrapada, c'est à dire à la fin de l'année lunaire ;

5 rites *Ashtaka* qui doivent se célébrer pendant cinq mois de l'année le huitième jour du mois ;

5 rites *Anvashtaka* spéciaux au neuvième jour de cinq mois de l'année ;

5 rites *Pourvédyou* (purvedyu) qui s'accomplissent le septième jour de cinq des mois de l'année.

Il n'est pas spécifié à quelles divinités chacun de ces sacrifices doit être offert, chaque fidèle peut avoir ses dieux préférés, mais généralement on s'arrange pour qu'ils aient tous leur part, au moins dans quelque offrande collective, de crainte d'exciter le mécontentement et d'encourir la vengeance de ceux qui seraient négligés. C'est ainsi que Daksha fut réduit en cendres pour avoir omis d'inviter Mahâdéva (Çiva) à un grand sacrifice qu'il offrait aux autres dieux.

Les deux rites les plus sacrés sont *l'Agnihotra* spécialement réservé à Agni, et l'*Açvamédha* (sacrifice du cheval) qui semble être généralement offert à Indra ou bien à tous les dieux collectivement.

Les sacrifices en l'honneur des ancêtres sont également obligatoires et exigent l'intervention des brâhmanes qui y jouent le rôle de remplaçants ou de substituts des défunts, ce qui leur vaut, outre le repas auquel ils sont invités, des aumônes ou des dons aussi riches que le comporte la fortune du fidèle. En plus des cérémonies habituelles ces rites comportent des offrandes de victuailles offertes aux Mânes et qui sont consommées ensuite par les brâhmanes et la famille du fidèle dans un grand festin. Si celui qui offre le sacrifice est brâhmane, les mets qu'il présente aux brâhmanes assistants doivent être accomodés; s'il appartient à une caste inférieure il doit offrir les mets non cuits, les brâhmanes ne pouvant sans souillure manger de nourriture préparée par une personne de caste inférieure à la leur. Ces sacrifices sont très fréquents. Ils doivent avoir lieu au jour anniversaire annuel du décès, à l'anniversaire mensuel, et, ainsi que nous l'avons dit plus haut, se répéter à la fin de l'année pendant le mois de Bhadrapada.

En plus des sacrifices obligatoires fixes que nous venons de citer, l'Arya a encore à observer les rites obligatoires accidentels, tels que ceux qui doivent être célébrés à la naissance d'un enfant, le jour où on lui donne un nom, à l'époque de l'initiation, du mariage, des funérailles, pour la prise de possession d'une nouvelle demeure, dans les cas de maladie, d'incendie, d'inondation, de sécheresse, de famine, d'extinction des feux sacrés, pour se purifier de la souillure d'une éclipse de soleil ou de lune, et enfin les rites de *Désir* qui, ainsi que leur nom l'indique, ont pour but de faire savoir aux dieux et d'obtenir d'eux ce que le fidèle désire, la postérité surtout.

Les rites domestiques sont célébrés par le Maître de maison assisté de sa femme et nul autre témoin ne peut y assister. Ce sont ceux qui semblent se rapprocher le plus du sacrifice védique primitif. Ils sont fixes ou accidentels. Les sacrifices domestiques fixes sont : le sacrifice du matin, l'ablution sacrée de midi, et le sacrifice du crépuscule. Le sacrifice du matin est ordinairement consacré à Agni (le feu) ou bien à Savitri ou Sourya (le soleil) ; celui du crépuscule, nommé Sandhya, s'adresse à Vishnou, le soleil *noir* ou caché pendant la nuit.

Le brâhmane doit avoir pour les sacrifices domestiques quotidiens trois feux disposés en un arc de cercle dont l'ouverture, ou la corde, fait face à l'ouest. Ces feux ne doivent jamais s'éteindre. On les entretient deux fois par jour au moyen de fumier de vache séché. S'ils venaient à s'éteindre il faudrait pour les rallumer procéder au sacrifice de *l'Allumage*

BRÀHMANE ET BRÀHMINE.
Fragment de char, de Karıka. (Musée Guimet, n° 2324).
Dessin de Félix Régamey.

du feu sacré, qui consiste à obtenir l'étincelle au moyen du frottement des deux *Aranis*. C'est à ces feux que l'on allume celui du foyer domestique. Si le Maitre de maison va en voyage, pendant tout le temps de son absence deux des feux doivent être couverts de cendres ; le troisième reste allumé pour servir à l'holocauste quotidien que la femme doit offrir.

Le sacrifice du matin se célèbre au point du jour. Au moment où le soleil va paraitre, le fidèle, après avoir fait le vœu d'accomplir l'ablution et le sacrifice du matin (tout acte religieux doit, sous peine de nullité, être précédé du vœu ou résolution mentale de l'accomplir), procède à l'ablution sacrée qui se compose soit d'un bain, soit d'une simple aspersion d'eau consacrée par des incantations, et d'une onction de tout le corps avec des cendres prises aux foyers des trois feux sacrés. Il s'avance alors vers les trois feux ayant en face de lui (à l'orient) le feu appelé Ahavanya, à droite (au midi) le feu Daskina, à gauche (au nord) le feu Garhapatya. Sa femme l'accompagne, la main droite appuyée sur le bras droit de son mari en symbole de leur union. Le bràhmane jette alors sur les feux des branches de bois sacré, habituellement du ficus religiosa, de l'hèrbe de Kouça (kuça), du beurre clarifié, du riz et de la graine de sésame, et prononce des prières et des incantations, principalement l'incantation célèbre appelée Gâyatri, pendant tout le temps que dure la combustion.

Ce n'est qu'assisté de sa femme que le bràhmane peut procéder au sacrifice quotidien. S'il devient veuf il doit remettre son droit de sacrifier à l'ainé de ses fils marié, ou à son défaut, à quelqu'un de ses plus proches parents. Le brâhmane malade, ou empêché par quelque souillure peut se faire remplacer par un substitut.

Le sacrifice du soir comporte les mêmes cérémonies que celui du matin. Il se célèbre au moment où le soleil disparait à l'horizon. Quant à l'ablution de midi, elle se compose, comme celles du matin et du soir, d'un vœu et d'un bain, ou d'une aspersion d'eau, accompagné de prières et d'incantations, mais sans onction de cendres.

Les sacrifices accidentels sont ceux que nécessitent les divers accidents de la vie, principalement les souillures contractées par le fait de l'attouchement d'un cadavre, d'un homme ou d'un animal impur, etc.

Dans tous les sacrifices la prière joue un rôle capital. Elle agit sur la volonté même des dieux d'une façon toute puissante, irrésistible. Mais pour être efficace elle doit être prononcée sans un changement, sans même une transposition de mots, avec les intonations et le rhytme voulu. C'est le plus souvent une incantation empruntée à l'un des Védas, aux brâhmanas ou aux oupanishads ; quelquefois c'est un hymne védique tout entier à la louange de quelque divinité. La plus importante des prières, celle qui revient le plus souvent sur les lèvres du brâhmane et qui passe pour exercer l'action la plus efficace sur les dieux, est la célèbre incantation du troisième livre du Rig-Véda appelée Gâyatri, du nom du mètre spécial qui lui est consacré. La Gâyatri doit presque toujours être précédée des sept sons mystiques symboliques des sept mondes. La voici telle qu'elle se prononce au sacrifice du matin :

Om bhûr, om bhuvaḥ, om Çvaḥ
Om mahaḥ, om janaḥ, om tapaḥ, om satyam.

Om bhûrbhuvasçaḥ,
Tat savitur varenyam bhargo devasya dhimahi.
Dhiyo yo naḥ praçodayat.

« Nous méditons sur la glorieuse splendeur du divin soleil ; puisse-t-il éclairer nos intelligences ! »

On s'est souvent demandé si les Aryas de l'époque brâhmanique possédaient des temples et des images de leurs dieux ? De fait les livres les plus anciens sont muets sur ce point et nous ne connaissons dans l'Inde aucun monument que l'on puisse attribuer à cette époque reculée. Néanmoins l'antropomorphisme dont les dieux sont revêtus rend assez acceptable l'hypothèse de l'existence d'idoles plus ou moins grossières, peut être de simples pierres brutes d'une forme étrange telles qu'il en existe encore dans certains sanctuaires indous. De plus les livres bouddhiques font de fréquentes allusions à des temples et des images ou statues des dieux existant à l'époque de la fondation de cette religion. Aussi, sans attacher plus d'importance qu'il ne convient à ces dires, penchons-nous à admettre que, dans les derniers temps au moins du brâhmanisme, on avait commencé à représenter les dieux sous une forme matérielle ; mais, nous le répétons, rien en dehors des écritures bouddhiques ne confirme cette opinion.

La période, dont nous venons d'essayer d'esquisser les principaux traits dans l'ordre social et religieux, peut aussi réclamer la gloire d'avoir vu se développer la philosophie dont nous avons pu constater dans le Véda les premiers bégaiements. A en croire les Indous, cette branche des connaissances humaines aurait atteint, dès cette époque, un épanouissement parfait, et le spiritualisme, le matérialisme, voire même l'athéisme, déjà codifiés et constitués en écoles dont les plus importantes sont les écoles Nyaya et Sankhya, auraient brillé d'un vif éclat dans les joutes oratoires de leurs maîtres les plus illustres, Gautama, Kapila, Kanada, etc. Nous n'osons nous embarquer dans de pareilles affirmations sur la foi d'écrivains qui vécurent à une époque très postérieure et dûrent être tentés d'attribuer une antiquité peut-être trop grande aux doctrines de leurs maîtres vénérés, et nous renverrons au chapitre consacré à l'Indouisme l'étude des écoles philosophiques et de leurs principes. Mais, sans aller aussi loin que les Indous, nous devons reconnaître que les idées philosophiques, émises peut-être bien par les grands hommes auxquels on les attribue, s'étaient répandues même en dehors du cercle des gens instruits, et, si les écoles n'existaient pas encore, des principes du moins et des doctrines avaient été formulés. La théorie de l'éternité de la matière s'était fait jour concurramment avec celle d'une création divine *a nihilo* ; on avait étudié l'âme reconnue distincte et indépendante des sens bien que recevant par leur intermédiaire les impressions qui deviennent pour elle des sensations et des sentiments, et agissant elle-même par l'instrument de ces mêmes sens. On avait discuté sur l'origine et la nature des dieux, leur existence et leur puissance, sur les vicisssitudes de l'existence humaine, la destinée de l'homme, le sort de l'âme immortelle après sa séparation d'avec le corps, et le moyen d'échapper à la perspective effroyable de l'éternel renouvellement de la vie et de ses misères. Et le résultat de ces spéculations métaphysiques était déjà le pessimisme désespérant qui envahira de plus en plus l'esprit du peuple indou en dépit de toutes les facilités et les séductions de la vie sous ce climat de l'Inde où tout semble convier l'homme au bonheur.

Combiné avec la préoccupation de maintenir la puissance sacerdotale par la division irrémédiable des castes ce pessimisme devait avoir et a réellement exercé une action considérable sur la religion qui, par lui, est devenue de plus en plus fermée et désespérante pour les malheureux auxquels elle ne laisse pas même l'espérance de l'éternel repos de la tombe. Les doctrines religieuses, qui sont celles de l'école philosophique Saṅkhya fondée par Kapila, représentent la vie comme le mal même, mal éternel, châtiment de fautes commises dans des existences précédentes et devant se reproduire sans cesse par suite de fautes nouvelles jusqu'à la destruction du monde ou la libération que quelques rares privilégiés seuls ont l'espoir d'obtenir au prix du renoncement absolu à tous les biens terrestres, de la dévotion et des pratiques mystiques du Yoga, de toutes les horreurs et les tortures de l'ascétisme. Mais aussi le travail de ces idées philosophiques, la fermentation qu'elles produisaient dans certains esprits d'élite devaient fatalement agir à la façon d'un dissolvant irrésistible de la société et de la religion et provoquer un jour chez tous ces désespérés une explosion formidable de haine contre les oppresseurs et d'ardentes aspirations vers le bien, la charité et l'égalité. Poussées jusqu'aux extrêmes limites de l'intolérance et de la tyrannie, les institutions bràhmaniques devaient sombrer dans une révolution politique ou religieuse. La douceur du caractère indou, sa mollesse, sa tendance au mysticisme, sa trop longue habitude d'une soumission servile donnèrent à cette révolution la forme religieuse du schisme, plus modérée, plus lente, mais plus durable peut-être dans ses résultats qu'une réforme purement sociale. Une première tentative, sans résultats bien sérieux parait avoir été faite à une époque qu'il est impossible de préciser. Elle a produit le système religieux que nous appelons Djaïnisme.

Vers le commencement du sixième siècle avant notre ère, la réforme bouddhique, plus habilement menée ou peut-être plus opportune, eut une réussite presque complète et mit un instant les institutions brâhmaniques sur le point de disparaître entièrement.

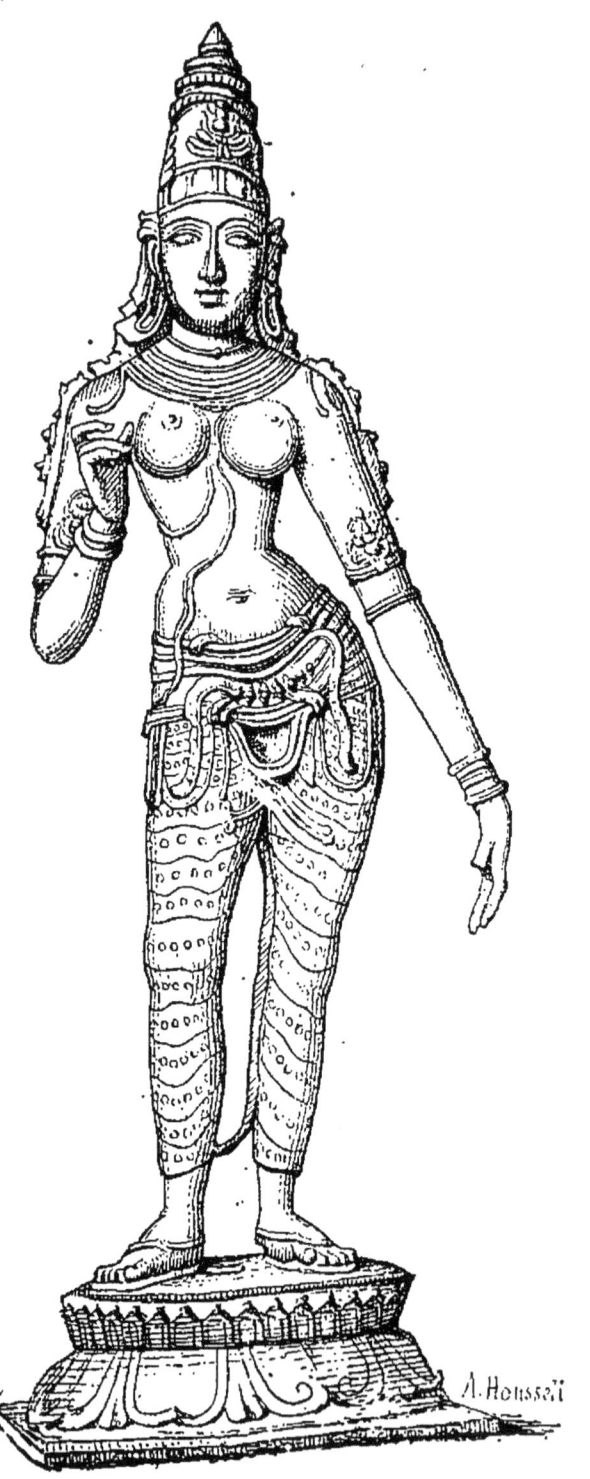

Lakshmî,
Déesse de la beauté, de l'amour et de la fortune.
Bronze indien (Musée Guimet, n° 1486).

CHAPITRE III.

Le Djaïnisme.

Le Djaïnisme est-il antérieur ou postérieur au Bouddhisme. — Son origine. — Dogmes des Djaïns. Création du monde. Cosmogonie. Immortalité de l'âme. Transmigration. Le Moukti. — Divinités et démons. — Les Tîrthamkaras ou Djinas. Vrishabha, Némi, Pârçvanâtha, Mahâvîra. — Les Arhats, les Çramanas, les Yâtis, les Çrâvakas. — Devoirs religieux des prêtres et des laïques. Dharmas et Karmas. L'Ahimça. Lectures pieuses. Méditation. Jeûnes. Ablutions. Confession et absolution. — Sacrifices et Fêtes, Pélerinages. — Temples et images. — Funérailles. — Sectes. Les Dîgambaras et les Svétambaras. — Etat actuel du Djaïnisme. Son importance.

Les deux grands schismes indous ont été, depuis un siècle, le sujet de nombreuses polémiques relativement à leur date probable, à leur origine et à l'antériorité de l'un sur l'autre. Longtemps on a tenu le Djaïnisme pour une branche hérétique du Bouddhisme. Cette opinion s'appuyait sur la similitude des dogmes des deux religions, et, surtout, sur le peu d'ancienneté des livres sacrés des Djains, tous postérieurs à notre ère, du moins sous leur forme et dans leur rédaction actuelle, incontestablement moins anciens que les écritures bouddhiques, et quelques uns mêmes très modernes. Cependant, il y a une cinquantaine d'années déjà, l'illustre Colebrooke avait émis l'opinion que la religion djainique avait une origine propre, et qu'elle était pour le moins contemporaine du bouddhisme, si même elle ne l'avait précédé. Mais, dans l'état où se trouvaient alors les études orientales, les documents manquaient, ses allégations ne furent pas prises en considération et la question demeura provisoirement tranchée en faveur du bouddhisme beaucoup mieux connu. Tout récemment, enfin, la découverte et la traduction de nombreux livres religieux et philosophiques des Djains ont permis de réviser le procès, à la suite des travaux par lesquels M. Jacobi est parvenu à démontrer l'identité du Mahâvira des Djains et du Nigantha Nattapoutta qui, selon la légende bouddhique méridionale, fut le précepteur du Bouddha Gautama, ou Çâkyamouni, fait qui prouve, sans réplique possible, que la priorité appartient bien au Djainisme. Au point de vue philosophique on peut encore avancer, comme argument en faveur de cette priorité, que les notions djainiques sur la création et la cosmogonie sont beaucoup plus simples que celles des bouddhistes. Enfin, une des preuves les plus solides, à notre avis, que l'on puisse donner de l'antériorité des Djains sur les Bouddhistes se trouve dans le fait que, tandis que les Bouddhistes fulminent dans leurs livres contre les hérétiques Tîrthikas, c'est à dire les Djains, les écritures de ces derniers ne font pas même mention des Bouddhistes,

Le nom de Djain ou Djaina (Jaina) dérive très probablement de Djina (Jina) « vainqueur » par lequel on désigne les sages ou prophètes de cette religion. Nous devons cependant constater que ce titre de Djina s'applique également aux prophètes du bouddhisme, les Bouddhas. Les sectateurs de la croyance djaine sont aussi appelés Arhatas ou Arhantas « vénérable, qui a droit à l'adoration », Çramaṇas « saints », Çrâvakas « auditeurs », Sevras, Yâtis, Saddhous (saddhu), Tirthyas, Tirthikas ou Tirthakas.

Colebrooke classe les Djains parmi les sectes indoues. Par Indou il entend « ce qui appartient en propre à l'Inde » sans établir une connexion absolue avec le système religieux actuellement connu sous le nom d'Indouisme ou Brâhmanisme sectaire, forme brâhmanique probablement beaucoup plus récente que la religion djaine et qui n'a exercé sur elle qu'une action tout à fait secondaire limitée à l'introduction de quelques divinités dans le Panthéon populaire et à l'adoption de quelques coutumes dont la modernité nous est prouvée par le silence que gardent à leur égard les livres djains même relativement récents. Cette réserve faite nous pouvons affirmer que le Djainisme est bien réellement indou et pur de toute importation étrangère ; mais il parait avoir gardé certaines formes et certaines cérémonies des anciennes croyances de l'Inde antérieures à la suprématie du Brâhmanisme.

De l'ensemble de leurs dogmes et de leur antagonisme avec les Indous orthodoxes, il parait probable que la religion des Djains s'est élevée comme une protestation contre la tyrannie des brâhmanes, sans doute au moment où cette caste sacerdotale, après s'être séparée de celle des Kshatryas, prétendit imposer sa supériorité à toutes les autres et créa ainsi un conflit dont nous avons déjà signalé les traces dans la littérature brâhmanique, traces que nous retrouverons encore dans l'Indouisme dans le mythe de Paraçou-Râma, le Vishnou incarné pour détruire la race des Kshatryas. Nous pouvons considérer, sinon comme preuves absolues, du moins comme fortes présomptions à l'appui de cette hypothèse que, suivant Koumarilla, les Çàkyas, ou bouddistes, et les Djains sont des Kshatryas ; que les Djains du Gouzerath et du Màrouàr passent pour être des Râdjpouths, c'est à dire descendants de la caste guerrière des Râdjanyas ; que ceux d'entre eux qui rentrent dans le giron de la foi orthodoxe reprennent le rang de Kshatryas ; et, enfin, que dans toutes leurs écritures et leurs traditions ils affectent d'affirmer la supériorité des Kshatryas sur les brâhmanes, ainsi que le montre le passage suivant du Kalpa-Soûtra.

Lorsque Mahâvìra, le vingt-quatrième et dernier des prophètes ou Tirthamkaras djains, se décide à quitter le ciel Pousphottara (Pushpottara) pour descendre sur la terre vivre sa dernière existence, il choisit pour sa mère la brâhmine Dévanandì, femme du brâhmane Vrishabha-Datta. Indra, le roi des dieux, l'apprend et témoigne son indignation en ces termes:

« Certainement jamais pareille chose n'est arrivée, n'arrive et n'arrivera dans l'avenir ! Un Arhat, un Tchakravartin (Cakravartin), un Baladéva, ou un Vaçoudéva (Vaçudeva) naître dans une famille de basse caste, une famille servile, une famille de mendiants, une famille pauvre, une famille humble, une famille dégradée, ou dans une famille de brâhmane ! Au contraire, dans tous les temps, dans le passé, dans le présent, dans l'avenir, un Arhat, un Tchakravartin, un Bàladéva, ou un Vaçoudéva reçoit la naissance dans une famille noble, une famille honorable, une famille royale, une famille Kshatrya, telle que celle d'Ikshvakou ou d'Harivàmça, ou dans quelqu'autre de lignée pure. Il va donc se passer un prodige qui n'est jamais arrivé, qui ne doit jamais arriver, qui n'arrivera jamais dans le cours des Outsarpinis et des Avasarpinis infinies, un Arhat, un Tchakravartin, etc. naître dans une famille de basse caste, etc. Je dis donc que la naissance d'un Arhat, etc. n'a jamais eu lieu, n'a jamais lieu, et n'aura jamais lieu dans une caste basse, servile, méprisable, pauvre, mendiante, misérable ! Une pareille chose ne fut, n'est et ne sera jamais ! Et pourtant le vénérable ascète Mahâvîra vient de descendre sur le continent de Djamboudvîpa, dans le pays de Bhârata, dans le quartier brâhmanique de la cité de Koundagrâma, et a été conçu dans le sein de Dévanandî, épouse de Vrishabha-Datta ! C'est pourquoi il va se faire une chose qui ne s'est jamais faite, ne se fait pas, ne se fera jamais sous le règne d'aucun Indra, prince et roi des dieux ! Un Arhat, un Chakravartin, un Baladéva, un Vaçoudéva naître dans une basse caste, une famille de brâhmane, au lieu de recevoir le jour dans une famille noble ! »

Les dogmes des Djains sont contenus dans les livres sacrés désignés par les noms d'Angas, Oupangas (Upanga) et Pourvas (Purvas). Les Angas devraient être au nombre de douze, mais l'un d'eux ayant été perdu, dès les temps préhistoriques, on n'en connait plus que onze, accompagnés d'un même nombre d'Oupangas ou Sous-Angas. Ces livres sont attribués par les uns aux disciples de Vṛishabha, le premier des Tirthamkaras, par les autres à ceux de Mahâvira, le dernier de ces vingt-quatre saints personnages. Les Pourvas seraient, selon la légende, l'œuvre des apôtres préférés de Mahâvira, et, à ce titre, considérés comme les plus importants et les plus sacrés de ces écrits ; ils reproduiraient textuellement les enseignements du Djina. A ces ouvrages il convient d'en ajouter un certain nombre d'autres intitulés Soûtras (Sûtra) et Caritras, qui tiennent dans cette littérature la place des Pourânas Indouistes, et sont consacrés aux légendes relatives aux Tirthamkaras. Nous connaissons en plus quelques livres sur l'astronomie, la philosophie, etc. parmi lesquels le plus important est la Bhagavatî. La plupart des livres sacrés des Djains ne sont pas écrit en sanskrit, mais en Mâgadhi, idiôme pràkrit proche parent du Pâli, la langue sacrée des écritures bouddhiques. Le Mâgadhi était le langage de la province de Mâgadha, située au nord de l'Inde et proche voisine du Kashmir.

Les dogmes djains se séparent de ceux des bràhmanes sur quatre points principaux : ils nient la création du monde en tant qu'œuvre volontaire et réfléchie d'un dieu personnel ; ils récusent l'authenticité et l'autorité des quatre Védas, tout en les acceptant lorsqu'ils s'accordent avec les Angas, les Oupangas et les Pourvas ; ils professent l'horreur du sacrifice et particulièrement de l'holocauste ; ils nient l'immortalité et la toute puissance des dieux qu'ils rabaissent au rang de simples esprits régents de certaines parties du monde, supérieurs aux hommes, à la vérité, mais soumis à la loi universelle de la naissance, de la mort et de la transmigration. Tout fidèle suffisamment méritant peut devenir un dieu, voire même un Indra, c'est-à-dire roi des dieux. La durée de ces fonctions divines est, dit-on, de treize millions d'années.

Les Djains, avons nous dit, nient que le monde soit l'œuvre consciente et voulue d'une divinité éternelle ou préexistante. Ils affirment que l'Univers est éternel, impérissable, indestructible et incréé ; seulement il est sujet à des modifications et à des cataclysmes partiels et momentanés. Composé de principes intellectuels et vivants, *Djiva* (Jîva), et de principes matériels, *Adjiva* (Ajîva), cet Univers passe successivement et constamment par des alternatives de développement et de déclin pendant lesquelles certaines de ses parties sont détruites par le feu pour se développer de nouveau, après cette purification, suivant les lois éternelles de la nature, lois qu'il se bornent à constater sans chercher à les expliquer et à leur trouver une cause. Il se compose de trois mondes.

1° Le monde inférieur qui comprend *Adhogati* ou le monde le plus inférieur, les sept *Naradas* ou Enfers, et les dix *Pavana-loka* ou purgatoires

2° Le monde du milieu, c'est-à-dire, la Terre, le *Djioti-loka* (jioti-loka) ou monde de la lumière, le *Viyanta-loka* ou monde des démons, et le *Vidhyadhara* ou monde des demi-dieux.

3° Le monde supérieur composé de seize *Devalokas* ou mondes des dieux, de *l'Ahaniêndra-loka* ou monde d'Indra, et au-dessus de tous le *Moksha-loka* « monde de libération », résidence des Tîrthamkaras, les seigneurs du monde, appelée *Anadishta-parameshti* « demeure Eternelle, Intelligente, Céleste. »

Le Temps, Kala, éternel et indestructible se divise en deux périodes *Outsarpini* (Utsarpini) période ascendante et *Avasarpinî* période descendante, chacune d'une durée fabuleuse de *Dix krôrs de krôrs de Sagaropamas* ou 2 000 000 000 000 000 d'océans d'années ; le Sagaropama, ou Océan, valant 1 000 000 000 000 000 d'années. Ces deux périodes sont subdivisées en six âges. Pour faire comprendre cette division du Temps les Djains la représentent sous la figure d'un serpent replié de façon que sa queue touche sa tête. Pendant l'Avasarpinî l'Univers roule de la tête à la queue du serpent ; pendant l'Outsarpinî il remonte de la queue à la tête. Les six âges de l'Avasarpinî sont, en partant de la tête du serpent : *Soukhamâ* (sukhamâ), *Soukhamâ-soukhamâ*, *Soukhamâ doukhamâ*, *Doukhamâ* (dukhamâ), *Doukhamâ doukhamâ*, *Atidoukhamâ*. La durée de ces âges décroît progressivement ; le dernier n'a que 20000 années. Ceux de l'Outsarpinî se comptent en sens inverse en partant de l'Atidoukhamâ jusqu'au Soukhamâ. L'âge complet formé par la réunion de l'Outsarpinî et de l'Avasarpinî s'appelle un *Youga* (yuga).

La terre est composée de trois continents séparés par deux Océans et groupés autour du Mont Mérou. A l'est du Mérou se trouve le continent de *Bhârata* ou *Djamboudvîpa*, au nord le continent d'*Airavata*, à l'ouest celui de *Videha*, au midi s'étend l'océan. A la fin de chaque Youga un de ces continents est détruit par le feu en punition des crimes de ses habitants. A la fin du Youga actuel c'est le pays de Bhârata qui doit subir cette épreuve. On ne trouve pas chez les Djains de tradition du déluge. Pendant les trois premiers âges de l'Avasarpinî les contrées de Bhârata et d'Airavata sont *Bhoga-bhoumî*, c'est-à-dire, pays fertiles et produisent des arbres merveilleux appelés *Kalpavrikshas* fournissant en abondance tout ce qui est nécessaire à la vie de l'homme. Au commencement du quatrième âge, lorsque ces arbres cessent de produire, apparaît le premier Tîrthaṃkara ou prophète. Nous sommes actuellement dans le cinquième âge, ou Doukhamâ-doukhama de l'Avasarpinî.

Le continent de Bhârata est habité par des hommes, celui d'Airâvata par des hermaphrodites, et celui de Videha par des barbares ou des démons innomés.

L'homme est indestructible comme l'Univers. Quand une partie du monde a été ravagée par le feu, elle est repeuplée, aussitôt redevenue habitable, par les populations vertueuses des contrées qui ont échappé à la catastrophe. Ainsi lorsque le continent de Bhârata aura été détruit ; il sera repeuplé par les habitants d'Airâvata.

Comme tout l'Univers l'homme subit l'action décroissante ou croissante de l'Avasarpinî et de l'Outsarpinî ; La durée de son existence et sa stature sont proportionnées au temps où il vit. Les hommes des premiers âges de l'Avasarpinî sont des géants d'une taille et d'une longévité prodigieuses ; ceux des premiers âges de l'Outsarpinî sont des nains de deux coudées de haut. Une légende djaine, que nous retrouvons aussi au Mexique, fait sortir les premiers hommes d'une grotte.

Sans lui donner comme les Brâhmanes une origine divine les Djains reconnaissent l'immortalité ou plutôt l'éternité de l'âme, qui n'est en somme qu'une particule infinitésimale du Djîva, âme ou essence de vie universelle qui anime toute la nature. Eternelle comme le monde l'âme humaine est soumise à des existences sans cesse renouvelées, ou transmigrations, déterminées par le *Karma*, conséquence des actes commis dans l'existence ou les existences précédentes. Ainsi le péché conduit l'âme dans des corps d'animaux ou dans les enfers ; une vie mélangée de vices et de vertus a pour conséquence la naissance dans la race humaine ; si la vertu l'emporte l'âme renaîtra parmi les dieux ; l'annihilation de la vertu et du vice mène à l'émancipation, Moksha, Moukti ou Nirvâṇa. Un fait particulier et intéressant à noter, c'est que les Djains admettent que l'âme augmente ou diminue de volume suivant la dimension des corps qu'elle occupe. Les stations de l'âme sont toujours temporaires sauf lorsqu'elle parvient au Moukti.

Le Moukti, Moksha ou Nirvâṇa (ces trois mots désignent la même chose) est un état assez difficile à déterminer. Il ne peut être atteint que par les Tirthaṃkaras. Son principal caractère est la cessation de l'obligation de renaître, et, bien qu'on nous dise que ceux qui y sont parvenus habitent la bienheureuse demeure Anadishtaparamêshti du haut de laquelle les Tirthaṃkaras continuent à veiller sur le monde et à protéger la foi djaine, nous pensons avoir tout lieu de croire qu'il ne s'agit ici que du néant absolu, état considéré comme le suprême bonheur par plusieurs des écoles philosophiques pessimistes de l'Inde.

En refusant à la divinité le rôle de créateur les Djains ont cependant conservé, par une sorte d'inconséquence assez étrange, un grand nombre de dieux. Devons nous attribuer ce fait à la nécessité de ne pas paraître rompre absolument avec la croyance brâhmanique orthodoxe contre la puissance de laquelle ils ne se sentaient pas de force à combattre ouvertement, ou bien à la difficulté presque insurmontable qu'auraient éprouvé leurs réformateurs à détacher de ses vieilles croyances et superstitions un peuple peu éclairé? Il est probable que ses deux causes ont dû agir simultanément. En effet, si nous retrouvons chez eux presque tous les dieux du brâhmanisme la situation qui leur est faite est tellement effacée que ce ne sont plus que de pures valeurs nominales. Leur origine naturaliste a complètement disparu. Leur action dans le monde est nulle. On ne les adore plus. On ne les vénère même pas. Les livres sacrés n'en parlent qu'incidemment comme de serviteurs, de courtisans formant un cortège d'honneur aux Djinas, et ce n'est qu'à ce titre qu'ils figurent dans les sculptures des temples. Indra, qu'ils appellent aussi Çakra et Soudharma (Sudharma), est le chef, le roi de ces dieux, mais sa royauté n'est qu'un mot, un vain titre. Il préside à l'Ahanièndraloka, le Svarga des Brâhmanes, peuplé d'une foule de divinités, simples mortels béatifiés, qui se nomment des Indras. De même, Brahmâ règne sur le monde des Brahmâs, ordre de dévas inférieurs aux Indras. Roudra joue un rôle analogue, etc. Mais les grandes divinités védiques, Agni, Varouna, Dyaus, etc., ont disparu, tandis que Mitra n'est plus que le régent du soleil et Soma de la lune. Enfin dans les livres récents on trouve à côté des anciens dieux brâhmaniques les plus en vogue des dieux de l'Indouisme, Vishnou et Lakshmî, Çiva et Parvatî, Kalî, Ganéça, Skanda et surtout Krishna, dont l'introduction dans le panthéon djain semble indiquer une concession aux croyances populaires modernes de l'Inde.

Au dessus de ces dévas, et plus honorés qu'eux, les Djains ont placé dans un monde appelé *Poushpottara* (Pushpottara), intermédiaire entre le plus élevé des cieux inférieurs et le Moksha-loka, quatre-vingt-huit divinités qui leur sont propres, héros divinisés de leur religion auxquels ils donnent le nom général de Djinêçvara (Jinaiçvara) « Seigneurs Djinas ». Ces dieux sont les *Manous* (Manu), les *Tchakravartins* (Cakravarti), les Vaçoudévas et les Baladévas.

Les Manous sont des personnages légendaires, des rois divins, qui passent pour avoir gouverné le monde pendant les trois premiers âges de l'Outsarpini et de l'Avasarpini, c'est à dire avant l'apparition, dans chacunes de ces périodes, du premier Tirthaṃkara. Un Tchakravartin est un empereur universel, roi temporel et spirituel à la fois, qui règne sur le monde entier. Le Vaçoudéva gouverne la moitié de l'empire d'un Tchakravartin et le Baladéva la moitié du royaume d'un Vaçoudéva s. Tchakravartins, Vaçoudéva et Baladévas règnent conjointement pendant l'époque de l'existence des Tirthaṃkaras. Il y a eu dans l'Avasarpini 14 Manous, 12 Tchakravartins, 9 Vaçoudévas, 9 Baladévas, et autant dans l'Outsarpini.

Les pentes du mont Mérou et les espaces qui entourent la terre sont habités par des demi-dieux, génies ou divinités inférieures, bienveillants et malfaisants. Ce sont les Viyantaras et les Saktis.

Les démons jouent dans les légendes et les contes Djains un rôle tout aussi important que dans ceux du brâhmanisme. Ils portent du reste les mêmes noms et habitent aussi les mondes inférieurs, les enfers et les mers qu'ils quittent volontiers pour venir s'ébattre sur la terre, maltraiter et effrayer ses habitants. Ce sont principalement les Asouras (Asura), les Rakshasas, ou ogres, et surtout les Nâgas, génies à tête d'homme sur un corps de serpent, qui forment le fond de tous les contes. Ces derniers ne sont pas toujours malfaisants ; quelquefois ils se plaisent à endre service aux hommes pour faire oublier les terreurs qu'ils leur causent. Aussi célèbre-t-on en leur honneur une fête appelée Ananta-Chatourdaçi qui donne lieu à de grands divertissements, sans toutefois qu'aucun culte ni aucun hommage leur soit rendu. S'ils figurent, ainsi que les autres démons, dans les scènes sculptées sur les murailles des temples, ce n'est que comme serviteurs des Tirthamkaras qu'ils adorent dans des postures d'une frappante humilité ou comme des vaincus traînés dans les cortèges triomphants de ces dieux humains.

La place que les dieux occupent dans les autres religions est tenue chez les Djains par les Tirthamkaras, saints personnages qui ont su s'élever à la divinité par les austérités, par la science et surtout par la méditation ; législateurs divins qui ont établi chacun une institution particulière en vue du bonheur et de la purification de l'humanité et du progrès de la religion djaine dont ils furent les fondateurs et les prophètes. On leur donne aussi les noms de *Djina* (Jina) « vainqueur », *Djagatprabhou* (Jagatprabhu) « Seigneur du monde », *Sarvadja* (Sarvaja) « omniscient », *Adiçvara* « Seigneur suprême », *Dévadidéva* « dieu des dieux », *Kévali* « possesseur de *Kévala* ou nature spirituelle » *Arhat* « adorable ». C'est à eux seuls que s'adressent le culte, les hommages, les prières, et bien qu'ils soient de nature humaine et entrés dans ce néant qu'on appelle le Moukti, on leur prête de leur vivant et après leur mort tous les pouvoirs de la divinité qu'ils remplacent. C'est par l'adoration des Djinas vivants et des images de ceux qui sont entrés dans le Moukti que le fidèle digne de marcher sur leurs traces s'élève aux quatre états de *Çaloka*, *Çanoupâ*, *Çaroupâ* et

Çayoga qui peuvent se traduire dans notre phraséologie théologique par les expressions « Contemplation de Dieu », « Présence de Dieu », « Ressemblance avec Dieu », Union avec Dieu », et correspondent aux rangs de *Grihasta* (Gṛhasta) « maître de maison », *Anouvrata* (Anuvrata) « novice », *Mahâvrata* « grand prêtre », *Nirvânatha* « saint ».

L'avasarpini actuelle possède vingt-quatre Tîrthaṃkaras qui sont apparus sur la terre dans le cours du quatrième et du cinquième âge. Le premier de ces Djinas s'est manifesté au commencement du quatrième âge, alors que la misère et l'injustice, suites de la corruption du peuple jusque là vertueux et vivant sans travail des fruits d'une nature d'une merveilleuse fécondité, rendaient nécessaire l'intervention d'un réformateur religieux, d'un civilisateur et d'un législateur, pour rétablir l'œuvre des quatorze Manous des trois premiers âges.

Tous ces Tîrthaṃkaras ont entre eux une ressemblance générale ; leur vie, leurs fonctions, leurs travaux sont à peu près identiques. La tradition djaine les a tous coulés dans le même moule. Cependant ils diffèrent par la stature, la longévité, le teint et par l'emblème qui est propre à chacun d'eux. Leur taille et la durée de leur existence décroissent régulièrement depuis le premier, Vrishabha (Vṛshabha), qui vécut, dit-on, 8400000 années et mesurait 500 toises de hauteur, jusqu'à Mahâvira, le dernier, qui est réduit à la stature et à l'existence moyenne d'un homme ordinaire. Deux d'entre eux ont le teint rouge, deux blanc, deux bleu, deux noir, et les autres jaune ou doré. Leur emblème, ou *Tchinha*, est une figure de géométrie, une image de fleur ou d'animal, marque naturelle soit-disant imprimée sur le corps du saint. Placé sur le socle de leurs statues il sert à reconnaitre les Tirthaṃkaras les uns des autres. Ils portent presque toujours un losange sur la poitrine et dans les paumes des mains. Chaque Djina possède une compagne ou épouse, Sàsanadévi, identique à la Sakti qui personnifie l'énergie d'action des dieux brahmaniques. Ils possèdent tous trente-six *Atiçayas*, qualités ou attributs surhumains qui les désignent au respect et à l'adoration des hommes lorsqu'ils se manifestent sur la terre. Parmi ces *Atiçayas* les principaux sont la beauté, la frisure des cheveux, l'exemption des impuretés et des imperfections naturelles, de la faim, de la soif, des infirmités, de la vieillesse, le pouvoir de se faire comprendre de tous les hommes et des animaux, la possession d'un halo lumineux supérieur en éclat au soleil, etc.

L'Outsarpini a également possédé ses vingt-quatre Tirthaṃkaras dont les noms sont cités dans les écritures sacrées, mais leur culte est beaucoup moins important que celui des Djinas de l'Avasarpini.

Les vingt-quatre Tirthaṃkaras de l'Avasarpini portent les noms et les emblèmes suivants :

1. Vṛishabha (Vṛshabha) a pour emblème un taureau.

2. Adjita (Ajita) un éléphant.

3. Sambhava un cheval.

4. Abhinandaṇa un singe.

5. Soumati (Sumati) un courlis.

6. Padmaprabha un lotus.

7. Soupàrçva (Supàrçva) un Svastika (croix gammée).

8. Tchândrâprabha (Cândrâprabha) la lune.

9. Poushpadanta (Pushpadanta) un makara (crocodile ou dauphin).
10. Çitala un çrivatsa (fleur à quatre pétales).
11. Çriyânça (Cryança) un rhinocéros.
12. Vaçoupoudjya (Vaçupujya) un buffle.
13. Vimala un sanglier.
14. Ânanta un faucon.
15. Dharma un vadjra (vajra) ou foudre.
16. Çânti une antilope.
17. Kounthou (Kunthu) un bouc.
18. Ara un nandyavarta (sorte de grecque).
19. Malli une jarre.
20. Mounisouvrata (Munisavrata) une tortue.
21. Nami un lotus bleu *outpala* (utpala).
22. Nemi une conque.
23. Pârçvanàtha un serpent.
24. Mahâvira un lion.

Deux familles de la race solaire, celle d'Ikshvakou et celle d'Harivamça se partagent l'honneur d'avoir donné le jour à ces Djinas ; le plus grand nombre appartiennent à la race d'Ikshvakou. Tous ont vécu plusieurs existences sur la terre et dans les cieux avant d'arriver au rang suprême de seigneurs du monde. La naissance d'un Tirthamkara est toujours annoncée par des prodiges, illumination du monde, pluie de fleurs et de parfums, etc. La reine qui doit lui donner le jour est avertie de l'honneur qui lui incombe par des rêves : quatorze suivant la tradition des Digambaras, seize selon celle des Svétambaras.

La ressemblance, on pourrait presque dire l'identité des légendes relatives aux Tirthamkaras nous dispense de rapporter toutes leurs histoires qui ne diffèrent que par des détails insignifiants. Nous nous bornerons à celles des quatre principaux, Vrishabha, Némi, Pârçvanàtha et Mahàvira.

Vrishabha. — Selon le dogme de la transmigration ou Métempsycose qui fait le fond de la doctrine et de la croyance djaine, celui qui devait être le fondateur et premier prophète de cette religion a eu à subir plusieurs existences terrestres et célestes avant d'arriver au rang suprême de Tirthamkara. Sous le nom de Mahâbala il fut d'abord un roi Tchakravartin. Un religieux lui enseigna la foi des Djains (elle existe de toute éternité), ce qui lui permit de renaitre dans le deuxième ciel où il fut le dieu Lalitàngadéva. Au bout d'un certain temps il revint sur la terre dans la personne de Vadjradjanga (Vajrajangha) fils de Vadjrabahou roi d'Outpalakata. Une aumône faite à un mendiant djain lui valut de renaitre sans interruption dans le corps du prêtre Arya. De nouveau dieu dans le second ciel sous le nom de Svayamprabhadéva, puis prince sur la terre sous celui de Souvédi, il retourna au ciel en qualité d'Achyoutèndra, régent du seizième Svarga ou paradis, d'où il redescendit encore pour prendre la forme de Vadjranâbhi, fils de Vadjraséna roi de Poundarikininagara. La sainteté de sa vie la fit renaitre parmi les dieux dans une région supérieure au seizième Svarga et distante seulement de douze yodjanas (le yodjana vaut 16000 coudées) de Moksha qu'il allait atteindre dans une dernière existence terrestre. Il s'appelait alors Sarvàrthasiddhidéva.

Pour cette dernière vie il s'incarna comme fils de Nâbhi, roi de Sakétanagara ou de Koçala, et de la reine Méroudévi. Ce Nâbhi, de la race d'Ikshvakou, fut, selon les Djains, le quatorzième et dernier Manou. Les livres brâhmaniques donnent pour père à leur Vrishabha un Nâbhi roi d'Himavat, et le tiennent pour une incarnation de Vishnou descendu sur la terre pour hâter la destruction des méchants en leur enseignant de fausses doctrines. Il naquit soit à la fin du troisième, soit au commencement du quatrième âge de l'Avasarpini. Sa conception et le rôle divin qu'il devait jouer furent annoncés à sa mère par les quatorze rêves merveilleux de rigueur. Au moment de sa naissance une immense clarté illumina le monde inondé d'une pluie de fleurs et de parfums. Le grand Indra lui-même descendit des cieux pour recevoir l'enfant et le laver dans le suc de *l'Arbre de lait* et lui donna le nom de Vrishabha ou Rishabha à cause d'une figure de taureau (Vrsha) dessinée sous l'un de ses pieds.

Son enfance et sa jeunesse durèrent 200000 années. A la mort de son père il monta sur le trône de Koçala où il régna 6300000 années consacrées à apprendre à ses peuples les industries nécessaires à la vie et les arts qui l'embellissent. On lui attribue notamment l'invention de l'agriculture, du commerce, et de l'élevage des bestiaux, de la fabrication des armes de métal, de la littérature et de la poésie qu'il enseigna à son fils Bhârata. On lui prête aussi la paternité des quatre livres sacrés Prathamânouyoga, Karanânouyoga, Tcharanânouyoga, et Dravyânouyoga, contenant les principes de la religion djaine. Il divisa le peuple en quatre castes : Brâhmanes, Kshatryas, Vaiçyas et Çoudras.

Son rôle d'instituteur et de législateur terminé Vrishabha abdiqua en faveur de son fils aîné Bhârata (celui qui donna son nom à l'Inde) et se retira dans une solitude pour se livrer aux pratiques religieuses de l'ascète. Parvenu par les austérités et la méditation à l'état de Djina, il alla prêcher dans les provinces de Konka, Benga et Karnataka. Puis ayant trouvé dans une forêt de bambous sur le sommet du mont Katakâchal une retraite à son goût, il s'y établit avec un petit nombre de disciples et se plongea dans une méditation si parfaite que rien ne pouvait le distraire et qu'il fut mort de faim si ses disciples n'avaient pris soin de lui mettre la nourriture dans la bouche. Un jour d'orage les bambous agités par le vent prirent feu en se frottant, et Vrishabha qui n'y prit pas garde périt dans l'incendie de la forêt. Suivant d'autres légendes, djaines également, après avoir passé 100000 années dans les austérités les plus rigoureuses, il s'éteignit au pied d'un arbre *Vata* sur le sommet du mont Ashtapada ou Kailasa (selon d'autres sur le mont Çatrunjaya) trois ans et huit mois et demi avant la fin du troisième âge.

Les djains ont fait de Vrishabha le premier roi, le premier ascète mendiant, le premier Djina ; ils lui prêtent une stature prodigieuse de 500 toises et une existence de 8400000 années. On lui donne cent fils. Les deux ainés, Bhârata et Gomata, montèrent successivement sur le trône de Koçala et abdiquèrent tous deux au bout d'un certain temps pour se vouer à la vie religieuse. Le second surtout est célèbre ; il a été déifié sous le nom de Gomatêçvara. La Sâsanadévi de Vrishabha est nommée Tchakrêçvari « Souveraine de la foudre. »

Il est facile de reconnaitre dans la légende de Vrishabha une déformation du mythe de l'Agni védique, le dieu feu, principalement en ce qui touche à son rôle de civilisateur, de législateur et d'inventeur de l'industrie et des arts ; de même aussi sa mort dans un incendie allumé par le frottement des bambous rappelle d'une façon frappante le sacrifice védique du feu allumé par la friction des Âranis, ordinairement faites en bambou.

Némi. — Un seul point est intéressant dans la vie de ce Djina que l'on représente avec le teint noir et qui mourut sur le mont Girnar après une existence de mille ans, c'est sa parenté avec Krishṇa indice de l'origine poûranique de sa légende.

Némi, dit-on, aurait excellé dans tous les genres d'exercices et principalement dans ceux qui demandent de la force. Krishṇa, son cousin, jaloux de sa supériorité au jeu de la conque demanda aux Gopis (nymphes ou bergères) de lui inspirer des pensées amoureuses et de le déterminer à se marier afin de lui faire perdre sa force surnaturelle. Endoctriné par ces habiles sirènes, Némi allait épouser Râdjimati (Râjimati) fille d'Ougraséna (Ugraséna), roi de Girnâr, lorsque la vue d'un troupeau d'animaux bêlant et mugissant piteusement qui allaient être sacrifiés le remplit de compassion pour ces créatures innocentes et d'horreur pour un monde aussi perfide que cruel. Résolu à adopter la vie d'ascète il détermina sa fiancée à l'imiter et tous deux se retirèrent sur le sommet du pic d'Oujjinta (Ujjinta). On montre encore aujourd'hui une empreinte du pied de Némi au sommet de cette montagne.

Pârçvanâtha. — Ce Tirthaṃkara était fils du roi Açvaséna, de l'illustre famille d'Ikshvakou, et de la reine Vâmâ ou Bâmâdévi. On le représente avec un teint bleu et un serpent pour emblème. Il naquit à Varanasi (Bénarès) dans le second mois d'hiver et le jour de Pausha, épousa la fille du roi Prasénadjita, adopta à l'âge de 30 ans la vie d'anachorète et atteignit l'intelligence parfaite après seulement 80 jours d'austérités. Il mourut à l'âge de cent ans sur le sommet du mont Samet-Sikkar en 828 ou 777 avant J.-C. selon la tradition djaine.

Avec Pàrçvanàtha il semble que nous sortions des extravagances mythologiques des Djains pour nous rapprocher de la réalité. Il n'est plus question de stature fabuleuse, de vie de millions ou de milliers d'années. Nous nous trouvons en présence d'un personnage conçu d'après l'humanité et possédant une apparence historique, ce qui permet de le considérer comme le véritable fondateur de la religion djaine ; les Tirthaṃkaras précédents n'étant, dans ce cas, que des ascètes plus ou moins mythologiques appartenant soit au brahmanisme, soit à des sectes hérétiques, ou bien des personnages purement d'imagination, créés sur le modèle et les anciens mythes des divinités brâmaniques.

On a donné le serpent pour emblème à Pàrçvanàtha parce que cet animal joue un grand rôle dans sa légende. Il avait, dit-on, une figure de serpent empreinte sur son corps et peu de temps avant qu'il vint au monde sa mère s'était réveillée un jour enveloppée dans les replis d'un serpent. Un de ses premiers miracles fut de sauver la vie à Dharanidhara et à Padmâvatî, roi et reine des Nâgas, qui, enfermés dans un roseau, allaient périr dans le feu du sacrifice du brâhmane Kamita. Plus tard ces deux princes des serpents sauvèrent à leur tour Parçvanàtha sur le point de périr dans une inondation causée par ce même Kamita, son ennemi mortel ; aussi représente-t-on habituellement Pàrçvanàtha debout sur un serpent replié, avec un autre serpent enroulé autour de son corps et étendant comme un dais ses sept têtes au-dessus de celle du Djina.

Mahâvira. — Le vingt-quatrième prophète de la religion djaine, Vardhamâna ou Vardhamanaprabhou est surtout connu sous le nom de Mahâvira « le grand héros, » bien que ce ne soit qu'une épithète appliquée à divers autres personnages tout aussi bien qu'au dernier Tîrthamkara Djina.

De même que ses prédécesseurs, Mahâvira a été soumis à la loi de la transmigration. Il a subi dix incarnations ou naissances successives dans des mondes et des conditions divers avant de vivre la dernière existence qui devait l'amener au Moksha. Il naquit pour la première fois sous le nom de Nayasâra, chef d'un village du pays de Vidjaya, sujet du roi Satroumèrdana. Sa piété et son humanité lui valurent, quand il mourut, d'être reçu au ciel Saudherma où il jouit du bonheur céleste pendant un temps que les livres djains définissent *Lakhs de krôrs de Sâgaras d'années*. Dans sa naissance suivante il est Maritchi, petit fils de Vrishabha, et gagne le ciel Brâhmaloka. Il revient sur la terre dans la personne d'un brâhmane mondain et sensuel, ce qui l'oblige à subir plusieurs autres naissances dans la même caste, passant dans un des différents cieux le temps qui sépare chacune de ces renaissances. Il devient ensuite Viçvabhouta, râjà de Râdjâgriha (Râjâgrha). Dans une nouvelle existence il est Triprishta, prince Vaçoudéva, et tue par méchanceté son chambellan. Pour ce crime il est condamné à l'enfer, et, sa peine finie, à renaître dans le corps d'un lion. Après plusieurs autres migrations sous des formes diverses, il s'incarne dans la personne de Prigâmitra, roi Tchakravartin de la région de Mahâvidéha et règne glorieusement pendant 28 lakhs d'années. Alors, dégoûté du monde, il embrasse la vie ascétique et en observe les règles pendant 100 lakhs d'années, accumulant ainsi assez de mérites pour obtenir de prendre place, à sa mort, dans un des cieux les plus élevés. Mais ses pérégrinations ne sont pas finies. Si grande que soit la récompense obtenue elle n'est que temporaire et il redescend sur la terre dans la région de Bâhrata, sous les traits de Nandana, fils de Djitasatrou. Une vie de 30 lakhs d'années consacrée à la pratique des austérités, une foi religieuse inébranlable, une ferveur ardente envers les Djinas lui valent cette fois le rang d'Indra du ciel Poushpottara. Ce rang sublime ne lui inspire aucun orgueil et n'ébranle pas sa foi. Chaque jour, comme il avait coutume de le faire sur la terre, il lavait de ses mains les 108 images des Tirthamkaras et leur offrait des fleurs. Cette piété fervente reçut enfin sa récompense et il obtint de s'affranchir de la transmigration par une dernière existence sous la forme du Djina Mahâvira-Vardhamâna.

Mahâvira naquit pour la dernière fois à Koundagramâ, dans le Dékhan, à une époque, incertaine jusqu'à présent, qui varie suivant les auteurs entre 735 et 445 avant J. C. Il était fils de Siddhârtha, de la race d'Ikshvakou et de la tribu ou famille de Kâçyapa, et de la reine Trisalâ.

Chez les Orientaux la naissance d'un personnage extraordinaire, héros ou saint, doit toujours être accompagnée de prodiges, et ici la tradition se garde bien de manquer à cette règle. Elle nous offre même un fait unique : une double conception.

Son séjour parmi les dieux du ciel Poushpottara touchant à sa fin, Mahâvira prend la résolution de descendre sur la terre et choisit pour mère la brâhmine Dévanandi, femme de Rishabhadatta. En conséquence celle-ci est visitée pendant la nuit par les quatorze songes miraculeux qui accompagnent l'incarnation d'un Djina. Mais, sur ces entrefaites, Indra apprend la grave infraction aux règles établies que Mahâvira est sur le point de commettre en naissant dans une famille de brâhmanes au lieu d'une famille de Kshattryas, et par son ordre, pour le respect des règlements, c'est la reine Trisalâ qui devient réellement la mère du héros. A son tour elle est visitée par les quatorze songes et au réveil elle s'empresse de les raconter à son époux. Celui-ci, instruit dans toutes les sciences, n'a pas de peine à reconnaitre quel honneur lui est réservé ; cependant, pour plus de certitude, il demande l'avis de 108 sages en renom qui le confirment dans ses prévisions.

Par ordre d'Indra, Kouvéra, le dieu de la richesse, vint établir sa résidence dans le palais de Siddhârtha avec tous ses serviteurs, les génies habitants de la terre et de ses profondeurs. Tous s'empressent à rechercher les trésors enfouis dans les grottes des montagnes et dans les entrailles de la terre pour les apporter au roi comme un hommage au futur rédempteur du monde. C'est à cause de cette immense opulence qu'il devait à son fils que le roi nomma celui-ci Vardhamâna « l'enrichisseur. »

Enfin l'heure de la naissance a sonné. Le monde est en liesse. Sur la terre les populations joyeuses célèbrent la fête du Printemps. Dans les cieux, dans les airs, dans les profondeurs de la terre et dans les abimes des eaux, les dieux qui gouvernent ces régions fêtent à l'envie la naissance du héros, tandis que les divinités supérieures se pressent dans le palais de Siddhârtha pour prendre part au banquet préparé par l'heureux père. A minuit, dans le premier mois de l'été, pendant la seconde demi-lunaison et le premier quartier de la lune de Tchaitra (Caitra), le treizième jour du mois, sous la constellation Outtaraphalgounî (Uttaraphalgunî), à une heureuse conjonction de la lune et des planètes, Vardhamàna Mahâvira fit son entrée sur la scène du monde, entouré comme d'une cour des principales divinités et aux joyeuses acclamations de l'univers ; tandis que, par les soins des dieux, la terre était arrosée d'une pluie de métaux précieux, de diamants, de parures, de joyaux, de feuilles et de fleurs aux doux parfums, de fruits, de guirlandes, d'ambre gris, de santal et de cordons de perles.

Les fêtes durèrent douze jours entiers. Le douzième jour, après que les rites eurent été accomplis et la cérémonie Bali célébrée, les parents, les serviteurs et les Kshatryas prirent place à un banquet préparé pour clore la série des fêtes. Richement paré et couché dans son berceau le nouveau-né assistait à la solennité et, selon la coutume, sa mère lui mit quelques grains de riz dans la bouche. Le repas terminé, le roi annonça à la foule qu'il donnait à son fils le nom de Vardhamàna.

Dans la légende bouddhique les Bouddhas sont doués dès l'instant de leur naissance de toutes les qualités et instruits de toutes les sciences. Les maîtres qu'on leur donne n'ont rien à leur apprendre ; ils pourraient plutôt recevoir leurs leçons. Tel n'est pas le cas de Mahâvira. Des phénomènes annoncent, il est vrai, sa naissance et les dieux accourent en foule autour de son berceau pour rendre témoignage de ses hautes destinées ; mais lui n'est qu'un enfant comme tous les autres ; il étudie, il apprend, il se prépare sous l'œil de ses parents et de ses maîtres à la carrière sublime pour laquelle il est né, et toute sa perfection se résume dans sa bonté, sa douceur, sa docilité, son application et son amour du travail. La science transcendante et universelle ne se révèlera chez lui que dans la force et la maturité de son âge.

Conformément à un vœu qu'il avait fait alors qu'il était encore dans le sein de sa mère, Mahâvîra demeura auprès de ses parents pendant toute la durée de leur vie. Soumis à leurs volontés, étudiant avec les maîtres qu'ils lui donnaient, se livrant aux exercices en usage parmi les princes de son temps, commandant les armées, il ne laissa pas seulement soupçonner son inclination pour l'état ascétique. Sur leur demande il avait même épousé la princesse Yaçodâ dont il eut une fille nommée Sashâvatî ou Youçavatî. Mais une fois que ses parents, payant leur tribut à la nature, eurent quitté ce monde pour aller occuper dans celui des dieux la place méritée par leurs vertus, il sentit se développer en lui un ardent désir de retraite.

Les dieux eux-mêmes prirent soin de l'avertir que l'heure était sonnée de se vouer à la vie religieuse.

Son départ étant résolu, Mahâvîra sort de la ville accompagné d'une immense foule de dieux, d'hommes et de démons faisant retentir des instruments de musique, jonchant la route de fleurs et poussant le cri de Jaya ! Jaya ! Victoire ! Victoire ! Arrivé au Jardin du Parc du Prince il descend de son palanquin, se dépouille de ses ornements, s'arrache cinq poignées de cheveux, revêt un vêtement apporté par Indra, et renvoyant son escorte demeure seul en ce lieu et commence sa vie d'anachorête par un jeûne de six repas, ou trois jours, pendant lequel, dit-on, il ne prit même pas une goutte d'eau.

Au bout d'un an de cette existence il renonça même à tout vêtement et désormais sans souci de son corps, indifférent au froid et au chaud, au vent et à la pluie, sans avoir seulement une écuelle pour recevoir et préparer sa nourriture, insensible aux passions, au plaisir et à la peine, sans amis, sans affections et sans haines, il vécut pendant douze années et demie dans la solitude, assisté, seulement dans les six dernières années, par un disciple grossier nommé Goçala, se nourissant des fruits qu'il trouvait ou des rares aumônes qu'il recevait, jeûnant des mois entiers pendant lesquels il tenait les yeux invariablement fixés sur le bout de son nez, ne prononçant jamais une parole et réfléchissant sur les grands problèmes de la vie et de la mort, sur la transmigration et l'affranchissement final de la renaissance. Pendant tout ce temps un Yaksha, nommé Siddhârtha, envoyé par Indra veillait à sa sécurité et portait la parole pour lui toutes les fois que cela était nécessaire.

Nous ne nous étendrons pas davantage sur cette période de la vie de Mahâvira, sur les mauvais traitements qu'il eut alors à subir de la part des grossiers habitants des montagnes, sur les tentations inutiles des démons, ni sur l'abandon de Goçala qui le quitta se croyant assez instruit pour se poser lui-même en Djina.

Son vœu de silence accompli il commença à voyager, prêchant le long des routes, dans les villes et les villages, et arriva ainsi à Kauçambî, capitale de Çatânika, ou il fut reçu avec de grands honneurs. C'est là que devait finir son noviciat et qu'il allait obtenir la récompense de ses austérités en devenant Arhat parfait ou Djina. En effet, pendant la seconde moitié de la treizième année de sa renonciation au monde, dans le mois de Vaiçakha, le dixième jour après la pleine lune, sous la constellation, Outtaraphalgouni, s'étant assis sous un arbre Çala au bord de la rivière Ritouvâlikâ, Mahâvira obtint tout à coup l'intelligence, la perception et la compréhension infinies et suprêmes de l'Arhat parfait Djina, c'est à dire l'état de Kevalâ.

A partir de ce moment et pendant ving-neuf ans il erra de ville en ville, prêchant et convertissant dans tout le nord de l'Inde. Dans ces pérégrinations il était suivi ainsi que c'est la coutume pour les sages en renom, par de nombreux disciples dont la troupe s'accroissait à chaque nouvelle étape. Bientôt les brâhmanes s'inquiètent du succès de sa prédication et lui dépêchent à plusieurs reprises leurs docteurs les plus savants, les plus retors, et les plus éloquents. Ils arrivent pleins de confiance et posent au Djina les questions les plus subtiles, celles qu'ils croient les plus capables de l'embarasser, de le confondre ; mais tous, les uns après les autres, vaincus, confondus eux-mêmes, et irrésistiblement attirés, ils se rallient à la foi de Mahâvira et deviennent ses plus ardents adeptes, les têtes de sa congrégation. Parmi eux le plus illustre est Indrabhouti Gautama qui, devenu le disciple favori de Mahâvira, le soutien, la pierre d'angle de son église, parait appelé à lui succéder et disparaît précisément de la scène au moment de la mort de son maitre pour être remplacé comme chef de la communauté par Soudharma. Cet Indrabhouti a été l'objet de nombreuses controverses entre les auteurs qui se sont occupés du Djainisme. Les uns veulent voir en lui le Gautama, fils de Çoudhodhana, qui fonda la religion bouddhique ; les autres affirment qu'il n'y a rien de commun que le nom entre les deux Gautama, celui de la légende djaine étant le fils d'un brâhmane et non un prince royal comme le Gautama bouddhique et n'ayant du reste survécu que peu de temps à son precepteur, tandis que le Bouddha Gautama ne mourut que quarante ans après Mahâvira. Ces derniers l'identifient au Gautama grammairien et philosophe que les Brâhmanes réclament aussi comme un des élèves de l'école Sankhya. Nous croyons cependant qu'Indrabhouti doit être le même que le Bouddha Gautama.

Si nous en croyons le Kalpa-Soûtra ce serait par centaines de milliers qu'il faudrait chiffrer les disciples ascètes et laïques du grand Tirthaṃkara. Nous savons ce qu'il faut rabattre des énumérations emphatiques des Orientaux, mais sous cette réserve la liste du Kalpa-Soûtra, tout extravagante qu'elle paraisse, fournit certains renseignements précieux, entre autres au point de vue d'un dogme qui est devenu une cause de scission entre les deux principales sectes du Djainisme, la réception des femmes dans la communauté et la reconnaissance de leur aptitude à atteindre le Moukti au même titre que les hommes, droit qui leur est reconnu par Mahâvira, mais qui leur avait été refusé par Parçvanâtha.

Mahâvira vécut trente ans dans sa famille comme maître de maison, disent les écritures djaines, douze ans et demi comme Tchhadmattha (Chadmattha) ou religieux ne possédant pas encore la science parfaite, et vingt-neuf ans et demi comme sage omniscient. C'est pendant ces vingt-neuf dernières années qu'il parcourut l'Inde en prêchant et enseignant. La doctrine qu'enseignait Mahâvira reposait sur l'idée de la transmigration éternelle qui ne peut être arrêtée que par la science et surtout par le réfrènement des passions. Celui-là seul obtient Moksha qui a su se détacher de tous les liens du monde et, supprimant les actes, mettre fin au Karma qui est la conséquence matérielle et morale des actes de la vie. On comprend donc que presque tout l'enseignement du Tirthaṃkara porte sur la manière de supprimer le Karma, résultat qu'on obtient : 1° en pratiquant cinq vertus ou devoirs : respecter la vie des êtres vivants, faire l'aumône, honorer les sages pendant leur vie, les adorer après leur mort ; 2° en évitant cinq péchés : meurtre, mensonge, vol, adultère, amour du monde. Cet enseignement est toujours donné sous forme de dialogues ou de discours amenés par une question de quelque disciple, ordinairement d'Indrabhouti Gautama.

C'est dans la cité de Pâpa, en Mâgadhi Pâva, que Mahâvira termina sa carrière. Il mourut seul, sans un compagnon, dans le mois de Pritivardhana, trois ans et demi avant la fin du quatrième âge, époque que l'on place entre 663 et 372 avant notre ère. Il avait alors 72 ans. Indra et les autres dieux vinrent eux-mêmes brûler son corps. Ce que la flamme épargna, ils se le partagèrent comme reliques et ne distribuèrent aux assistants que les cendres du bûcher. C'est pour cette raison qu'il n'y a sur la terre aucune relique du vingt-quatrième et dernier Tirthaṃkara Djina.

Mahâvira partage avec Vrishabha et Pârçvanâtha presque tout le culte des Djains. Ses images le représentent nu, avec un teint jaune et portant pour emblème un lion. Tout en faisant la part des exagérations mythologiques de la légende qui s'est échafaudée sur son nom, il semble qu'on peut le tenir pour un personnage historique réel, et qu'il fut bien le précepteur du fondateur du Bouddhisme.

Immédiatement au dessous des Tirthaṃkaras, mais bien supérieurs aux dieux, dont ils reçoivent les hommages, sont les *Arhats* « vénérables, dignes d'adoration ». Ce sont de saints personnages parvenus à l'extrême limite de la science, entièrement maîtres de leurs passions, débarrassés de toutes les attaches humaines, affections ou haines et arrivés à ce point de perfection de ne plus accomplir aucun acte bon ou mauvais. Ils sont destinés à devenir à leur tour Tirthaṃkaras, et en attendant ce moment ils instruisent et dirigent les simples fidèles. Pour devenir Arhat, il faut, de toute nécessité, avoir embrassé la carrière d'ascète avec toutes les macérations et les austérités qu'elle comporte. Après leur mort ils vont attendre dans le ciel Poushpottara l'heure de la dernière incarnation qui doit les mener à la libération finale de toute renaissance. Dans cet état ils ont droit à l'adoration des croyants, comme durant leur vie terrestre ils avaient droit à leur vénération.

Mais ce n'est pas de primesaut que l'on parvient à l'état d'Arhat. L'homme privilégié qui réussit à y atteindre a dû parcourir tout un cycle d'existences et pendant la dernière au moins, s'élever au rang des Çramaṇas « saints ». Ceux-ci se divisent en plusieurs classes, ou, plus exactement, parcourent successivement dans une ou plusieurs vies les différents degrés de *Yâti* « prêtre », Bhikshouça (Bhikshuça) « mendiant », *Vanaprashta* « ermite », Saddhou (Saddhu) « anachorète », *Mahâvrata* « grand prêtre », *Nirvâṇâtha* « saint par excellence ». Ces six classes de saints personnages constituent le clergé djain. Ils vivent soit dans les villes et les villages en qualité de prêtres de paroisses, soit dans des ermitages isolés, au milieu des forêts et sur les montagnes, soit enfin dans des couvents sous la direction d'un supérieur nommé à l'élection par les moines, ou bien désigné par son prédécesseur mourant. Le supérieur jouit d'un pouvoir absolu sur ses religieux. Nul n'a le droit de prendre son repas, de sortir pour mendier, ou bien de commencer ses dévotions journalières sans avoir obtenu sa permission. Il impose la conduite à suivre, le sens à donner à la doctrine, réprimande et punit les fautes et les négligences et peut prononcer dans les cas graves l'exclusion temporaire ou perpétuelle de la communauté, autrement dit l'excommunication.

Il y a eu autrefois, paraît-il, de nombreuses communautés de femmes nommées *Saddhouinis*. Elles étaient dirigées par des abbesses sous la surveillance du grand-prêtre du district. Aujourd'hui ces couvents de religieuses sont en petit nombre, si même il en reste encore.

Tous les religieux, prêtres moines et ascètes, portent les cheveux coupés court, sans toutefois se raser entièrement la tête comme les bouddhistes, et, selon la secte à laquelle ils appartiennent se vêtissent d'une robe blanche ou d'un simple morceau d'étoffe noué autour des reins. Leur trousseau comporte en plus une écuelle de bois ou de cuivre pour recevoir et préparer leur nourriture, et un balai de laine ou de plumes de paon avec lequel ils doivent balayer le sol quand ils marchent ou avant de s'asseoir dans la crainte d'écraser par mégarde quelque petit animal.

Les prêtres (Yâti) et les moines (Bhikshouça) ont pour occupation de réciter les prières et de chanter les hymnes de chaque jour ; de rendre aux Tîrthamkaras et aux Arhats les hommages qui leur sont dûs, parer leurs autels, laver leurs statues, etc ; de lire, commenter et copier les livres sacrés, les expliquer à ceux qui viennent leur demander l'instruction religieuse ou la solution de quelque doute, et enfin d'instruire le peuple par des lectures et des prédications. Ils ont aussi certaines fonctions à remplir pour le compte des particuliers, telles que de présider aux cérémonies du *Çàstràbhàsa* qui s'accomplit lorsque l'enfant commence à lire les Çàstras, de l'*Oupanàyana* ou initiation et à celles des funérailles. Dans la plupart des cérémonies courantes de la vie, horoscopes de nativité, prédiction de l'avenir, divination, explication des songes, voire même pour la célébration des mariages, ils se font suppléer par des Brâhmanes dûment stylés à cet effet et nommés *Natgourous* « prêtres de la tribu ». Dans quelques temples djains ce sont ces brâhmanes qui remplissent les fonctions de desservants, reçoivent les visiteurs, recueillent les aumônes et les dons ; les prêtres djains ne se réservent que la charge de l'instruction religieuse et de la lecture des Ecritures sacrées.

Les ascètes des divers ordres vivent plongés dans leurs méditations et, exclusivement préoccupés de leur propre salut, dédaignent de communiquer leur science à des profanes incapables de les comprendre, ou, s'ils le font, ce n'est qu'au profit d'un petit nombre de disciples choisis.

Çrâvaka « auditeur » est l'appellation générale de tous les fidèles laïques à partir du moment où ils ont reçu l'initiation, Oupanâyana Upanâyana) c'est-à-dire vers l'âge de neuf ans. Dès lors, jusqu'à ce qu'ils se marient, ils doivent étudier sous la direction d'un Yâti et portent le nom de *Bràhmatchari* (Bràhmacari). Pendant ce temps le seul vêtement qui leur soit permis consiste en un morceau d'étoffe, juste suffisant pour couvrir leur nudité, retenu par une corde attachée autour de la taille. Toutefois ils ont actuellement transigé avec cette prescription et, du moins dans les villes, ils sont vêtus décemment, mais d'habits très simples et toujours de couleur sombre. Avec de la poudre de santal ils se font au milieu du front un signe qui rappelle le stigmate des Indous bràhmaniques, et quelques-uns ajoutent un petit cercle rouge au centre de cette marque. Ils conservent ce signe toute leur vie, bien que ce ne soit qu'un simple ornement. A dater du mariage, *Garbhâdhaṇa*, ils deviennent *Grihastas* (gṛhasta) « maîtres de maison ». Ils ont alors pour premier devoir de subvenir par leur travail à l'existence de leur famille, et, à part les obligations religieuses dont nous parlerons tout à l'heure, ils sont absolument libres et indépendants de tout contrôle. On leur recommande cependant de ne pas négliger de prendre l'avis de leur Gourou dans les affaires importantes, celles surtout qui touchent à l'ordre moral. Ils n'ont plus à observer aucune prescription de costume, chacun pouvant se vêtir à sa guise, suivant ses goûts et sa fortune.

Les usages et les prescriptions relatifs au mariage (institution purement civile du reste) varient suivant les sectes et les localités ; aussi les auteurs semblent-ils se contredire à ce sujet ; les uns affirmant que les mariages sont défendus de caste à caste, tandis que d'autres soutiennent qu'il est loisible d'épouser une femme d'une autre caste, voire même d'une religion étrangère, une bràhmine par exemple. Ce qui paraît certain, c'est que les hommes, ceux des hautes castes surtout, se sont affranchis de la plupart des restrictions relatives au mariage et qu'ils épousent sans scrupule des femmes de condition inférieure pourvu que leur famille soit pure. Il ne faut pas oublier du reste que si la distinction des castes existe chez les Djains ce n'est que d'une façon toute nominale, puisqu'aujourd'hui ils se rangent tous dans celle des Vaiçyas. La mésalliance des femmes paraît être plus rigoureusement défendue. Les Djains peuvent avoir autant de femmes légitimes qu'ils le désirent, ou que leur fortune le leur permet ; cependant la polygamie est assez rare. Il est absolument interdit d'épouser une parente, même à un degré éloigné. Généralement on marie les jeunes filles avant l'âge de la puberté. Il est défendu aux veuves de se parer de bijoux et de vêtements élégants, et même de se nourrir de mets délicats. Autrefois on leur rasait la tête, comme chez les Brâhmanes aujourd'hui cet usage est tombé en désuétude. Les veuves ne s'immolent pas sur le bûcher de leur mari, mais il leur est interdit de se remarier jamais, si jeunes qu'elles puissent être, même si le mariage n'a pas été consommé. La veuve qui se remarie contracte une souillure qui rejaillit sur toute sa famille et sur les enfants du second mariage. Les veufs ont le droit de convoler à de nouvelles unions.

Les devoirs religieux des Djains, prêtres ou laïques, sont les mêmes, plus rigoureux seulement pour le clergé. Ils se résument dans la pratique des quatre *Dharmas* (littéralement « lois » et en réalité « vertus ») et l'abstention des cinq *Karmas* (« actes » et dans ce cas « péchés »). Les quatre Dharmas sont : la libéralité (ou l'aumône), la douceur, la piété, la pénitence. Les cinq Karmas représentent : le meurtre, le mensonge, le vol, l'adultère, l'amour des choses du monde. De tous les péchés le plus grand, celui qui ferme impitoyablement la porte du Moksha, c'est le meurtre, fut-il commis dans le cas de légitime défense, ou même par inadvertance. Ce respect de l'existence, *Ahimça*, les Djains l'étendent aux animaux même les plus inférieurs, aux insectes et aux animalcules invisibles, à tel point que le dévot le plus pieux, l'ascète le plus austère, le saint le plus parfait, arrivé au moment d'atteindre le Moksha, peut non-seulement perdre tous ses droits à cette récompense, fruit de nombreuses existences vertueuses, mais même être condamné à renaître dans les enfers, pour avoir avalé, et parconséquent tué par mégarde en mangeant, buvant ou respirant, un imperceptible moucheron. C'est pour cette raison qu'il leur est interdit de manger après le coucher du soleil, de boire de l'eau non filtrée ou qui n'ait pas été bouillie, et que les plus scrupuleux portent devant leur bouche et leurs narines, un voile de mousseline destiné à tamiser l'air qu'ils respirent.

Aux prescriptions des Dharmas s'ajoutent encore l'obligation d'adorer les Tîrthamkaras, les saints et les chefs de leur religion ; de rendre le culte prescrit à leurs images ; de vénérer les prêtres, même des autres sectes, ainsi que les parents spirituels, les Gourous, auxquels le fidèle doit le même respect et la même déférence qu'à ses parents naturels.

La lecture journalière des livres sacrés, Pourvas, Angas, Çastras, Câritras et Soûtras, est obligatoire pour tous les fidèles. Ils doivent y consacrer plusieurs heures par jour soit dans leur intérieur, soit dans les temples. Ce sont généralement, pour les laïques, les histoires des Tîrthamkaras qui font le sujet de ces lectures privées ou publiques, et principalement le Vṛishabha-câritra, le Parçvanâtha-câritra, et le Kalpa-soûtra, évangiles de Vṛishabha, de Pârçvanâtha et de Mahâvira, les trois grands Djinas.

Indépendamment de la lecture le Djain parfait doit se livrer à la méditation sur un sujet religieux, ordinairement sur les mérites et les attributs de l'un des Tirthamkaras choisi pour modèle. Cette méditation, Tapasya, n'a de mérite qu'autant qu'elle est parfaite, c'est à dire que celui qui s'y livre ne soit distrait par aucun objet extérieur. C'est en réalité une forme de l'extase. Il existe des moyens pratiques, on pourrait même dire mécaniques, d'y arriver; les plus connus sont l'immobilité absolue accompagnée d'une forte tension de l'esprit sur un sujet donné, retenir son souffle, tenir les yeux fixés sur un point quelconque, ordinairement sur le bout de son nez. Ce dernier moyen, le plus usité, produit une sorte d'hypnotisme volontaire.

Les jeûnes sont nombreux et sévères surtout pour les religieux. Beaucoup d'ascètes et de moines jeûnent un et même deux jours sur trois. Pour les laïques le jeûne est obligatoire le huitième jour, *Ashtami*, et le quatorzième, *T'chatourdaçi* (Caturdaçi) de chaque quinzaine ou demi-mois lunaire, ainsi que pendant la période sacrée de *Paryoûshana* (Paryûshana), ou vulgairement *Pajjusam*, qui dure, suivant les sectes, cinquante ou soixante-dix jours de la saison pluvieuse.

Il y a chaque jour trois ablutions obligatoires, le matin, à midi, et le soir; mais par suite du refroidissement du zèle religieux on se borne maintenant, chez les laïques, à une seule ablution avant le repas principal, c'est à dire au milieu du jour. De même aussi les ablutions qui devaient être primitivement des bains dans une eau courante, ou dans une pièce d'eau sacrée, *tirtha*, sont devenues de simples aspersions.

La confession, *Prátikramaṇa*, et l'absolution, *Aluran*, existent chez les Djains. Régulièrement ils devraient se confesser au prêtre chaque fois qu'ils ont conscience d'avoir commis un péché ; mais dans la pratique cette obligation est limitée au commencement de la saison sacrée de Pajjousam.

Les moines, les ascètes et les Yàtis doivent observer scrupuleusement le vœu de chasteté, de pauvreté et d'obéissance à leurs supérieurs. Il est interdit à tout religieux de parler sans témoins à une femme quelconque et à plus forte raison à une religieuse.

Nul ne peut *prendre le vœu*, c'est à dire se vouer à la vie religieuse du vivant de ses parents, ou tout au moins sans leur permission expresse et encore Mahàvira n'admet-il pas cette permission qui peut être arrachée et donnée à contre-cœur.

Le sacrifice n'existe pas chez les Djains. Ils en ont horreur à l'égal d'un crime, à cause de l'immolation des victimes et parceque le feu du bûcher qui est son accompagnement obligé constitue un danger de mort pour une multitude de petits animaux. Leurs offrandes ne consistent qu'en fleurs, fruits, parfums, lait, beurre clarifié et eau pure. L'acte le plus solennel de leur culte est le lavage des images des Tirthaṃkaras et des Arhats avec du lait et de l'eau parfumée.

Ces cérémonies sont accompagnées de la lecture de passages des écritures sacrées, ordinairement relatifs au personnage dont on honore l'image, mais il n'y a pas de prières à proprement parler. Les invocations adressées aux Tirthaṃkaras ne sont que de purs actes d'hommage et d'adoration. On ne leur demande rien par la raison qu'ils n'ont rien à donner. Ils n'ont aucune action sur les choses terrestres et matérielles, et pour les spirituelles, la renaissance dans les cieux ou dans une bonne condition, par exemple, ils ne peuvent intervenir, puisqu'elles sont réglées par le Karma, ou conséquence des actes ; mais la piété envers les Djinas est un des mérites, une des vertus qui assurent le plus efficacement la marche du fidèle vers la libération finale.

Les offrandes solennelles aux Djinas et le culte rendu à leurs images sont l'occasion de fêtes nombreuses qui commencent par des processions religieuses et finissent, comme toutes les fêtes, par des divertissements populaires. Elles sont fixées principalement aux dates de la naissance et de la mort des Tîrthaṃkaras, de l'anniversaire de fondation des temples ou de l'érection des statues, au commencement et à la fin de la saison sacrée de Paryoûshana. Il est d'usage de les célébrer par le jeûne et l'abstention de tout travail. Indépendamment de ces jours de grandes fêtes, on doit s'abstenir de tout travail aux deuxième, cinquième, huitième, onzième et quatorzième Tîthis, ou dates, de chaque demi-mois lunaire. Toutefois, en raison des exigences de la vie, ce n'est pas une obligation pour les laïques qui peuvent se contenter de quelques exercices pieux.

Comme tous les Indous, les Djains sont grands amateurs de pélerinages. Les sanctuaires et les étangs sacrés, où Tîrthas, de Pennakounda, de Kanchi, de Djaypour, Sonpat, Karandji, Suratte, et surtout de Çravaṇa Belligola, sont les buts principaux de ces pélerinages où les fidèles accourent de tous les points de l'Inde à certaines époques. Ces sanctuaires sont pour la plupart des temples, quelques uns creusés dans le rocher, d'une architecture et d'un style remarquable par leur élégante simplicité, la richesse et la perfection des détails d'ornementation. Certains, comme celui de Çravaṇa Belligola par exemple, se composent de plusieurs chapelles groupées autour de statues colossales, sculptées dans le rocher, représentant soit des Tîrthamkaras, soit des dieux. Les temples sont ornés de statues de pierre ou de métal et de scènes mythologiques, empruntées aux légendes divines, sculptées en demi et bas-relief, le long des parois des chapelles. Si nous nous en rapportons à leurs livres, peut-être un peu sujets à caution, l'art et l'usage de construire des temples et de sculpter des images est très ancien chez les Djains. Selon plusieurs auteurs Européens, ils auraient été, conjointement avec les Bouddhistes, les initiateurs et les maîtres de l'art Indou, et de fait leurs images et leurs symboles figurent dans les plus antiques des monuments de l'Inde. Néanmoins cette question est controversée ; nombre d'archéologues n'accordant pas une antiquité de plus de seize à dix-sept cents ans aux temples indous les plus anciens. Peut-être l'avenir nous réserve-t-il quelques précieuses découvertes de monuments contemporains de l'érection des fameuses colonnes d'Açoka (troisième siècle avant notre ère) mais jusqu'à présent la plupart des temples et des monastères paraissent avoir été construits entre le huitième et le seizième siècle de notre ère.

Les funérailles, chez les Djains, ne comportent pas de fêtes comme chez les autres indous. On brûle le corps et on jette les cendres dans l'eau. Les riches les font porter à une rivière ; les pauvres se contentent des ruisseaux, étangs, et autres pièces d'eau à leur portée. Ils n'observent aucune cérémonie commémorative, ne font ni sacrifice, ni offrandes en l'honneur des morts. « L'âme disent-ils, est distincte et séparée du corps. Quand un homme meurt son âme commence immédiatement une nouvelle vie, soit sur la terre, soit dans un des cieux ou des enfers, selon les actes bons ou mauvais de son existence. Quant au corps, qui est composé des cinq éléments, il est décomposé par le feu, les parties qui le constituaient retournent à leur premier état et il ne reste plus rien de l'individu. Quelle serait donc l'utilité d'une cérémonie quelconque ? »

Indépendamment de toute question de castes les Djains se divisent en deux classes : la première, *Viçâ*, comprend tous ceux dont l'origine est pure et légitime sans aucune tache dans leur famille ; la seconde, *Dassâ*, est formée de ceux dont les familles ont quelque faute à se reprocher, et particulièrement les enfants des veuves remariées. Il est très rare que des unions se constractent entre les membres de ces deux classes.

Relativement aux doctrines religieuses les Djains se divisent en deux grandes sectes rivales, les *Digambaras* « vêtus du ciel, ou de l'air » et les *Svétambaras* « vêtus de blanc », qui se disputent le droit d'ainesse et de préséance. Les Digambaras doivent vivre dans un état de nudité absolue. Ils ont cependant cédé sur ce point aux convenances et portent à l'ordinaire le *langouti*, mais par respect pour leur vœu ils s'en dépouillent pour prendre leurs repas. Ils prétendent suivre les doctrines du premier et du dernier des Tîrthamkaras, Vrishabha et Mahâvira, et réclament l'honneur de représenter la véritable croyance djaine primitive. Les Svétambaras portent des

8.

vêtements blancs. Ils s'enorgueillissent de compter dans leurs rangs les vingt deux Tirthamkaras intermédiaires. La rigidité de la doctrine et des pratiques des Digambaras en a fait une secte presque exclusivement de moines et d'anachorètes, tandis que plus tolérants et plus portés à se plier aux exigences sociales les Svétambaras forment la grande majorité de la confession djaine. On reconnait facilement les divinités propres à chacune de ces deux sectes par le fait que celles des Digambaras sont représentées nues, et celles des Svétambaras drapées dans un vêtement plus ou moins sommaire. Des schismes qui se sont développés à diverses époques ont subdivisé chacune de ces sectes en quatre vingt quatre *gachhas* ou « tribus », ayant toutes leurs doctrines particulières et leur succession de pontifes. Malgré ces mésintelligences les Djains se considèrent tous comme frères, se soutiennent mutuellement et montrent un égal respect pour tous les Yàtis à quelque secte qu'ils appartiennent, bien qu'il leur soit défendu de s'adresser pour les cérémonies du culte à d'autres prêtres que ceux de leur secte propre.

Il ne semble pas que les Djains aient jamais joué un rôle bien important au point de vue religieux, ni même politique. Dans l'antiquité ce dût être une secte de mécontents, de réformateurs, à laquelle manqua sans doute le génie, l'autorité et l'éloquence entrainante d'un porte parole comme le Bouddha. Leurs idées empruntées en grande partie à la philosophie du Sankhya ne surent produire que des anachorètes vivant en dehors du monde entourés d'un petit nombre de disciples. Ce n'est guère qu'au moment où le Brâhmanisme relevant la tête et profitant des fautes de ses adversaires, les Bouddhistes, se fit persécuteur pour expulser de l'Inde la foi bouddhique, que le Djaïnisme prit réellement quelque importance sérieuse en offrant un refuge dans ses rangs aux proscrits, leur donnant ainsi, sous le couvert d'une apparente soumission aux principales idées orthodoxes, la loi des castes principalement, le moyen d'échapper à une persécution qui paraît avoir été aussi cruelle qu'acharnée. Vers le XIe siècle il fut un moment assez florissant si nous en jugeons par le nombre des temples et des monastères qu'il éleva.

Aujourd'hui déchu de son ancienne gloire, presque réduit à l'état de secte brâhmanique, il végète par une tolérance dédaigneuse de la religion victorieuse et ne compte plus qu'un nombre restreint de fidèles, à peine cinq cent mille répartis dans l'Inde entière. Ils exercent généralement les professions de banquiers, changeurs et *Banyas* ou marchands de grains. La pureté de leurs mœurs, leur activité et leur probité rigide leur ont valu partout une situation des plus honorables et très souvent de grandes fortunes. Ils ne diffèrent plus guère des autres Indous. Ils admettent nominalement la division des castes qu'ils attribuent même à leur premier Tirthamkara, mais cette reconnaissance est toute platonique, car ils font profession de ne plus tenir aux deux castes supérieures et, de fait, celle des Çoudras n'existe pas parmi eux puisque leur religion défend la plupart des métiers pratiqués par les membres de cette caste, notamment l'agriculture, le jardinage, les états de bouchers, corroyeurs, bucherons, charbonniers, etc. La seule véritable importance que le djaïnisme a pour nous c'est de nous révéler dans ses dogmes et ses principes, contradictoirement avec les dires brâhmaniques, l'état religieux, philosophique et politique de l'Inde après quelques siècles de domination et de tyrannie sacerdotale, et surtout d'avoir par les idées qu'il a soulevées préparé l'éclosion du bouddhisme. Nous pouvons aussi constater que cette religion est empreinte d'un pessimisme plus profond encore que celui du bouddhisme, et qui se caractérise par ce fait curieux et unique que, selon elle, la perfection absolue ne consiste pas dans le bien, mais dans l'absence de bien et de mal. Ce pessimisme que nous retrouverons dans toutes les croyances indoues est un des traits les plus curieux et les plus caractéristiques de l'esprit des peuples Aryens.

CHAPITRE IV.

Bouddhisme.

Le Bouddhisme. — Son caractère. Son origine. Date probable de sa fondation. — Le Bouddha Çākya-Mouni fondateur historique du bouddhisme. Son histoire et sa légende mythique.— Enseignement du Bouddha. Les Quatre Excellentes Vérités, et les Huit Chemins.,— Dogmes bouddhiques. Divinités. Bouddhas et Bodhisattvas. Démons. Création du Monde. Les Kalpas. Cosmogonie. Immortalité de l'âme. Transmigration. Le Nirvâna. Le Paradis de Soukhavatî. Les Enfers — Le Monachisme bouddhique. — La Trinité : Bouddha, Dharma, Sangha. — Conciles. Rédaction du Canon bouddhique. Le Tripitaka. — Progrès et extension rapide du bouddhisme. Le roi Açoka. Missions à l'étranger.— Lutte avec le brāhmanisme. Persécutions. Le bouddhisme expulsé de l'Inde. — Ecoles philosophico-religieuses : Hinayana, Mahāyana, Madhyamika et Kala-Tchakra. Bouddhisme du Sud et bouddhisme du Nord. — Le Bouddhisme Tibétain. Le Lamaïsme. — Cérémonies bouddhiques. Prières. Lectures pieuses. — Temples, monastères. Images. Reliques. Pèlerinages. — Etat actuel et avenir du Bouddhisme.

Par l'élévation de ses idées, absolument extraordinaire pour l'époque de sa fondation, par la pureté de sa morale, la profondeur et la subtilité de sa métaphysique, la perfection et la puissance de son organisation ecclésiastique, le Bouddhisme est sans contredit la plus intéressante des religions de l'Inde, et l'on peut même dire du monde entier, si on considère le rôle immense qu'il a joué et qu'il joue encore aujourd'hui, après 2400 ans d'existence, comme croyance adoptée par plus de 400 millions d'habitants de notre globe. Devant cet édifice prodigieux on demeure frappé d'admiration pour le génie puissant qui en a posé les assises, préparant ainsi à l'Asie Orientale une réforme qui ne peut se comparer qu'à celle que le Christianisme opéra, quelques siècles plus tard, dans le vieux monde gréco-romain.

Comme le Christianisme, en effet, le Bouddhisme possède une qualité inconnue aux autres religions de l'antiquité. Il est universel. Tandis que partout nous voyons de petites églises particularistes et fermées, ne paraissant créées que pour accentuer les divisions entre les peuples et même entre les citoyens d'une même nation, il se présente à nous, dès son début, avec un caractère d'universalité absolument étranger aux idées de son temps. Reniant ces divinités jalouses, despotiques et cruelles que s'étaient forgées l'imagination des hommes, répudiant les haines de races et de castes, il appelle à lui toutes les bonnes volontés et prêche comme vertus fondamentales nécessaires la science, le réfrènement des passions, la charité, l'amour du prochain et l'abnégation de soi-même. Avant lui, il est vrai, le Brâhmanisme avait exalté la science, l'empire sur les passions, l'aumône, comme les moyens efficaces d'arriver à la libération finale. Le Djaïnisme y avait ajouté une sorte de charité banale consistant dans le respect de l'existence. Mais à lui seul était réservé d'élever la charité en la transformant en amour, non seulement pour tous les hommes mais pour toutes les créatures. C'est pour eux seuls que méditent et se macèrent les ascètes brâhmanes et jains ; le bouddhiste, lui, s'il veut atteindre à la perfection suprême doit avant tout se préoccuper du bien et du salut de ses semblables, même s'ils appartiennent à une autre croyance que la sienne, et tous ses efforts seront de nul effet s'il n'a pas eu pour but, tout en se sauvant lui-même, de faire profiter le monde du fruit de sa science et de ses austérités ; il est solidaire de la création entière qu'il perfectionne et élève par ses vertus, que ses vices ou son indifférence abaissent et dégradent.

Le Bouddhisme fut une réforme à la fois religieuse et politique, et, au fond, plus politique encore que religieuse si nous considérons qu'à cette époque la religion dominant et englobant tout était le grand régulateur de la vie sociale. Nous avons déjà indiqué, à propos du Brâhmanisme et du Djaïnisme, quelles étaient les conséquences sociales de la tyrannie des Brâhmanes et de la loi des castes, du dogme de la métempsycose éternelle. Maître absolu de la société civile par l'empire que lui avait laissé prendre le Kshatriya, le Brâhmane gardait encore pour lui seul le privilège du bonheur final et éternel après les durs labeurs de l'existence, ne laissant pas même au plébéien, condamné par sa naissance à recommencer sans cesse de nouvelles vies avec les mêmes misères, l'espoir d'une compensation future ou tout au moins du repos dans le néant de la tombe. Et à cette tyrannie intolérable s'ajoutaient encore, si nous en croyons les anciens auteurs Indous, les crimes et la dépravation les plus épouvantables. Toutes les lois étaient violées. La justice n'était plus qu'un vain mot. Pas un trône qui ne fut occupé par un parjure ou un parricide. Tant de misères ne pouvaient durer. Les temps étaient mûrs pour une réforme.

A cette époque, du reste, ce n'est pas l'Inde seulement, mais le monde entier qui semble avoir été en ébullition, comme dans l'attente et la préparation de grands évènements. En Judée, Ezéchiel préludait à sa mission prophétique ; Jérusalem en ruines venait de tomber au pouvoir de Babylone. En Grèce Solon faisait des lois pour Athènes, tandis que la philosophie grecque balbutiait ses premiers principes. Rome sortait de la barbarie. La Phrygie, la Thrace et l'Egypte s'agitaient sous l'impulsion des confréries Orphiques. Confucius et Laò-tseu jetaient les fondations de la philosophie et des deux grandes religions nationales de la Chine, le *Yù* et le *Taô*.

En ce temps (sixième siècle de notre ère. — 562 ou 542 avant J. C. d'après les plus récents travaux), le futur fondateur du Bouddhisme naissait à Kàpilavastou (Kàpilavastu), petite ville du Gorakpour proche de Vàranaçi (Bénarès) et tributaire du souverain de Koçala.

La personnalité réelle de ce personnage a été vivement discutée, dans ces derniers temps surtout, et de fait il semble bien évident, quand on étudie de près la tradition bouddhique, qu'elle est entourée d'une forte dose de légende créée, soit volontairement par ses partisans désireux de lui donner plus de relief, soit par la force même des choses et de l'imagination exhubérante de la race Indoue. Quoiqu'il en soit, il parait aujourd'hui bien établi qu'un mythe solaire s'est greffé sur l'histoire véritable. Nous en trouvons la preuve dans maints faits de la légende du Bouddha, ses miracles, entre autres, les époques des différentes phases de sa vie, son teint tantôt doré et tantôt noir qui nous rappelle les épithètes habituelles du soleil diurne et du soleil nocturne dans le Véda; ce qui joint à la description de ses traits réguliers, de son nez aquilin, etc., ne nous permet pas d'admettre, comme voudraient le prétendre certains auteurs, que Çâkya-mouni fut un représentant de la race noire du Sud de l'Inde.

Siddhârtha, Gautama, ou Çâkya-mouni « l'ascète des Çâkyas », nom sous lequel il est le plus souvent désigné, était fils de Çoudhodhana (Çudhodhana) roi ou chef de la tribu guerrière des Çâkyas, et sa mère, la reine Mâyâ-Dévi, « Illusion divine, ou Déesse Illusion » jouissait d'une renommée universelle pour sa vertu, non moins que pour sa merveilleuse beauté.

Naturellement, étant données les idées indoues sur la nature de l'Ame humaine et la pluralité de ses incarnations, le futur Bouddha n'en était pas à sa première existence. Si nous prêtons foi aux écritures bouddhiques, il avait vécu précédemment quatre cent quatre-vingt-dix-neuf existences comme animal, homme ou dieu et donné chaque fois une preuve indiscutable de son amour des créatures. Ainsi, pour ne citer que les faits les plus saillants de sa légende, étant roi des poissons il se sacrifie pour sauver la vie de quantité de ses congénères sur le point de périr par suite d'une sécheresse sans exemple; lièvre il s'offre volontairement pour servir de nourriture à un religieux sur le point de mourir de faim; homme, il donne sans hésiter sa vie pour sauver celle d'une lionne et de ses petits affamés et réduits aux dernières extrémités.

Au moment où le prend l'épopée bouddhique connue sous le nom de *Lalita-Vistara*, il était au rang des Bodhisattvas (aspirants Bouddhas) et attendait, en enseignant la loi aux dieux du ciel *Toushita* (Tuçita), demeure des dieux supérieurs et des Bodhisattvas qui est en quelque sorte l'antichambre du Nirvâṇa, l'heure de descendre sur la terre vivre sa dernière existence et apporter aux hommes la pure doctrine qui doit les mener au salut. Cette heure approchant, les dieux s'occupent à rechercher parmi les races royales celle qui pourra avoir l'honneur de servir de famille d'adoption au futur Maître du monde. Nous assistons ici à une critique satirique très curieuse de la haute société de cette époque. Toutes les dynasties princières défilent successivement, présentées chacune par un des dieux ; mais aucune n'est assez pure pour trouver grâce devant le divin aréopage. Enfin le principal intéressé, le Bodhisattva (nom sous lequel on désigne Çâkya-mouni tant qu'il n'est pas devenu Bouddha) prend la parole et nomme la seule famille à laquelle on n'ait pas songé à cause de l'humilité de sa situation, celle du souverain de Kâpilavastou. — Çoudhodhaṇa est juste et bon, plein de piété et de révérence pour les dieux. Il appartient, sans mésalliance à l'illustre et antique race solaire d'Ikshvakou, et son épouse Mâyâ, vierge encore (ou du moins n'ayant pas encore enfanté) est le modèle accompli de toutes les vertus. De plus, raison majeure et sans réplique, Çoudhodhaṇa et Mâyâ ont toujours été les parents du Bodhisattva dans chacune de ses existences précédentes, sous quelque forme qu'elles aient eu lieu. — Les dieux approuvent le choix du Bodhisattva, et, cette importante question réglée, discutent de quelle façon et sous quelle forme le futur Bouddha devra s'incarner, non sans se disputer vivement à qui aura l'honneur de lui tenir compagnie pendant son séjour sur la terre. Pendant cette querelle, qui nous rappelle celles des dieux de l'Illiade, les Apsaras (bayadères célestes) curieuses comme des femmes qu'elles sont, profitent de l'inattention des dieux pour descendre furtivement sur la terre afin de juger de *visu* si réellement Màyà mérite bien sa réputation de beauté.

Nous ne serions pas en Orient si la naissance d'un homme illustre à quelque titre que ce soit pouvait se passer comme celle du premier mortel venu. Tout héros qui se respecte doit s'annoncer par des prodiges et la légende bouddhique va, sur ce point, nous servir à souhait.

Dès qu'elle a été choisie pour mère par le Bodhisattva, Màyà est agitée par des songes qui, tout à la fois, la ravissent et l'effrayent. Aussi demande-t-elle à son époux, le roi Çoudhodhana, de lui permettre de faire une retraite qui calmera sans doute ces troubles étranges, et s'enferme avec ses femmes dans ses appartements. Là, elle voit en songe le ciel s'ouvrir et un jeune éléphant blanc sans taches, avec des défenses d'or, en descendre majestueusement et pénétrer dans son sein par le côté droit. Au réveil elle s'empresse de faire part au roi de ce prodige. Celui-ci fait aussitôt assembler cent huit Bràhmanes habiles à interpréter les songes qui déclarent unanimement que ces signes présagent l'heureuse naissance d'un enfant mâle voué aux plus hautes destinées : s'il vit dans le monde ce sera un conquérant irrésistible, un véritable Tchakravartin (Cakravartin) qui mettra l'univers entier sous sa loi ; s'il quitte le monde pour embrasser la vie religieuse ce sera un réformateur divin, une *Bénédiction pour le monde*, en un mot un Bouddha. Ils ajoutent que sa vocation religieuse se développera sûrement s'il rencontre sur sa route à un certain moment un vieillard, un malade, un cadavre et un religieux.

C'est dans le jardin de Loumbini (Lumbini), au pied d'un arbre Plaksha dont les branches fleuries se sont abaissées d'elles-mêmes jusqu'à sa main, que Màyà donne le jour à son fils. Pour célébrer cet évènement la nature entière se met en fête ; toutes les fleurs s'épanouissent, les arbres se couvrent des fruits mûrs des différentes saisons. Les Apsaras descendues des demeures célestes reçoivent le nouveau né dans un filet d'or, ou d'étoiles, et le remettent aux mains de Brahmà qui, s'inclinant respectueusement devant Màyà, lui dit : « Soyez heureuse, ô Reine ! Votre fils sera la Bénédiction du monde ! » Il donne alors l'enfant à Indra qui, lui-même, le passe ensuite aux autres dieux, tous réunis pour adorer le Sauveur. Mais celui-ci s'échappe des mains qui le tiennent, fait sept pas dans la direction de chacun des quatre points cardinaux et s'écrie à chaque fois d'une voix forte : « Il n'y a pas un être qui me soit comparable ! C'est ici ma dernière naissance. Je mettrai fin à la renaissance, à la vieillesse, à la mort et à la douleur ! »

Màyà mourut sept jours après la naissance du Bodhisattva et celui-ci fut confié aux soins de sa tante Gautami, sœur de Çoudhodhana.

L'enfance du futur Bouddha est fertile en prodiges. Ainsi, quand on le présente, selon l'usage, au temple des dieux, toutes les statues descendant de leur piédestal font trois fois le tour du héros en lui présentant toujours le côté droit (Pradakshiṇa) et inclinent leurs fronts jusqu'à toucher ses pieds. — Un jour qu'on l'avait laissé seul assis au pied d'un arbre Djambou (les arbres jouent un rôle important dans la légende bouddhique), le soleil ayant tourné, l'ombre projetée par l'arbre demeura fixe pour continuer à abriter le divin enfant. — Quand on voulut lui donner des maîtres, il se trouva qu'il était plus savant qu'eux et au lieu de recevoir leurs leçons ce fut lui qui leur en donna. — Lors de sa naissance la joie fut telle dans l'univers que le sage Dévala, qui avait déjà franchi les huit degrés de la connaissance et résidait dans un des cieux, instruit de l'évènement par l'allégresse générale voulut contempler le futur Bouddha et se rendit à Kàpilavastou, où il fut reçu avec toute sorte d'honneurs par le roi Çoudhodhana. Mais le jeune prince mis en sa présence leva ses pieds en l'air et les posa sur la tête du sage (marquant ainsi qu'il ne pouvait rendre hommage à aucun homme ou dieu) tandis que Dévala se prosternait devant lui et l'adorait. — Cinq jours après eut lieu la cérémonie de l'imposition du nom. Çoudhodhana avait convoqué à cette occasion les 108 brâhmanes qui avaient expliqué le songe de Màyà-dévi. Ils reconnurent sur le corps de l'enfant, après un examen approfondi, les trente-deux signes de beauté et les quatre-vingt-quatre marques de perfection suprême qui caractérisent les Bouddhas, et déclarèrent que « la lumière de son esprit éclairerait le monde ».

Le caractère réfléchi, même un peu sombre, de Siddhârtha, son amour de la retraite et de la méditation, présagèrent, dès ses plus jeunes ans, la carrière à laquelle il était prédestiné. A l'âge où les autres enfants ne songent qu'au plaisir, il fuyait les jeux de ses compagnons et passait des jours entiers au fond de quelque bosquet, rappelant ainsi continuellement à son père et à son entourage la fatale prédiction deux fois exprimée par les brâhmanes.

Dans l'espoir de le détourner de la vie religieuse et de conserver pour le trône l'unique héritier de sa race, Çoudhodhana mit tous ses soins à pousser son fils dans une vie de plaisir et de dissipation. Il lui fit construire, au milieu de jardins splendides, trois palais (un pour chaque saison, on sait que l'automne n'existe pas dans l'Inde) entourés chacun de sept enceintes fortifiées gardées jour et nuit par de vigilantes sentinelles, et, dès qu'il eut atteint l'âge de 16 ans il résolut de le marier à la belle Gopâ, ou Yaçodharà, fille de Daṇḍapâni. Mais la vie de plaisirs menée par le jeune prince déplaisait à l'austère Daṇḍapâni qui refusa de donner sa fille à un prince efféminé incapable de remplir les devoirs de son rang, et, pour triompher de ses scrupules, il ne fallut pas moins qu'un tournoi dans lequel Siddhârtha vainquit 500 jeunes Çâkyas des plus braves et des plus habiles à tous les exercices de force et d'adresse alors en usage. Gopâ fut le prix de l'heureux vainqueur, qui épousa en même temps 84000 autres jeunes filles des premières familles des Çâkyas ; fait qui prouve qu'alors, chez les grands au moins, on était loin des sévères principes du brâhmanisme primitif.

Au milieu de cet essaim de beautés empressées à lui plaire le Bodhisattva parut oublier pendant 13 ans sa vocation de rédempteur du monde, malgré le chagrin que lui causait la stérilité de Gopâ. Cependant ses vœux allaient être exaucés, Gopâ allait être mère. La surveillance dont on avait entouré le prince s'était peu à peu relâchée. Lui-même ne semblait plus songer qu'aux plaisirs et à la séduction qu'exerce le pouvoir. Mais les décrets des dieux sont inéluctables. Un jour que Siddhârtha se promenait sur son char conduit par son écuyer Tchaṇḍa (Caṇḍa), il rencontra sur sa route un veillard décrépit, courbé et soutenant à grand peine à l'aide d'un bâton ses pas chancelants. Surpris et ému de pitié à cette vue, le prince qui n'avait jamais été entouré que de jeunes gens demanda à son écuyer ce qu'était cet homme si peu semblable aux autres et en punition de quel forfait il était réduit à un si piteux état. Sur la réponse de Tchaṇḍa que le seul crime de ce malheureux était d'avoir trop vécu, que cet état déplorable était le sort réservé à tous les hommes et que lui-même n'y échapperait pas, Siddhârtha rentra profondément troublé dans son palais.

Alors que l'émotion produite chez lui par la vue du vieillard commençait à se calmer, dans deux promenades suivantes il rencontra successivement un malade se tordant dans d'atroces douleurs et un cadavre repoussant en pleine putréfaction. Nouvelles questions du prince à son fidèle écuyer qui lui apprend que la maladie et la mort sont, comme la vieillesse, inhérentes à la nature humaine, et Siddhârtha prend de plus en plus le dégout d'une vie assujétie à tant de maux.

Comme il était dans cette disposition d'esprit, il croisa, dans une dernière promenade, un religieux vêtu de haillons mais dont l'aspect respirait le bonheur et la sérénité parfaite. Frappé à cette vue, il résolut de se vouer à la vie religieuse, seule capable de procurer la paix et le bonheur au milieu des misères du monde, et rentra aussitôt au palais. Une grande et heureuse nouvelle l'y attendait : Gopâ venait de le rendre père d'un fils. Mais même cet évènement si ardemment désiré ne pouvait plus le retenir. En vain ses femmes s'efforcent de le distraire par leurs chants et leurs danses. Ces réjouissances qu'il aimait jadis n'ont plus d'attraits pour lui, et il ne tarde pas à s'endormir. Peu à peu les femmes fatiguées cèdent aussi au sommeil. Alors le Bodhisattva s'éveillant est saisi de dégoût à la vue de ces corps abandonnés sans apprêts dans les poses où les a surpris le sommeil. Il lui semble « contempler un charnier » et se levant sans bruit, sans même donner un regard à sa jeune femme et à son enfant par crainte de ne plus avoir le courage de les fuir, au milieu de la nuit, il donne l'ordre à Tchaṇḍa de seller son coursier Kaṇthaka.

Çoudhodhana averti des rencontres faites par son fils avait bien ordonné de redoubler de surveillance et de l'empêcher à tout prix de quitter sa demeure, car il comprenait que l'heure fixée par les prédictions était arrivée. Mais les dieux, qui avaient eux-mêmes placé sur le chemin du Bodhisattva les quatre apparitions destinées à le dégouter du monde, veillaient, et par leurs soins les gardes étaient endormis à leurs postes. Les portes s'ouvrent d'elles-mêmes devant le Bodhisattva qui, suivi seulement du fidèle Tchaṇḍa, sort, pour n'y plus rentrer, du palais et de la ville de Kâpilavastou. Au matin, se jugeant assez éloigné, il descend de cheval, dépouille ses riches vêtements et ses ornements royaux, coupe avec son sabre à la longueur d'un pouce ses cheveux et sa barbe qui depuis, dit-on, ne poussèrent jamais plus, et revêt une robe de mendiant de couleur brune apportée par Indra (suivant une autre tradition il se serait fait un vêtement d'un suaire souillé de boue rougeâtre emprunté à un cadavre). Il renvoie alors son écuyer et son cheval et commence résolument sa vie d'anachorète. Il avait alors vingt-neuf ans.

Quelques auteurs rapprochent l'entrée en religion de Siddhârtha d'une guerre désastreuse pour les Çakyas et dans laquelle la tribu aurait péri presque tout entière, expliquant ainsi, par la douleur et l'humiliation de la défaite et de la ruine de son peuple son désespoir et son dégout de l'existence ; mais suivant la tradition bouddhique ce désastre ne serait survenu que plusieurs années plus tard et alors qu'il avait déjà atteint à l'état de Bouddha.

Le Bouddhisme n'est pas une religion révélée. Aussi, malgré l'origine presque divine qu'il prête à son fondateur, et sa prétention à une antiquité aussi ancienne que celle même du monde, admet-il que les dogmes et l'organisation institués par Çâkya-Mouni furent le fruit de ses méditations et de longs tâtonnements. Quand le futur Bouddha abandonna son palais et son royaume il n'avait pas en tête un système de réformes tout forgé. Il cherchait seulement dans la pratique de la vie religieuse une consolation et un remède aux maux de la vie, sans se douter encore où aboutiraient ses recherches. Son premier soin fut donc, tout naturellement, de se mettre en quête d'un maître capable de dissiper les doutes qui assiégeaient son esprit et de le guider dans la voie ardue de la sagesse, et il s'adressa successivement à plusieurs ascètes renommés, notamment à Arâlâ Kâlâma et à Roudraka, fils de Râma. Probablement aussi, mais les écritures bouddhiques sont muettes sur ce point, il suivit les leçons du Tîrthaṃkara djain Mahâvîra et fut cet illustre disciple que la tradition djaine nomme Indrabhouti Gautama. Peut-être est-ce dans l'entourage de Mahâvîrà, plutôt que dans celui de Roudraka, qu'il se lia d'amitié avec les cinq pieux personnages, Kaundinya, Açvajit, Vâshpa,

Mahânâman et Bhadrika, qui s'attachèrent à lui par admiration pour la vivacité et la profondeur de son intelligence, et devinrent plus tard les principaux de ses disciples.

Les leçons de ces divers maîtres ne contentèrent pas Siddhârtha qui, nourri de la philosophie du Sañkhya, paraît avoir été aussi sceptique et indifférent à l'égard des dieux de son temps qu'il était troublé et torturé par l'idée de la misère inhérente à l'existence et par la constatation des symptômes trop visibles de la triple déchéance religieuse, morale et politique que l'Inde présentait alors. Bientôt il les quitta, suivi par les cinq, et entreprit de trouver à lui seul la voie du salut.

D'abord il exagéra les principes d'austérité qui faisaient le fond de toute vie religieuse et, entre autres, poussa le jeûne jusqu'à ne prendre qu'un seul grain de riz par repas, régime qui l'amena à un état de faiblesse tel qu'après plusieurs syncopes il demeura une fois plusieurs heures sans connaissance et que tout son entourage le crut mort. — Selon la légende, le bruit de sa mort étant venu jusqu'aux cieux, Mâyâ, sa mère, désolée descendit sur la terre pour le voir une dernière fois, et ce fut sa présence qui détermina le réveil, ou la résurrection du Bôdhisattva. — Reconnaissant alors que toutes ces pratiques ne le menaient à rien, mais, au contraire, affaiblissaient et obscurcissaient son esprit, il y renonça définitivement, se mit à nourrir son corps et développer ses forces physiques et mentales, ne comptant plus que sur la méditation pour résoudre le grand problème de la vie et de la mort qui torturait son âme.

Ne comprenant rien à sa conduite et le croyant

renégat, ressaisi par les affections sensuelles, les cinq l'abandonnèrent avec mépris. Il demeura donc seul en face de ses pensées.

Sept années s'étaient écoulées ainsi depuis la sortie de Kapilavastou (il avait donc trente-six ans) ; le Bodhisattva sentit qu'il allait enfin parvenir à cette science suprême but de son ambition, la Bodhî. Il résolut alors de se rendre au lieu de Bôdhimandi (sur les bords du Ganges, suivant les uns, de la Nairanjana, selon les autres) où il est de tradition que tous les Bouddhas doivent recevoir la Bodhî assis sous le figuier sacré Bo (*ficus religiosa*). Comme il se mettait en route, une jeune fille, nommée Soujatâ, lui offrit en aumône un plat de riz accommodé au lait et au miel, et plus loin, un ouvrier qui venait de récolter de l'herbe lui donna huit poignées du gazon appelé Kouça (*Kuça*). Arrivé enfin à Bodhimandi, il répandit sur un tertre au pied de l'arbre sacré les huit poignées de gazon Kouça, s'assit les jambes croisées sur le siège ainsi préparé et demeura sept semaines plongé dans la méditation, sans bouger et sans prendre aucune nourriture.

Pendant ces sept semaines, l'Esprit du Mal, Mâra, sentant que l'empire du monde allait lui échapper, multiplia les tentations pour décider le Bodhisattva à renoncer à sa carrière, ou lui faire perdre par quelques défaillances le fruit de ses longs travaux. Essayant d'abord de la peur il vient l'attaquer à la tête de toutes ses légions de démons. Repoussé, il tente de le prendre par l'ambition, et lui rappelant le rang suprême de Tchakravartin auquel il a droit de prétendre, bien autrement attrayant et glorieux que celui d'ascète, il lui offre la possession de tous les royaumes de l'univers, mais sans ébranler un seul instant le grand sage. Enfin, dernière ressource, il met en œuvre la séduction de l'amour et lui dépêche ses trois propres filles, charmeresses émérites et irrésistibles. Mais tous leurs charmes et leurs artifices demeurent aussi inutiles que les précédentes tentations, et Màra vaincu, feignant de faire humblement hommage au Bouddha se prosterne devant lui en s'écriant : « Eteins-toi, Seigneur ! Tathagata entre dans le Nirvâna » ! Espérant ainsi conserver, par la retraite du Bouddha, une partie au moins de sa puissance sur les hommes. Mais Gautama, ferme et résolu, lui répondit qu'il n'entrerait dans le repos final du Nirvâna qu'après avoir enseigné la Loi (tourné la roue) aux hommes et institué des prêtres pour guider après lui le monde dans le chemin de la vertu et du salut.

Devenu Bouddha « sage, illuminé, possesseur de la science parfaite » et décidé, ainsi qu'il l'avait déclaré à Màra, à commencer de suite la prédication de la Loi, Çàkya-Mouni chercha d'abord quels auditeurs capables de comprendre sa doctrine et dignes de la recevoir il choisirait pour premiers disciples. Se souvenant alors des cinq, de leur bonne volonté et de leur ardent amour pour la vraie science, il résolut, malgré leur abandon à Ourouvilvà, d'aller les chercher dans leur ermitage de Mṛigadàva (Mṛgadàva) près de Bénarès. A ce moment survinrent deux frères, les marchands Trapousha et Bhallika, voyageant avec une suite nombreuse, qui le voyant assis sous son figuier et entouré d'une auréole éclatante dont les rayons de cinq couleurs illuminaient le monde, s'approchèrent respectueusement et l'adorèrent. Çàkya-Mouni leur prêcha la Loi, et les convertit. Ce furent ses premiers disciples laïques.

« Nous ne suivrons pas le Bouddha dans les longues pérégrinations qu'il effectua à partir de cette époque, ne se reposant, chaque année, que pendant les quatre mois de la saison pluvieuse (l'hiver de l'Inde) et au cours des quelles il convertit un nombre considérable d'auditeurs, dont les uns s'attachant à la personne du Maître, l'accompagnant dans tous ses voyages, suivant exactement sa Loi quelque sévère qu'elle fut, reçurent le nom de Bhikshous (Bhikšus) « mendiants, moines », les autres qui se contentaient d'observer ses préceptes, sans renoncer à la vie de famille, et de concourir par leurs dons à l'entretien de la communauté, furent appelés Oupasakas (Upasakas) « auditeurs ». Parmi les premiers sont naturellement les cinq anciens compagnons de Gautama, et, au-dessus de tous, les saints Çâripoutra, Maudgalyâyana et Mahâ-Kâçyapa qui furent les collaborateurs zélés du Bouddha, les têtes de la Congrégation, et figurent comme ses collaborateurs habituels dans presque tous ses discours. Nous n'insisterons pas non plus sur ses miracles, très nombreux, mais toujours à peu près les mêmes, pluies de fleurs et de parfums, apparitions dans les airs, lumière surnaturelle éblouissante, voyages à travers l'espace céleste, etc., ni sur ses prédications toujours semblables quand au fond avec quelques variantes de forme appropriées à ses divers auditoires, tantôt discussions philosophiques, tantôt conversations familières, tantôt sermons, apologues ou contes destinés à frapper l'imagination ou à aider l'intelligence bornée de l'auditeur.

Certains de ses voyages, cependant sont particulièrement intéressants par les évènements qui s'y rattachent et qui ont ou un caractère historique précieux à consigner ou une importance capitale au point de vue de la légende bouddhique. Dans ce nombre nous citerons la visite du Bouddha à la cité du Râjàgriha (Râjàgṛhâ) et la conversion de Bimbisara, roi de Mâgadha, après une vive controverse avec le sage brâhmane Kâçyapa, fait qui paraît marquer la première victoire décisive du bouddhisme sur la religion nationale. De même aussi la visite qu'il fit, sur l'invitation de son père, à sa ville natale de Kâpilavastou six ans après être devenu Bouddha, et au cours de laquelle il convertit, avec une véritable coquetterie de miracles, son neveu Ânaṇḍa qui devint son disciple favori et le chef de la congrégation, son propre fils Râhoula, Çoudhodhana lui-même avec tous les Çâkyas, et le célèbre marchand, maître de maison, Anathapiṇḍika (ou Anathapiṇḍâda), de la cité de Çrâvastî, qui, pour gage de sa piété, fit don à Çâkya-Mouni du fameux parc de Jêtavaṇa ou fut construit par ses soins et à ses frais le premier monastère bouddhique, et où furent prononcés une grande partie des sermons du Bouddha.

Peu de temps après cette visite, Çoudhodhaṇa étant mort, Gautamî, tante du Bouddha qui avait pris soin de son enfance, et Gopâ, sa femme, obtinrent pour les femmes le privilège de faire partie de la congrégation et fondèrent l'ordre des Bhikshounis « Nonnes » dont elles furent les supérieures sous la direction spirituelle d'Ânaṇḍa.

Dans le cours de sa longue carrière Çâkya-Mouni eut maintes fois à soutenir d'ardentes controverses contre de nombreux adversaires. Toutes ces luttes oratoires, la plupart accompagnées de miracles, finissent naturellement par le triomphe du Bouddha et perdent pour nous beaucoup de leur intérêt par la monotonie et l'identité de leurs phases. Il en est une cependant qui nous parait mériter d'être signalée en ce qu'elle semble décisive au point de vue, sinon de la préexistence, du moins de la coexistence de la religion djaine ; c'est sa lutte avec les six docteurs Tirthikas (c'est à dire djains) Poûraṇa Kâssapa ou Kâçyapa, Nâtaputta ou Jñatiputra le Nirgrantha, Kakouda Kaççâyana, Ajita Késambali, Sañjaya Belatthiputta, Goçala le Maskarin, parmi lesquels nous retrouvons plusieurs des noms des principaux personnages de la légende djaine, et notamment Nâtaputta (Jñatiputra) et Goçala le disciple transfuge de Mahâvîra.

Pendant quarante-cinq années le Bouddha parcourut l'Inde du nord (et peut-être même les provinces du sud) mendiant, prêchant, enseignant et convertissant, soignant les malades et consolant les affligés. Il atteignit ainsi l'âge de 81 ans. Malade, épuisé, il sentit que sa fin approchait et désira visiter une dernière fois les lieux témoins de ses premières prédictions. Comme il traversait la cité de Kouçinârâ, ou Kouçinâgarâ, un forgeron, nommé Kounḍa, lui offrit l'hospitalité et lui servit un plat de chair de porc. Incommodé de cette nourriture grossière le Bouddha put à grand peine continuer sa route jusqu'à la cité de Pâvâ ou Pâpâpurî, sur le territoire des Mallas, et à bout de forces, fut contraint de s'arrêter pour la nuit dans un bosquet d'arbres Çalas (Shorea robusta) ou on lui fit un lit avec les manteaux de ses disciples. Comprenant que sa dernière heure avait sonné il passa la plus grande partie de la nuit, malgré ses souffrances, à instruire ses disciples, les adjurant à plusieurs reprises de lui soumettre leurs doutes, s'ils en avaient, tandis qu'il en était encore temps. Enfin comme le jour allait paraître, il s'étendit sur le côté droit, la tête tournée dans la direction du nord, et s'endormit de son dernier sommeil, ou, pour employer le terme consacré, « entra dans Nirvâna ».

Ses disciples, aidés d'une foule immense accourue des villes et des villages environnants, lui préparèrent des funérailles somptueuses. Suivant la légende tous les princes de la terre, ceux des Nâgas, les dieux et des représentants de tous les êtres de la création y assistèrent. Mais quelque fussent leurs efforts, il fut impossible de mettre le feu au bûcher. Tous les moyens avaient été mis en usage inutilement lorsque arriva le grand Sage Mahâ-Kâçyapa, désigné pour être le successeur du maître (Ânanda était mort peu auparavant). A peine Mahâ-Kâçyapa eut-il fait hommage au Bouddha que le bûcher s'enflamma de lui-même. Ce qui resta du corps et des cendres du bûcher fut pieusement conservé comme reliques et partagé entre les disciples et les monarques présents aux funérailles.

Dans l'Inde, religion et philosophie sont intimement liées ; on peut même dire que la philosophie est la véritable base de la religion puisque c'est sous son action que l'antique naturalisme védique s'est transformé progressivement au point de perdre absolument son caractère primitif. Le Bouddhisme, lui aussi, est un produit philosophique. Il a ses racines dans le système du Sañkya de Kâpila, le grand matérialiste.

Kâpila enseigne l'éternité de la matière et nie Dieu en tant que créateur par la raison qu'il ne pouvait créer qu'à la condition de posséder le désir ; mais le désir excluant la puissance, puisqu'il est une passion et parconséquent une cause d'infériorité et de faiblesse, il est impossible que Dieu ait eu la puissance de créer. « La matière, Prakriti — la racine sans racines — est la cause éternelle de toutes choses, et renferme la promesse et la puissance (virtualité) de tous les objets quelque soit leur nature et leur forme ». Cette matière inanimée et insensible (ajiva) a pour contrepartie le principe intelligent et sensible (Jiva ou Pourousha) qui constitue l'âme. L'association de l'âme et de la matière est la cause du mal, et l'extinction du mal est le but suprême que doit viser l'âme. Elle ne peut être délivrée de son association avec la matière que par la science ».

Imbu des principes de l'école Saṅkhya, le Bouddha devait naturellement les introduire dans son enseignement, et plus audacieux que son maître qui considère l'autorité des Védas comme une limite infranchissable, poussant jusqu'au bout les conséquenses de ces principes il ne pouvait pas hésiter à rejeter avec l'autorité surannée du Véda tout ce qui constituait la base de la société et de la religion brâhmanique, la caste, le sacrifice et le despotisme sacerdotal. Les dieux eux-mêmes sont emportés dans la débacle, on ne trouverait pas dans tous ses nombreux discours une seule trace d'un acte d'adoration envers ces puissances qu'il paraît tenir en très médiocre estime, si nous en croyons le Dharma-Tchakra-Sûtra. Le but unique de son enseignement est de conduire les créatures au bonheur parfait par la destruction du mal qui dévore le monde, mal fatalement lié à l'existence et devant éternellement se reproduire avec elle. Son dogme fondamental peut se résumer en ces termes : — « Toute existence est un mal ; car la naissance enfante le chagrin, la souffrance, la décrépitude, la mort. — La vie présente n'est pas la première ; d'innombrables naissances l'ont précédée dans les siècles antérieurs. — La production d'une nouvelle existence est la conséquence du désir des objets existants et des actions agrégées en une succession ininterrompue depuis le commencement de l'existence. La propension aux plaisirs de la vie produit le nouvel être ; les actes des existences précédentes (Karma) déterminent la condition dans laquelle ce nouvel être devra naître. Si ces actes ont été bons, l'être naîtra dans un état de bonheur et de distinction ; au contraire, s'ils ont été mauvais, l'être est destiné à un état de misère et de dégradation. — L'annihilation absolue des conditions et douleurs de l'existence s'obtient par une domination complète de la passion, des désirs et des sensations naturelles ». — » La douleur, dit-il, les gémissements, la misère, la maladie, la vieillesse, la mort et nombre d'autres maux existent. Quelle en est la cause ? La naissance. — La naissance est une conséquence du devenir. Le devenir dépend de la matière. Celle-ci est produite par le désir, et le désir par la sensation. La sensation, à son tour, provient du contact (avec quelque chose qui est perçu). Ce contact a lieu par ce que l'on a des organes des sens, et ces organes sont le propre des êtres organiques. Or un être organique existe par son nom et par sa forme, et parconséquent est un produit de la conscience (de l'existence des choses). Celle-ci dépend des impressions et les impressions sont le fruit de l'illusion. L'illusion (Mâyâ) est donc la cause de l'existence et il faut, pour mettre fin à l'existence qui entraîne à sa suite la maladie, la mort et toutes les misères, lui enlever son fondement ou sa raison d'être. Cela ne peut se faire que par le contraire de l'illusion, c'est à dire par la connaissance ou la science ».

Or la connaissance ne peut s'acquérir que par la compréhension de quatre aphorismes désignés sous le nom des « *Quatre Vérités Excellentes* » (Aryani Satyani) qui sont la base de toute la doctrine du Bouddha :

1° *La Douleur*. La douleur est inséparable de l'existence, donc l'existence est un mal.

2° *La Production*. L'existence est produite par les passions et les désirs qui troublent l'âme, et agissant sur les sens provoquent la naissance de nouveaux êtres.

3° *La Cessation*. L'extinction des passions et des désirs détruit la puissance des sens, empêche la naissance de nouveaux êtres, et met fin à l'existence.

4° *Le Chemin*. Révélation de la voie ou des moyens qui conduisent à la cessation.

Cette révélation comprend l'énoncé de *Huit Bons Chemins* par lesquels on arrive à la destruction des passions et des désirs et par conséquent à la cessation de l'existence. Ce sont :

1° La bonne opinion ou orthodoxie.

2° Le bon jugement qui dissipe les doutes et les incertitudes.

3° Les bonnes pensées et les bons discours.

4° La bonne manière d'agir et de garder dans toute action un but pur et honnête.

5° La bonne manière de vivre, ou de gagner sa subsistance par des moyens honnêtes et sans s'exposer à la souillure du péché.

6° La bonne direction de l'intelligence qui conduit au salut final (littéralement « de l'autre côté de la rivière »).

7° La bonne mémoire qui permet d'imprimer fortement dans son esprit ce que l'on ne doit pas oublier.

8° La bonne méditation (dhyana) qui n'est troublée par aucune distraction, ni par aucun évènement.

Ce sont ces *Quatre Vérités* et ces *Huit Chemins* qui constituent tout l'enseignement du Bouddha. Quelque soit le sujet qu'il traite, quelque soit l'incident qui amène son discours ou son sermon, il y revient toujours, les présentant sous toutes les formes imaginables, se répétant jusqu'à satiété, comme pour mieux les faire pénétrer dans l'esprit de ses auditeurs. C'est là ce qu'il appelle « tourner la *Roue* (Tchakra) de la Loi », voulant peut être indiquer par ce terme que pour être bien comprise et porter tous ses fruits la Loi doit être prêchée constamment, dans les mêmes termes, sans interruption, ses articles se suivant et s'enchainant de même qu'un cercle n'a ni commencement, ni interruption, ni fin. Mais, d'un autre côté, le mot Tchakra a habituellement le sens de « disque de guerre », l'arme de jet par excellence chez les anciens Indous, et, par assimilation, de « foudre » l'arme des dieux, ce qui permet de le comprendre dans ce sens que « la Loi est l'arme par excellence contre les démons et contre les passions ».

On a souvent reproché au Bouddhisme d'être une religion athée. Ce reproche n'est pas absolument fondé, car dans tous ses enseignements le Bouddha parle des dieux du Brâhmanisme comme s'il en admettait pleinement l'existence. Seulement il nie que la création soit leur œuvre, les dépouille de leur toute puissance et les représente comme de simples fonctionnaires chargés (il ne dit pas par qui) de veiller au bon ordre et à la conservation de l'Univers. Brahmà, Indra, Roudra, ainsi que les autres divinités moins importantes, existent toujours, mais ils ne sont plus éternels, pas même immortels. Ce sont des ascètes, des saints, des héros, qui ont obtenu par leurs mérites de siéger pendant un certain nombre d'années sur le trône de l'un des cieux, mais qui devront abandonner ce poste supérieur pour revenir sur la terre achever leur carrière et mériter par la pratique des vertus soit une nouvelle intronisation, soit le passage au rang plus élevé de Bodhisattva et de Bouddha. Brahmâ et Indra, ce dernier surtout comme roi des dieux, jouent les rôles les plus importants dans la légende bouddhique, les autres ne sont guère que des comparses insignifiants. La prééminence donnée à ces deux divinités au détriment d'Agni, de Varouṇa, de Soma, etc., nous prouve que le Bouddhisme ne fit son apparition qu'à une époque où le Brâhmanisme avait déjà complètement détrôné le Védisme, de même que l'absence des dieux du Brâhmanisme sectaire indique qu'il n'était pas encore question de cette forme de religion lorsque Çâkya-Mouni prêchait sa doctrine et en discutait les dogmes avec les docteurs qu'on lui dépêchait pour le confondre.

Chez les Bouddhistes le rôle que remplissent les dieux dans les autres religions est tenu par les Bouddhas. Les Bouddhas sont des hommes élevés au rang divin et à l'immortalité par la vertu, la science et la charité. Ils ne sont du reste pas tous égaux et ne possèdent pas les mêmes pouvoirs selon qu'ils appartiennent à l'ordre des Pratiéka-Bouddhas ou à celui des Bouddhas parfaits. Le Bouddha parfait, dont Çâkya-Mouni est le type le plus accompli, ne se préoccupe pas seulement de son propre salut, mais de celui du monde entier. L'esprit de charité universelle qui l'anime lui fait une loi de propager parmi toutes les créatures (car un Bouddha s'adresse aussi bien aux démons et aux animaux qu'aux hommes) les vérités que lui a révélées son intelligence, vérités éternelles, enseignées dans tous les temps par tous les Bouddhas, qui peuvent être obscurcies et momentanément méconnues au milieu des erreurs et des crimes de l'humanité, mais qui finissent toujours par triompher de l'indifférence et de l'aveuglement du monde. Une fois entré dans le Nirvâna, il est délivré à tout jamais de l'obligation de renaître, mais aussi il ne lui est plus possible de revenir sur la terre par la raison que le corps matériel (Nirmânakâya) et le corps sémi-matériel (Sambhogakâya), qui servent d'enveloppe à l'âme et lui permettent de se manifester extérieurement, sont irrévocablement détruits à l'instant de l'entrée dans le Nirvâna. Il conserve néanmoins sa personnalité et continue à s'occuper des affaires du monde et de la propagation de la foi en inspirant les fidèles et surtout les Arhats et les Bodhisattvas qui le remplacent sur la terre. La carrière du Pratyéka-Bouddha est beaucoup plus modeste. Il possède bien, à la vérité, toutes les vertus, a acquis toute la science et exercé toutes les œuvres de charité qui mènent à l'obtention de la Bodhi; mais arrivé à ce moment suprême soit par lassitude, soit par défiance de lui-même, soit par un reste d'égoïsme mal réprimé, il renonce à la lutte, aux fatigues, aux déboires inséparables de la prédication, et satisfait d'avoir accompli pour son propre compte l'œuvre difficile du salut, il laisse à d'autres le soin de diriger les créatures, renonce à être une *Bénédiction pour le monde* et entre de suite dans le Nirvâna, ainsi que nous avons vu Mâra le conseiller à Çakya-Mouni. Mais aussi sa situation dans le Nirvâna est bien inférieure à celle des Bouddhas parfaits. Il n'a aucune action sur la marche de l'Univers, et il semble que pour lui l'état de Nirvâṇa soit bien réellement le néant, ou l'anéantissement dans le sein de cette âme universelle qui n'est pas déterminée mais que l'on devine pourtant dans le dogme bouddhique. Il ne peut y avoir qu'un seul Bouddha parfait dans chaque Kalpa ; aussi n'en connaissons nous que vingt-quatre, dont quatre dans la période actuelle d'existence du monde. Les Pratyéka-Bouddhas sont illimités en nombre et nous en compterons jusqu'à mille dans les traditions du bouddhisme du nord, ou de l'Ecole Mahâyana.

Immédiatement au dessous des Bouddhas se trouvent les Bodhisattvas. Bien supérieurs aux dieux, possédant de pleins pouvoirs sur le monde, dont ils peuvent suspendre et changer les lois, les Bodhisattvas sont des hommes parvenus à l'extrême limite de la sagesse. Aspirants Bouddhas, n'ayant plus qu'une existence terrestre à vivre pour s'affranchir de la transmigration, ils attendent dans le ciel Toushita le moment de s'incarner une dernière fois pour devenir Bouddhas parfaits ou Pratyéka-Bouddhas. Leur nombre est illimité. La piété bouddhique classe dans leurs rangs tous les bienfaiteurs de l'humanité, sans compter nombre de personnages imaginaires qui personnifient les vertus cardinales de la religion, comme, par exemple, Avalokiteçvara représente la charité et Manjouçri la science. La plupart des prêtres fondateurs de sectes ou supérieurs de couvents sont placés parmi les Bodhisattvas.

S'il diminue le prestige des dieux, en revanche le Bouddhisme accorde une importance plus grande aux génies et aux démons. Il les multiplie et en invente même de nouveaux, probablement par concession aux croyances superstitieuses du peuple. Les uns sont supérieurs aux hommes, comme les Nâgas, génies-serpents habitants des mers et de l'espace intermédiaire entre la terre et le ciel, qui reçurent du Bouddha des enseignements que les hommes n'auraient pas été en état de comprendre et devinrent pour cette raison de fermes soutiens de la foi bouddhique. Les autres, au contraire, Asouras. Yakshas, Rakshasas prennent un caractère démoniaque plus accentué et deviennent de véritables ennemis du progrès et du salut de la race humaine. D'autres, enfin, ne sont que les misérables condamnés par leurs crimes aux supplices variés de l'Enfer, comme, par exemple, les Prétas, démons toujours affamés, possesseurs de corps gigantesques, mais dont la bouche trop petite ne peut recevoir qu'une quantité dérisoire d'aliments. Tous ces démons, d'ailleurs, ne font que subir une peine plus ou moins longue, plus ou moins dure, et peuvent, une fois leur dette payée, devenir hommes, dieux, Bodhisattvas et même Bouddhas. L'espérance, ce dernier bien du misérable, n'est interdite à personne, pas même aux damnés.

Du moment que le Bouddhisme refuse à la divinité toute participation à la création, il doit fatalement admettre l'éternité et l'indestructibilité du monde, ou tout au moins de ses éléments, et parconséquent nier la création elle-même. Pour lui le monde, ou l'univers, n'est pas créé, il est formé. Voici comment.

La matière inanimée et insensible (ajiva) par suite de son attraction naturelle vers le principe animé et sensible (jiva) produit d'elle-même, suivant des lois constantes et d'une façon absolument identique les mondes de l'univers. Cette création spontanée passe par quatre périodes successives de formation, de développement, de déclin et de destruction, suivies d'un repos chaotique d'une durée égale aux quatre périodes réunies, après quoi la création recommence fatalement la même. Chacune de ces quatre périodes a une durée de 84000 ans. C'est ce qu'on appelle un Kalpa.

Au moment de la destruction, qui s'opère par le vent et le feu (les Bouddhistes n'ont aucune tradition du déluge, preuve que ce mythe est d'introduction étrangère et récente) tout ce qui existe rentre dans le néant du chaos, sauf les êtres privilégiés qui ont atteint le Nirvâna, gardiens vigilants de la tradition et de la foi bouddhique qu'ils feront fleurir en temps voulu pour le salut des mondes à venir.

Cet Univers ainsi formé par l'action réciproque de la matière, Prakriti, et du principe animé, Pourousha, se compose de trois régions, subdivisées en dix mondes.

— La région supérieure ou céleste qui comprend : 1° le monde des Bouddhas, ou Nirvâna ; 2° le monde des Bodhisattvas, ou Toushita ; 3° le monde des dieux, ou de Brahmà (le Svarga des Brâhmanes) auquel préside Indra.

— La région moyenne ou terrestre, composée de : 1° le monde des génies supérieurs et des Nâgas, qui habitent les espaces compris entre le ciel et la terre ; 2° la terre, ou monde des hommes.

— La région inférieure divisée en cinq mondes. 1° le monde des génies inférieurs et des Asouras ; 2° le monde des démons Yakshas et Rakshasas ; 3° le monde des génies affamés, ou Prétas ; 4° le monde des animaux ; 5° le monde des enfers divisé en huit étages superposés.

Il ne faut pas confondre ces dix mondes avec les

dix quartiers de l'univers qui sont : le nord, l'est, le sud, l'ouest, le nord-est, le nord-ouest, le sud-est, le sud-ouest, le zénith et le nadir. A chacun de ces dix quartiers préside un génie spécial que l'on nomme Mahâ-Râjà, ou *grand-roi céleste.*

La terre elle-même, comme chez les Brâhmanes, se compose de quatre continents séparés les uns des autres par des océans. L'Inde, Jamboudvipâ, est le plus important de ces continents ; c'est le centre du monde terrestre. Au milieu du Jamboudvipa s'élève le mont sacré Mérou, dont les pentes sont habitées par les Nâgas et plusieurs autres ordres de génies bienfaisants.

D'après ce que nous venons de dire des idées bouddhiques relatives à la formation du monde par l'action réciproque de la matière inanimée et du principe spirituel vivant (véritable âme universelle), il est évident que les bouddhistes croient à l'immortalité de l'âme individuelle, particule infinitésimale et indestructible de ce principe spirituel. Par le fait de son association avec la matière elle contracte une souillure qu'il lui faut laver par de nombreuses existences, jusqu'à ce qu'elle ait acquis assez de mérites pour être digne d'entrer dans l'éternel repos du Nirvâna. Le nombre, la condition de ces existences est réglé par le Karma ou conséquence des actes bons ou mauvais que chaque être commet. C'est la transmigration à peu près telle que nous l'avons vue dans le brâhmanisme. L'âme s'élève par ses vertus, et partie de l'ordre le plus inférieur des êtres, elle monte les degrés de la création, jusqu'à devenir Dieu, Arhat, Bodhisattva et Bouddha ce qui est le terme final, la délivrance, le salut. Mais si la vertu l'élève le vice l'abaisse et en punition de ses crimes elle peut redescendre plusieurs échelons dans l'ordre des créatures, revenir même à un corps d'animal ou être précipitée dans les enfers. Seulement tout espoir n'est pas perdu. Toutes ces punitions résultats fatals des actes, l'enfer même, ne sont que temporaires et l'âme purifiée par l'expiation peut regagner tout le terrain perdu et aspirer même au rang suprême de Bouddha. Il en est, du reste, peu parmi les personnages divinisés que cite la légende bouddhique, qui n'aient eu dans leur carrière quelques accidents de ce genre. Les livres bouddhistes nous donnent tout un code de ces châtiments avec l'énoncé des crimes qui les occasionnent, mais il serait trop long de les énumérer ici. Disons seulement, en passant, que tous les malheurs de la vie, maladie, infirmités, misère, sont considérés comme la conséquence et la punition fatale de fautes commises dans des existences précédentes.

Quand l'âme a accumulé dans ses diverses existences assez de mérites pour obtenir de sortir du cercle de la transmigration, elle entre dans le Nirvâṇa. Nous avons déjà vu qu'elle ne pouvait y parvenir qu'en s'élevant à la dignité de Pratyéka-Bouddha, ou de Bouddha parfait. Il est assez difficile de définir le Nirvâṇa, le véritable paradis des Bouddhistes, car le Bouddha lui-même s'est montré fort peu explicite sur ce point, et les Pères de l'Église bouddhique ne sont pas d'accord sur sa nature. Selon les uns, c'est un lieu de béatitude céleste, suivant les autres c'est un état d'anéantissement absolu. En ce qui concerne la première opinion, nous croyons pouvoir dire que le Nirvâṇa n'est pas un lieu, mais bien un état particulier, car nombre d'auteurs affirment que l'on peut jouir du Nirvâṇa, même en cette vie. Nous ne pensons pas, non plus, que Nirvâṇa soit le néant, ou du moins nous croyons qu'il y a lieu de distinguer. En effet, les Bouddhas parfaits ne sont pas anéantis dans le Nirvâṇa. Ils conservent leur personnalité distincte, s'occupent de la direction et de la préservation du monde, veillent à la conservation et à la propagation de la foi bouddhique, inspirent et soutiennent les défenseurs de cette croyance, et, s'il ne leur est pas permis de revenir sur la terre, ils s'y font représenter par les Bodhisattvas quand le salut du monde le réclame. Pour les Pratyéka-Bouddhas qui ont volontairement renoncé à concourir à la salvation des êtres pour ne s'occuper exclusivement que de leur propre salut, il semble qu'on puisse admettre que le Nirvâṇa soit bien le néant. A notre avis le Nirvâṇa peut se définir : un état d'anéantissement des passions qui sont les causes de la perpétuité de l'existence, soit par ce qu'elles condamnent l'âme à renaître pour expier les crimes qu'elles ont provoqués, soit par ce qu'elles sont les agents actifs de la production de nouvelles existences en poussant à la perpétuation des divers ordres d'êtres animés. Mortes les passions, l'existence n'a plus lieu d'être. Quoiqu'il en soit, celui qui a obtenu Nirvâṇa ne peut plus renaître, même le voulut-il, ni se manifester sur la terre sous une forme quelconque. Il est délivré à jamais de la vie et de ses maux.

Mais Nirvâṇa est difficile à atteindre. Bien peu ont assez de courage pour entreprendre une tâche aussi ardue. Pour ne pas cependant décourager les bonnes intentions, encore qu'elles ne soit pas très énergiques, on a inventé un Paradis inférieur, l'heureuse contrée de Soukhavâtî dont, il faut bien l'avouer, il n'est pas question dans l'enseignement original de Çâkya-Mouni, ou du moins qui n'y paraît que dans un seul

Sûtra que nous avons tout lieu de croire apocryphe et d'introduction relativement récente, le Soukhâvatî Vyûha-Sûtra. Soukhâvatî est située bien loin à l'ouest du monde ; c'est un lieu de béatitude relative que les livres de l'école Mahâyana décrivent avec les couleurs les plus séduisantes de la palette orientale. Soukhâvatî est un immense lac d'eau toujours pure et fraiche, entouré de jardins délicieux ; de ce lac surgissent d'immenses fleurs de lotus aux mille couleurs, qui servent de trônes aux élus. L'air y est tiède et embaumé du parfum des fleurs les plus exquises ; les oiseaux les plus mélodieux le font retentir jour et nuit de leur chant ; les orchestres divins charment les oreilles des bienheureux, tandis que leur vue est réjouie par les chœurs des danseuses célestes (Apsaras). Les élus qui y parviennent ne sont cependant point délivrés absolument de l'obligation de la renaissance, ils ne peuvent y résider que pendant un certain temps (quelque milliers d'années) et doivent revenir sur la terre pour finir leur carrière.

La peine de l'enfer, nous l'avons déjà dit, n'est pas éternelle. Elle est proportionnée, comme durée et rigueur, aux fautes commises. Il y a huit enfers, dont la description varie suivant les sectes, mais où toujours le supplice du feu joue le plus grand rôle. Le dernier et le plus terrible de tous est le Rorâva. Un dieu, Yâma, préside à ce séjour de tortures. Impassible exécuteur du Karma, il distribue les peines suivant les actes accomplis pendant la vie, actes qui sont consignés sur un registre par quatre génies et fidèlement reproduits au moment du jugement dans un miroir divin. Deux serviteurs sont toujours à ses ordres. Ce sont eux qui amènent devant son tribunal les âmes des trépassés. Ce dieu

Yâma est le dieu védique des morts, mais il a perdu lui aussi, le caractère naturaliste de divinité solaire que lui donnait le Véda, et on l'a fait passer du ciel en enfer probablement parce que jadis le soleil, demeure de Yâma, était aussi celle des morts.

Comme on a pu le voir par ce que nous en avons dit, l'enseignement du Bouddha est presque exclusivement moral et ne constitue guère une religion dans l'acception stricte du mot, puisqu'il n'est question d'aucun dieu dont l'adoration s'impose. Çâkya-mouni parle souvent de vénération et d'actes respectueux envers les vingt-trois Bouddhas ses prédécesseurs et particulièrement les trois derniers : Kakouçanda, Dipankara, et Kâçyapa, comme de pratiques particulièrement méritoires et influentes pour l'obtention du Nirvâṇa ou d'une condition supérieure dans une nouvelle existence, mais nulle part il n'en fait une obligation. Il n'institue aucun culte, ne prescrit aucun sacrifice, ni aucune cérémonie religieuse. Ce n'est que plus tard, après sa mort, que ses disciples organisèrent et imposèrent un véritable culte à son profit. En acceptant, comme il le fait, les divinités brahmaniques réduites au rang qu'il leur donne, il nous prouve qu'à l'époque de la fondation du Bouddhisme, le sens naturaliste de ces mythes était déjà perdu pour le vulgaire et peut-être même pour la plupart des gens instruits, mais qu'à défaut de la compréhension de la véritable valeur de ces abstractions anthropomorphisées l'habitude et la superstition leur avaient donné dans les croyances populaires une place et une vénération telles qu'il eut été inutile et peut-être dangereux de les attaquer ouvertement.

Du moment que sa loi était purement morale il ne

pouvait être question de catégories de privilégiés, et de fait, on ne voit point qu'il ait établi quelque différence entre ses disciples laïques et ses disciples ascètes ; les aumônes, les largesses, la piété des uns contrebalançaient comme mérite les austérités des autres ; la bienveillance et la sollicitude du Boudha était la même pour tous ses auditeurs ; c'était affaire à chacun d'acquérir par la piété et l'assiduité aux leçons du maître, la science qui élève au-dessus du monde matériel. Il était même ennemi des austérités exagérées il avait coutume d'exhorter ses auditeurs à éviter également les deux extrêmes. « L'un de ces extrêmes est d'être esclave des jouissances sensuelles, ce qui est vulgaire et grossier, indigne d'une noble nature et d'un sage, et a des conséquences funestes. L'autre est de rechercher la mortification, ce qui est assujetissant et indigne d'une noble nature et d'un sage, et a des conséquences funestes. La voie moyenne, intermédiaire entre les deux, donne la lumière et la connaissance et mène à la pleine sagesse et au salut ». Néanmoins, et peut-être malgré lui, le pessimisme qui faisait le fond de son enseignement, et, représentant l'existence comme la source de tous les maux, concluait naturellement à la nécessité de mettre fin non à l'existence actuelle (le suicide est le plus grand des crimes) mais aux existences futures et à la naissance de nouveaux êtres, la continence et la chasteté qu'il prônait comme vertus éminentes, la supériorité que donnait à l'ascète dans la recherche de la science le renoncement aux soucis, et aux travaux de la vie du monde, enfin l'exemple même du maître, et le besoin qu'il éprouvait d'avoir pour la propagation de sa doctrine des adeptes dévoués et dégagés de tous liens humains, amenèrent fatalement la constitution d'un groupe d'auditeurs choisis, zélés jusqu'au fanatisme et résolus à renoncer à toutes les joies et les douleurs de la famille et du monde pour se consacrer exclusivement à l'œuvre de leur propre salut et de la propagation de leur foi. Le monachisme était fondé.

En réalité la constitution du monachisme bouddhique date des premières conversions opérées par le Bouddha, elle existait virtuellement à partir de l'initiation des cinq ascètes d'Ourouvilva. Toutefois, dans le début, il n'existe pour les disciples aucune règle conventuelle. Tous ceux que le maître daigne admettre à l'initiation vivent en commun sur le pied d'une égalité parfaite, le suivent dans ses pérégrinations afin de ne rien perdre de ses leçons, à peu près comme le faisaient en Grèce les élèves des philosophes, des rhéteurs et des sophistes. Comme il prenait pour base de sa doctrine le détachement des choses et des affections du monde et n'admettait d'autre supériorité que celle de la science et de la vertu, il imposait aux disciples qui quittaient le monde pour s'attacher à lui un vêtement uniforme des plus simples — une robe de coton teint en jaune ou en rouge brun, telle qu'en portaient les mendiants — juste suffisant pour la décence et la protection du corps contre le froid et la chaleur. Pour leur apprendre l'humilité et la modération dans leurs appétits, et afin que nul souci de l'existence matérielle ne vint les détourner de leurs exercices spirituels, il les obligeait à se contenter de la nourriture qu'ils obtenaient en mendiant, selon l'usage du reste de tous les religieux de ce temps. Ils allaient ainsi en troupe de ville en ville pendant toute la belle saison, et lorsque les pluies d'hiver les forçaient à s'arrêter les membres de la

MOINE BOUDDHISTE.
Dessin de F. Régamey (Musée Guimet, n° 4783).

congrégation se logeaient chez les habitants pieux et charitables du lieu où ils se trouvaient, profitant de cette hospitalité pour catéchiser leurs hôtes et se réunissant chaque jour autour du maître pour recevoir son enseignement. Ce ne fut qu'assez tard, et grâce à la libéralité du sage maître de maison Ânathapiṇḍada, que le Bouddha put faire construire dans le parc de Jétavaṇa le premier monastère, *Vihara*, qui servit de modèle à tous ceux qui s'élevèrent dans les principales stations hivernales de la confrérie errante. Ces monastères primitifs n'étaient guère que des caravansérails, des lieux d'abri pendant la mauvaise saison. Ils se composaient d'une salle commune pour les repas et les réunions et de cellules pour les moines. Plus tard on y adjoignit une chapelle et une bibliothèque. Adversaire convaincu de la puissance et de la tyrannie sacerdotale dont les Brâhmanes faisaient si lourdement peser le joug sur l'Inde, Çâkya-Mouni était sans doute loin de prévoir le développement exagéré que devait bientôt prendre dans sa religion l'institution monacale, son action envahissante et la puissante organisation hiérarchique qu'elle allait se donner aussitôt après sa mort.

Il avait, cependant, fatalement jeté les bases de cette hiérarchie. Entouré d'une foule de disciples toujours grossissante, malgré les restrictions mises à l'acceptation dans la confrérie (il ne recevait comme initié aucune personne de moralité douteuse, et exigeait l'autorisation expresse et spontanée des parents quand il s'agissait de jeunes gens), ne pouvant suffir à les instruire tous, il avait organisé une sorte d'enseignement mutuel en chargeant les plus avancés de l'instruction des novices, et établi parmi les initiés quatre classes correspondant à leur degré de science. Les débutants sont des *Çrotapatti* « ceux qui sont entrés dans le chemin ». L'initié de second rang prend le nom de *Sakridagamin* « celui qui naîtra encore une fois ». Le troisième rang est l'*Anagamin* « qui ne naîtra plus »; et le quatrième celui des *Arhats* « vénérables », qui ont déjà un pied dans le Nirvâna. De plus, il avait été amené, le nombre des initiés croissant sans cesse, à les diviser en groupes à la tête de chacun desquels il avait placé un Arhat, c'est à dire un de ses disciples les plus instruits, Ânanda, Mahà-Kâcyapa, Çâripoutra, Maudgalyâyana, etc. C'est cette organisation qui devait plus tard servir de base à la formidable hiérarchie bouddhique qui ne craignit pas de se mesurer avec les rois et conquit à sa foi l'Asie presque entière jusqu'au cœur de la Sibérie.

Ainsi composée, l'église bouddhique prend le nom de *Sangha*, l'assemblée, la réunion de tous les fidèles (quelques auteurs restreignent cependant le Sangha au conseil des Arhats ou chefs de la congrégation) et devient une des trois parties de la *Trinité* bouddhique connue sous le nom de « les Trois Joyaux » ou « les Trois Trésors » — Bouddha, Dharma, Sangha « le Bouddha, la Loi, l'Eglise ». — L'expression consacrée « chercher refuge dans les Trois Trésors » signifie « embrasser la foi bouddhique ».

Comme presque tous les fondateurs de religions Çâkya-Mouni n'a rien écrit. Il n'en avait pas le temps. Et son enseignement tout verbal paraît avoir aussi souvent été provoqué par des incidents imprévus, des questions, etc., que préparé par son auteur. Après sa mort, ses disciples continuèrent cette même méthode, avec la différence toutefois qu'ils ne pouvaient que répéter les leçons de leur maître telles qu'ils se rappelaient les avoir entendues, en y ajoutant seulement les explications et les commentaires qu'ils croyaient indispensables. Mais ce système a de graves inconvénients dont on s'aperçut bientôt. Des divergences d'opinion, de forme et même de dogme qui surgirent entre les disciples devinrent assez sérieuses pour menacer de schismes la religion nouvelle et nécessiter la réunion d'un concile à Vaiçalî, à peine cent ans après la mort du Bouddha. C'est dans ce premier concile que fut, dit-on, arrêtée la doctrine bouddhique et que l'on décida de la fixer par l'écriture. Toutefois il semble que ce ne fut que dans le second grand concile, celui de Râjà-griha, cent cinquante ans plus tard environ, que le canon bouddhique put être définitivement arrêté.

Sous sa forme définitive l'Écriture bouddhique comprend trois parties :

Sûtra (Soutra) ou doctrine ;

Vinâya ou discipline ;

Abhidharma ou métaphysique.

L'ensemble de ces trois parties constitue ce qu'on appelle le *Tripitaka* « les trois Corbeilles » nom qui vient sans doute de ce qu'on rangeait dans des corbeilles les feuilles de palmier qui, en ce temps, remplaçaient le papier.

Invariablement ces trois parties se présentent sous la forme de discours ou de conversations avec divers auditeurs, ordinairement quelqu'un des grands disciples du Bouddha, précédés d'un court récit énonçant en quel temps, en quel lieu et dans quelles circonstances ils ont été prononcés. Quelquefois ce sont des contes relatifs aux existences précédentes du Bouddha lui-même ou de différents personnages et destinés soit à expliquer un point du dogme, soit à rendre plus frappants les avantages de la vertu et de la charité, ou les terribles conséquences des actes criminels. Plus tard, à ces livres déjà fort volumineux, vinrent s'ajouter de nombreuses histoires de la vie du Bouddha et une masse énorme de commentaires, ainsi que l'exposé des théories philosophico-religieuses particulières aux diverses écoles qui ne tardèrent pas à se fonder. Aussi la littérature bouddhique est-elle une des plus considérables de celles que l'on connaît actuellement.

Les idées si nouvelles et si attrayantes de liberté, de charité, la promesse du bonheur et du repos final au moyen de pratiques et d'observations mises à la portée de toutes les bonnes volontés devaient naturellement amener au bouddhisme de nombreuses recrues, et lui assurer un progrès rapide. De son vivant, l'éloquence entraînante, irrésistible du Bouddha, la force de sa dialectique, son enthousiasme lui avaient attaché une foule de sectateurs appartenant à tous les rangs de la société, et si nous en croyons les écritures bouddhiques, des rois eux-mêmes comptaient au nombre de ses convertis. Sa mort n'arrêta pas le mouvement commencé. Suivant ses instructions dernières, ses nombreux disciples se répandirent dans toute l'Inde, de l'Himàlàya à Ceylan, et portèrent partout la « Bonne Loi » appuyant leurs enseignements du récit des miracles dont ils disaient avoir été les témoins. A ce moment, pour les grands, comme pour les petits, pour les souverains eux-mêmes, le Bràhmanisme était l'ennemi. Opprimés par la caste puissante et opulente des Bràhmanes, dépouillés par l'avidité insatiable de ce corps sacerdotal pour qui tout était bon à prendre, l'obole du misérable comme les trésors et la puissance des rois, tous accueillirent en libérateurs ces nouveaux prédicateurs. Quelles craintes, quelles suspicions pouvaient inspirer ces apôtres de liberté qui avaient fait vœu de pauvreté et d'abnégation et savaient si bien proclamer que leur royaume n'était pas de ce monde? Aussi s'attachait-on en foule à leurs pas, et les conversions allaient-elles toujours grossissant, sous l'influence de l'intérêt matériel autant et plus peut-être que sous l'impulsion de l'enthousiasme religieux.

L'expansion du bouddhisme progressa donc d'une façon continue, au point que deux cents ans après la mort de son fondateur, il était déjà presque le maître dans la péninsule et avait, sinon détruit, du moins considérablement amoindri l'antique suprématie des Brâhmanes. Un dernier évènement allait mettre le comble à sa fortune si rapide.

Vers l'an 250 avant notre ère l'Inde était au pouvoir d'un souverain de grand talent, mais de basse extraction — il appartenait à la caste des Çoudras — le roi Açoka ou Piyadaçi, petit fils de l'usurpateur Tchandragoupta (Candragupta) le Sandrocotos des historiens d'Alexandre le Grand. La conversion éclatante de ce prince, le plus puissant qui ait régné dans l'Inde depuis les temps historiques, fut le couronnement de l'édifice bouddhique. Forte de l'appui du souverain, l'église n'avait plus de rivalités à redouter. Mais elle ne pouvait rester dans l'inaction sous peine de perdre le plus puissant de ses moyens de succès, de manquer à son devoir le plus sacré, la propagation de sa foi. Sans emploi désormais à l'intérieur, le zèle et l'activité propagandiste de ses moines devait naturellement chercher dans les pays étrangers de nouveaux champs de bataille. Ils organisèrent des missions avec l'appui d'Açoka. Par l'ordre de ce prince, aussi profond politique que fervent adepte, chacune des nombreuses caravanes qui quittaient l'Inde pour aller commercer à l'étranger dut être accompagnée de prêtres bouddhistes emportant avec eux des images et des livres sacrés qu'ils devaient répandre et expliquer aux peuples chez lesquels ils se rendaient. Ils catéchisèrent et convertirent ainsi successivement le Kachmir, le Népaul, la Birmanie, Siam et le Cambodge, et firent fleurir leur foi jusque sur les rivages de Java. Ils pénétrèrent même en Chine dès l'an 65 avant J.-C. ; mais cette tentative prématurée ne paraît pas avoir été couronnée de succès.

La mort d'Açoka fut une perte immense pour le Bouddhisme. L'empire de ce prince se démembra et tomba aux mains de nombreux roitelets qui n'avaient plus la force ou la volonté de prêter à cette religion l'appui qui avait fait sa fortune à l'intérieur et à l'extérieur. Le Brâhmanisme un moment terrassé releva la tête. Instruit par l'expérience il s'efforça de se mettre à l'unisson des idées nouvelles en adoucissant ce que son dogme avait de trop rigide et de trop tyrannique ; il se démocratisa dans la limite de ses moyens et renonçant à d'antiques haines fusionna les deux communions rivales de Vishnou et de Çiva afin de mieux résister à l'ennemi commun. Pour l'opposer à la personnalité séduisante du Bouddha. il inventa Krishna, incarnation de Vishnou, Dieu fait homme pour sauver les hommes, vivant de leur vie, souffrant leurs misères, et combattant à leur profit les bandits et les tyrans fléaux de l'humanité. Enfin il sut s'armer de patience et, vigilant, guetter les fautes de son ennemi pour en tirer avantage. La revanche se fit longtemps attendre, mais elle vint et fut terrible.

Tandis que le Brâhmanisme s'agitait ainsi, le Bouddhisme ne semble pas s'être douté du danger qui le menaçait. Enorgueilli, grisé par son triomphe inespéré, croyant sans doute à l'éternité d'une puissance qui paraissait si solide, confiant dans la protection des princes qui, pendant longtemps encore, lui prodiguèrent faveurs et libéralités, ainsi qu'en témoignent les nombreux actes de donations que l'archéologie a exhumés, il commettait successivement à son tour toutes les fautes qui avaient perdu le Brâhmanisme. Oublieux de son origine et des vœux sévères qui avaient fait sa force et sa raison d'être, ou plutôt les tournant avec une impudente habileté, le clergé bouddhique perd peu à peu son énergie, son activité; la propagande religieuse n'est plus pour lui un devoir sacré, mais un moyen d'acquérir influence et puissance ; voué à la pauvreté, au mépris des richesses et des satisfactions sensuelles, il rêve l'opulence, et la mendicité devient un métier lucratif. Le moine ne peut rien posséder que son vêtement, son lit et son *pâtra* (bol à recevoir la nourriture), mais le couvent, cet asile saint, d'où jour et nuit s'élèvent les prières si nécessaires au salut du monde, peut et doit regorger de richesses. On n'est pas embarassé de trouver des textes à l'appui de cette thèse, des précédents indiscutables puisés dans l'histoire même du Bouddha qui recevait sans scrupule les libéralités des rois et des particuliers. Depuis la mort de Çakya-Mouni on a fait de lui, sauf le nom, un véritable dieu. Il a désormais un culte pour lequel il faut des temples, et des images. Chaque monastère a sa chapelle et rien n'est trop beau, n'est trop riche pour honorer, ainsi qu'il convient, la mémoire de l'homme divin qui a préconisé la pauvreté comme le premier élément de la sagesse et du salut. Quelques années ont suffi aux bouddhistes pour devenir aussi avides, aussi envahissants, et aussi tyranniques que l'avaient jamais été les Brâhmanes.

Ceux-ci surent habilement profiter de la situation, exploiter les mécontentements, détacher peu à peu les rois et les grands revenus de leurs illusions et de leur enthousiasme momentané, puis, le terrain suffisamment préparé, entrèrent ouvertement en lutte. Nous manquons de données sur les phases et les péripéties de cette lutte restreinte d'abord, à ce qu'il semble, sur le terrain de la controverse ; les deux partis rivaux s'attribuant immanquablement chacun la victoire dans chaque rencontre. Un fait certain c'est que les Bouddhistes perdaient du terrain quelle que vigoureuse que fut leur résistance. Nous en avons la preuve dans les récits des deux pèlerins chinois Fa-hian et Hiouen-thsang. Le premier, qui visita l'Inde dans le courant du cinquième siècle de notre ère, trouva prospères et florissants encore les lieux sacrés du Bouddhisme. Deux cents ans plus tard (629-645 A. D.), le second constate avec douleur la ruine et l'abandon de la plupart des sanctuaires. Il est incontestable qu'à un moment donné il y eut persécution de la part des brâhmanes. Cette persécution alla-t-elle jusqu'à l'effusion du sang ? Ou bien le Bouddhisme succomba-t-il faute de champions à la hauteur de leur tâche et sous un revirement de l'opinion publique provoqué par les fautes et la dépravation du clergé ? Quoiqu'il en soit, dès le onzième siècle le Bouddhisme n'existait plus dans l'Inde qu'à l'état de souvenir. De ses fidèles, naguère si nombreux, les uns avaient pris le chemin de l'exil, les autres, moins convaincus ou retenus dans leur patrie par des liens plus difficiles à rompre, s'étaient ralliés à la foi brâhmanique orthodoxe, ou bien s'étaient réfugiés dans les communautés djaines qui paraissent avoir joui d'une tranquillité et d'une tolérance relatives, achetées peut-être au prix d'une soumission apparente à la loi des Castes. Peut-être aussi l'invasion musulmane dans l'Inde contribuat-elle dans une certaine mesure à l'expulsion du Bouddhisme qui dominait surtout dans les provinces du Nord, premières proies de l'envahisseur arabe.

Nous avons vu que, presque au lendemain de la mort de Çàkya-mouni, des divergences sérieuses s'étaient élevées entre les disciples sur le dogme, la discipline et surtout l'interprétation des paroles du Maître, et que le premier Concile, tenu à Vaiçali, s'était trouvé dans l'obligation de condamner déjà un premier schisme.

La loi bouddhique n'étant pas entravée par les barrières infranchissables qui immobilisent les religions révélées, mais étant au contraire par son origine même et son essence une croyance controversiste et libre penseuse, les schismes ou plutôt les écoles philosophico-religieuses devaient tout naturellement se développer en grand nombre à l'entour de son dogme. Elles étaient favorisées d'ailleurs par la multiplicité et la diversité des traditions relatives aux paroles et aux actes du Bouddha. En effet, les disciples de Çàkya-mouni étaient trop nombreux pour pouvoir tous assister ensemble aux mêmes leçons, aux mêmes miracles. Il paraît même que dans les dernières années de sa vie, il les avait divisés sous les ordres de ses principaux apôtres en groupes de cinq cents moines cantonnés dans des provinces différentes et qu'il visitait à tour de rôle pour contrôler la façon dont les délégués s'acquittaient de leur tâche, compléter l'instruction des Bhikshous, relever les erreurs commises et dissiper les doutes ou les incertitudes qui auraient pu leur venir. Et naturellement si le fond de ses discours restait toujours le même, la forme et les arguments variaient à l'infini puisqu'il s'agissait d'improvisations aussi diverses que les circonstances qui les faisaient naître. Plus tard tous les disciples racontèrent ce qu'ils avaient vu et entendu, interprétèrent chacun à sa façon les paroles obscures du Bouddha, en prétendant tous en posséder le véritable sens. De là des contradictions, des discussions, voire même des querelles, qui s'aigrissant par l'entêtement des partis finirent par amener entre les Bhikshous des scissions que l'autorité des Conciles fut impuissante à empêcher.

Nous n'entreprendrons pas de faire l'histoire de ces nombreuses écoles, nous nous bornerons à dire quelques mots des quatre plus importantes, qui donnèrent naissance chacune à plusieurs sectes. Ces quatre écoles portent les noms de : Hinayana, Mahâyana, Prasanga-Madhyamika et Yoga-tchâriya (Yoga-Câriya) ou Kala-tchakra. (Kala-Cakra). Les deux dernières ne sont que des développements du système Mahâyana et peuvent au besoin être fondues avec cette école.

L'École Hinayana « petit véhicule ou petit chemin » prétend avoir conservé le plus fidèlement dans leur simplicité primitive les enseignements du Bouddha, dont elle s'écarte cependant en prétendant que le prêtre seul peut avoir une vertu suffisante pour atteindre au Nirvâṇa. Elle fait de la méditation abstraite une condition absolue pour arriver au salut, sans cependant lui donner une plus grande valeur qu'aux vertus. Elle reconnaît bien les vingt trois Bouddhas antérieurs à Çâkya-mouni, mais réserve à ce dernier tout son culte, et relègue à un rang tout-à-fait inférieur les Pratyéka-Bouddhas qu'elle considère comme incapables d'exercer aucune influence sur le monde, et même d'aider quelqu'un à se délivrer du renouvellement de l'existence. Quant aux Bodhisattvas ils ne peuvent paraître sur la terre en même temps qu'un Bouddha et par conséquent c'est par erreur ou abus que l'on donne ce titre à quelques-uns des auditeurs de Çâkya-mouni. L'école Hinayana n'accorde que le titre d'Arhat aux plus éminents des disciples du Bouddha.

Elle se distingue des autres écoles bouddhiques par sa manière d'interpréter le dogme des *Quatre Vérités* au moyen des *Douze Nidânas* ou Théorie de la connexion causale qui produit l'existence et qui la détruit. Voici comment elle les expose :

« De l'ignorance naissent le mérite et la culpabilité ou démérite ; du mérite et du démérite naît la connaissance ; de la connaissance naissent le corps et l'esprit ; du corps et de l'esprit les *six* organes des sens ; des six organes des sens naît le toucher ; du toucher, ou contact, le désir ; du désir la sensation ; de la sensation l'union avec les objets existants ; de cette union découle le renouvellement de l'existence ; de la reproduction d'existence résulte la naissance ; et la naissance a pour résultats la décrépitude, la mort, la douleur, le chagrin, le dégout ».

« Au contraire, de la cessation de l'ignorance découle la cessation du mérite et du démérite ; de celle-ci la cessation de la connaissance qui entraine l'annihilation du corps et de l'esprit ; sans corps ni esprit point d'organes des sens, partant plus de toucher, plus de désir, plus de sensation, plus d'union avec les objets existants ; en conséquence, plus de reproduction d'existence, plus de naissance, et ainsi sont détruits la douleurs, le chagrin, la mort, etc. »

Le système Hinayana domine exclusivement dans l'île de Ceylan, à Siam et en Birmanie. C'est pourquoi on lui donne le nom de Bouddhisme du sud.

L'école Mahâyana « du grand véhicule ou de la grande voie » appelé généralement Bouddhisme du nord a pour dogme principal la théorie du « vide » (Sûnyatâ) absolu de l'Univers, qu'il serait peut-être plus exact de traduire « Inanité » de toutes les choses du monde périssable. Selon son enseignement, il faut abandonner le monde non seulement parce qu'il est la cause des chagrins, des douleurs, de la vieillesse, de la mort et du renouvellement de l'existence, mais à cause de sa *non réalité* puisqu'il ne contient rien qui puisse satisfaire l'esprit. Il faut non seulement réfréner ses passions et s'abstenir des plaisirs de la vie, mais même se défendre de toute imagination ; car le simple fait de penser à un objet quelconque ou à ses propriétés suffit à empêcher la perfection et l'obtention de la Bodhi. Enfin pour mériter le salut et s'affranchir de la transmigration il faut aux règles ordinaires de la morale ajouter six vertus : Charité, moralité, patience, application, méditation, sincérité. Cette école a multiplié jusqu'à mille le nombre des Bouddhas antérieurs à Çâkyamouni, sous le prétexte que l'univers a existé depuis un temps immémorial comprenant une infinité de Kalpas ayant chacun ses quatre Bouddhas non seule-

AMITÂBHA,
Président du Paradis de Soukhavati.
Bois doré japonais du XIIe siècle (Musée Guimet, n° 3068).

ment sur la terre, mais dans un nombre incalculable d'autres régions habitées. Comme les Bouddhas une fois arrivés dans le Nirvâna ne peuvent plus contribuer au salut des hommes, on se contente de les honorer, de les vénérer, mais on ne leur adresse pas de prières, celles-ci sont réservées pour les Bodhisattvas.

Il est difficile de séparer l'une de l'autre les deux écoles Yoga-tchâriya et Kala-tchakra, cette dernière n'étant guère que l'exagération des principes de mysticisme qui font la base du Yoga, système qui prétend mener à la perfection par la méditation contemplative. Elles admettent tous les principes de l'école Mahâyana en y ajoutant la croyance en une âme universelle, *Alaya*, base de toutes choses, et la négation de l'existence et de la non-existence absolues, ou suivant leurs termes propres « de l'extrême de l'existence et de l'extrême de la non-existence. » Elles donnent aussi une place importante dans leurs dogmes aux évocations et opérations magiques et à l'emploi de formules toutes puissantes appelées *Dharanis* ou *Tantras*.

L'idée d'une âme universelle les a conduit à la conception, peu conciliable avec les idées bouddhiques primitives, d'un Bouddha supérieur, ou souverain, *Adi-Bouddha*, qui n'a ni commencement ni fin, appelé indifféremment Vajradhara et Vajrasattva. Ce Bouddha suprême est le chef des Dhyâni-bouddhas, ou Bouddhas de contemplation, personnages imaginaires inspirateurs et prototypes éternels des Bouddhas humains ou Manoushi-bouddhas. Ces Dhyâni-bouddhas sont au nombre de cinq, correspondant aux quatre Bouddhas humains qui ont déjà paru sur la terre et au Bouddha futur, Maïtreya. Chaque Dhyâni-bouddha a pour aide un fils céleste, créé de sa propre substance par la vertu de la *Dhyâna* ou méditation abstraite, appelé Dhyâni-bodhisattva et chargé après la mort d'un Bouddha humain de continuer son œuvre jusqu'à la venue de son successeur. Le plus connu de ces Dhyâni-Bouddhas est Amitâbha, l'inspirateur de Çàkya-mouni. Il joue un rôle tout particulièrement important au point de vue funéraire, comme président du Paradis de Soukhavâti. Son Dhyani-bodhisattva est Avalokiteçvara, ou Padmapani, le dieu par excellence de la compassion et de la charité.

Le bouddhisme ayant proscrit tout ce qui rappelle le sacrifice, ses cérémonies ne ressemblent en rien à celles du brâhmanisme. Les offrandes ne consistent qu'en fleurs et en parfums ; mais ils y sont employés à profusion. Qu'il s'agisse de cérémonies à l'intérieur du temple, ou de processions, on déploie un luxe merveilleux de guirlandes des fleurs parfumées de l'Orient, on en jonche le sol, on en couvre les images des Bouddhas et des Bodhisattvas patrons des monastères ou des chapelles. Jour et nuit l'encens et le bois de santal brûlent devant les autels illuminés d'une profusion de lampes et de cierges, et au milieu de cette buée parfumée le prêtre prosterné devant l'autel ou la châsse du bienheureux psalmodie trois fois par jour les paroles consacrées qui doivent conduire le monde au salut. Leurs offices ressemblent d'une façon si frappante à la messe catholique que le P. Antonio Georgi entreprit de prouver que le bouddhisme n'était qu'une corruption de ce culte. Les bouddhistes connaissent l'usage de l'eau bénite qu'ils emploient en lustrations pendant leurs offices, pour les exorcismes, et dont ils aspergent les fidèles en manière de bénédiction. Ils pratiquent également la confession aux époques de grandes fêtes, surtout la confession publique à la porte du temple.

Les prières, pour les prêtres, ne sont généralement que des hymnes de louange aux Bouddhas et aux Bodhisattvas. Quant aux fidèles il oublient les principes de leur religion jusqu'à demander aux Bouddhas non seulement leur assistance dans l'ordre spirituel, mais même leur intervention pour obtenir des biens matériels. Dans le bouddhisme du Nord surtout, la prière est devenue une rogation, et certaines formules pieuses passent pour avoir une action impérative sur le Bouddha lui-même ; telles sont celles que l'on appelle Dharanîs. Pour qu'elles soient efficaces il faut, non seulement ne pas en changer un mot, car chaque lettre a sa valeur, mais les prononcer avec l'intonation et le rythme voulu. La plupart des prières bouddhiques ne sont que de simples phrases, telle que par exemple la célèbre prière « Om mani padme hum » (O le joyau dans le Lotus) ou l'invocation des bouddhistes du Nord « Namo Amitâbha Bouddha ». Très souvent elles se récitent comme les litanies catholiques, le prêtre prononçant une formule et l'assistance répondant par un verset correspondant. Le chant qui les accompagne est une véritable psalmodie.

Le prêtre bouddhiste est tenu à célébrer au moins deux actes d'adoration par jour. Le fidèle laïque, occupé par ses obligations mondaines, n'est obligé qu'à une prière matinale qui, réglementairement, doit être accompagnée de la lecture de quelques passages des saintes écritures. Seulement il est avec cette règle des accommodements. Nombre de fidèles ont des occupations absorbantes qui ne leur laissent guère le temps de vaquer à leurs devoirs religieux, d'autres plus nombreux encore ne savent pas lire, et pour eux on a inventé le *moulin à prières* sorte de cylindre renfermant des passages des livres sacrés et tournant sur un axe ou pivot intérieur. Il suffit de faire tourner cet instrument ; chacune de ses rotations, accompagnée bien entendu d'une invocation mentale, équivaut à la lecture complète de tout les textes renfermés dans le cylindre.

Les livres sacrés du Sud de l'Inde sont écrits en pâli, dialecte prâkrit proche parent du sanskrit. Ceux qui sont usités dans le Nord et dans les contrées extra indiennes sont traduits en sanskrit, qui est devenu de ce fait la langue sacrée du bouddhisme, mais qui n'est compris que du clergé. Encore beaucoup de prêtres les lisent-ils par routine sans en comprendre un mot.

Nous avons dit, à propos du brâhmanisme, qu'il était douteux qu'il y eut des temples dans l'Inde antérieurement à l'avènement du bouddhisme. La tradition indoue, d'accord sur ce point avec l'archéologie, attribue aux bouddhistes la fondation des premiers temples et même l'initiation de l'Inde à l'art de la sculpture et de la peinture. Si nous en croyons les récits des pèlerins Chinois Fa-hian et Hiouen-thsang les temples bouddhiques auraient été excessivement nombreux dans l'Inde au Ve et VIe siècles. Aujourd'hui la plupart ont disparu. Il ne reste que ceux dont s'est emparé la religion brâhmanique après en avoir expulsé les premiers possesseurs. Il parait probable que les premiers édifices de ce genre furent des temples souterrains tels que ceux d'Ellora, de Salsette, etc. où l'on retrouve encore nombre de vestiges bouddhiques. Il ne reste également plus de traces des innombrables

mKha-sGrô-ma,
Déesse de la destruction.
Bronze tibétain (Musée Guimet, n° 491).
Gravure sur bois du Magasin Pittoresque.

monastères qui ont dû couvrir le sol de l'Inde. Ceux qui existent aujourd'hui à Ceylan, à Siam, en Birmanie, se composent d'agglomérations de bâtiments séparés par des cours et groupés autour d'un temple ou d'une chapelle. Ces édifices contiennent généralement un certain nombre de cellules occupées par un ou quatre prêtres, un réfectoire, une salle de réunion et une bibliothèque. Dans quelques monastères souterrains les cellules contiennent plusieurs rangées d'alvéoles creusées dans la pierre, superposées comme les cadres dans les navires, disposition que l'on retrouve dans certains asiles secrets des premiers chrétiens, notamment à Salzbourg.

Les images bouddhiques sont fort nombreuses, non seulement dans les contrées ou fleurit actuellement cette religion, mais même encore dans l'Inde, Elles sont faites en tous matériaux, métaux précieux, bronze, marbre, pierre, bois, porcelaine et terre cuite, peintures sur toile ou sur papier. Quelques unes nous révèlent un art admirable, telles que par exemple les quatres magnifiques statues de la Bactriane que possède le Musée de Berlin et deux statues de Java du Musée du Trocadéro. Nous parlerons en temps voulu de celles du Tibet, du Japon et de la Chine. Ces images représentent le Bouddha, des Bodhisattvas, des prêtres célèbres et vénérés comme saints, des dieux, des génies et des démons, personnages qui se reconnaissent facilement les uns des autres par leurs traits consacrés, leurs attributs et les animaux qui leur servent de symboles.

Le Bouddha est généralement figuré sous les traits d'un beau jeune homme d'environ dix huit à vingt ans, imberbe, les cheveux courts et bouclés ; sa tête est surmontée d'une protubérance, ou bosse de sagesse appelée Ousnisha ; (Usniša) au milieu du front il porte une pierre précieuse (Urnâ), ses oreilles sont longues, et reposent quelque fois sur les épaules. Il est debout, couché ou le plus souvent assis les jambes croisées sur un lotus, symbole de pureté. Quelque fois sa poitrine est ornée du *svastika* 卍, (symbole de bonheur selon l'explication actuelle des prêtres bouddhistes, mais que nous croyons plutôt être l'antique représentation du feu ou du soleil sous la forme des deux âraṇîs), et plus rarement du *çrivatsa* ✤ figure qui est particulièrement consacrée à Vishnou. Il est vêtu d'un manteau, *Kéça*, jeté sur l'épaule gauche et laissant nues l'épaule droite et la poitrine. La position de ses mains, très importante à constater, indique l'occupation à laquelle il se livre. La main droite levée est le geste de l'enseignement. Les deux mains jointes et appuyées contre la poitrine expriment l'amour de l'humanité. Reposant l'une sur l'autre sur les genoux, la paume en l'air, ou bien les deux index repliés et appliqués l'un contre l'autre elles figurent la méditation. La main droite posée sur le genoux droit la paume en dehors indique la charité. Souvent il tient dans sa main gauche ou sur ses deux mains croisées le *pâtra* (lat. *patera*) bol à recevoir les aumônes. Fréquemment le lotus sur lequel il est assis est porté par des lions quelquefois il est accompagné de deux paons. Derrière sa tête se déploie une auréole ou gloire tantôt ronde, tantôt radiante et le plus souvent en forme de feuille de figuier, en souvenir du figuier sacré Bo, sous lequel il a atteint la Bodhi.

Les Bodhisattvas sont presque toujours assis sur un lotus dans la même posture que les Bouddhas. Leur tête est couverte d'une couronne à cinq feuilles imitant celle du figuier et souvent ornées de figures de dieux ou de bouddhas. Leur auréole est presque toujours ronde ou à rayons, très rarement en forme de feuille de figuier. Des animaux divers leur servent de monture : lions, éléphants, tigres, etc. Ils ont souvent plusieurs bras, (en signe de puissance), dont les mains tiennent divers objets, armes, instruments de musique, pagodes, étendards, etc. Ces objets servent à reconnaitre le personnage à qui l'on a affaire. Ainsi Maudgalyâyaṇa est assis sur un lion et tient une épée et un livre ; Çàriputra a pour monture un éléphant et pour attributs un lotus et un livre ; Avalokiteçvara a ordinairement dix-huit bras et ses attributs caractéristiques sont : le livre, l'épée, l'étendard, la pagode, la foudre (Cakra ou Vajra) et la bouteille. Il est souvent accompagné d'un phénix.

Les prêtres se reconnaissent facilement à leur tête rasée. Il est rare qu'on leur donne l'auréole. Leurs attributs habituels sont : le foudre avec lequel ils combattent les démons, le pâtra, le livre, le lotus, et une sorte de chasse-mouche ou de balai à longs crins.

Les Bouddhistes sont très dévots aux reliques. Lorsque le Bouddha fut mort et son corps brûlé, on fit, dit-on, quatre vingt quatre mille parts de ce qui resta de ses ossements et des cendres du bûcher. Ces reliques distribuées aux assistants furent disséminées par eux dans toute l'Asie orientale ou un nombre égal de temples construits à cet effet durent les recevoir. La dévotion à ces reliques est extrême. Il n'est pas de miracle qu'on ne leur attribue. Du Bouddha cette vénération s'étend jusqu'aux prêtres, aux reliques desquels on consacre des monuments spéciaux appelés *Stoupas*. Ces stoupas ont généralement la forme d'une colonne cylindrique peu élevée, creusée pour recevoir les reliques et aussi les offrandes que les fidèles y apportent, reposant sur une base carrée et terminée par une calotte hémisphérique. Quelquefois les reliques sont simplement déposées dans un tumulus.

Tous les lieux où se trouvent des reliques, les temples ou les monastères célèbres, surtout au Tibet, sont devenus des pélerinages très fréquentés. Les fidèles s'y rendent ou isolément ou en troupes, et ces pélerinages sont presque toujours l'occasion de fêtes et de réjouissances populaires, ce qui ne contribue pas peu à entretenir leur faveur. Il y a tels monastères autour desquels se tient une foire continuelle alimentée par le flot incessant des dévots ou peut-être des amateurs de distractions. Le clergé qui en tire d'abondantes aumônes ferme les yeux sur les désordres qui peuvent s'y produire et cherche à entretenir par tous les moyens possibles ce courant qui est pour lui un véritable Pactole. Un des grands attraits de certains de ces pélerinages est la représentation de drames religieux, véritables *Mystères*, dans lesquels le clergé inférieur ne dédaigne pas de jouer un rôle. Il semble du reste que ces réunions tendent de plus en plus à perdre leur caractère pieux pour devenir des prétextes à divertissements d'un côté, et de lucre de l'autre.

La persécution, ou le motif quelconque, qui a chassé le Bouddhisme de l'Inde a probablement contribué puissamment à lui donner l'empire du monde oriental en réveillant son activité et en stimulant son esprit de propagande. Partout où il porta ses pas il fut bien accueilli. La modestie, la douceur, l'humilité de ses prêtres leur créait des sympathies, et patiemment, lentement, ils faisaient leur chemin. Tolérants, éclectiques, ils ne blessaient aucune conviction ; respectueux des gouvernements ils ne soulevaient aucune méfiance. Peu à peu on s'habituait à eux. Les splendeurs de leur culte, leurs brillantes cérémonies attiraient la foule toujours prête à se laisser prendre au spectacle des yeux ; la profondeur et la subtilité de leur philosophie séduisaient les dilettantes de controverses. Pour les besoins de son culte le Bouddhisme attirait à lui les artistes de toutes sortes, architectes, sculpteurs, fondeurs, orfèvres, peintres, contribuant ainsi puissamment au développement de l'art et de l'industrie. Ses principes de morale et de douceur ont exercé une influence des plus heureuse chez les peuples sauvages, cruels et dissolus où ils se sont établis et qu'ils ont réussi à civiliser et à moraliser. Mais d'un autre côté son organisation monacale, surtout son institution de la mendicité ont été une cause de ruine et de désorganisation sociale pour toutes les nations dont les gouvernements n'ont pas eu la sage précaution de les tenir fermement en lisières.

Les théories du système Mahâyâna et de ses deux sous-écoles se sont répandues dans tout le nord de l'Asie, au Tibet, en Chine, en Mongolie, au Japon. C'est pourquoi on lui donne le nom général de Bouddhisme du Nord par opposition au système Hinayâna appelé bouddhisme du Sud. Nous étudierons plus tard, quand il sera question de chacun de ces pays, les particularités du Bouddhisme de la Chine et du Japon, qui ont emprunté aux croyances et aux superstitions locales, de nombreuses idées inconnues au Bouddhisme indien et nous nous contenterons, pour le moment de dire quelques mots du Bouddhisme

Tibétain qui a plus de rapports avec celui de l'Inde.

Le bouddhisme paraît s'être introduit au Tibet dès le IVe siècle de notre ère, mais sans grand succès. Ce ne fut guère que sous le règne du roi Srongstan Gampo (617-698) qu'il devint réellement la religion du pays. Là plus que partout ailleurs il subit l'influence des croyances locales et des superstitions populaires qu'il s'assimila largement, sans doute pour lutter plus facilement avec la religion nationale que l'on désignait sous le nom de *Bon*. On ne sait presque rien de cette religion probablement démoniaque. A plusieurs reprises des réformes furent tentées pour dégager le bouddhisme Tibétain de ces superfétations superstitieuses, mais sans résultat. La dernière eut lieu au commencement du XVe siècle. L'état actuel de la religion de ce pays nous prouve que son succès ne fut pas plus grand, ni plus durable que celui des tentatives précédentes.

Le bouddhisme Tibétain adore Çâkya-mouni sous nom de *Çâkya-thub-pa*, mais en lui accordant seulement un rang secondaire. Au-dessus de lui ils placent les cinq Dhyani-bouddhas et les cinq Dhyani-bodhisattvas (voir page 189) avec leur chef le Bouddha suprême qu'ils nomment *Dorjesempa*, traduction Tibétaine du sanskrit *Vajrasattva*. Parmi ces divinités supérieures l'objet principal de leur culte est le Dhyani-bouddha Amitâbha (Od-pag-med), l'inspirateur de Çâkya-mouni, qu'ils mettent souvent à la tête des Dhyani-bouddhas en remplacement de Vajrasattva. Amitâbha remplit un rôle important surtout au point de vue funéraire comme souverain du Paradis de Soukhavâtî. C'est le sauveur par excellence et la simple invocation de son nom au moment de la mort suffit pour assurer l'entrée à Soukhavâtî.

PADMA-PANI,
Dieu protecteur du Tibet.
Cuivre doré Tibétain (Musée Guimet, n° 2502).

L'importance accordée à Amitâbha rejaillit naturellement sur son fils spirituel Avalokitèçvara, qui sous le nom de Padmapani ou Cenrési est devenu le protecteur spécial du Tibet. Collaborateur assidu de Çàkya-mouni, c'est lui qui, depuis la mort du Bouddha, continue son rôle de protecteur du monde et de la foi bouddhique. Suivant la légende tibétaine, Padmapani naquit d'un rayon de lumière émané de l'œil droit d'Amitabha. A peine fut-il créé que sa charité inépuisable et sa compassion pour les hommes se manifestèrent par la résolution qu'il prit de les sauver tous de l'enfer, résolution accompagnée du vœu solennel de mourir s'il ne pouvait réussir. Aussitôt il entra en méditation, et par la vertu de cette divine méditation toute puissante tous les êtres habitant l'enfer furent sauvés. Mais à la grande confusion du dieu à peine ceux-ci étaient-ils sortis qu'une foule plus nombreuse de coupables se précipitait pour les remplacer. La douleur et la honte de son impuissance l'accablèrent et sa tête se rompit en mille morceaux. A la vue de son fils mort Amitâbha accourut, et recueillit les morceaux de sa tête ; mais ne pouvant les rajuster il fut obligé d'en faire onze nouvelles têtes. C'est pourquoi Padmapani est toujours représenté avec onze têtes disposées en pyramide. Pour le consoler de son échec Amitâbha lui promit qu'à la fin des temps tous les hommes seraient sauvés par la vertu de son amour et de sa charité.

A côté des Bouddhas, les Tibétains adorent tous les dieux acceptés par le bouddhisme indien ; mais leur vénération et leur culte s'adressent surtout à une série de dieux qu'ils appellent Dragsheds dont la fonction principale est de combattre les démons. Parmi ces Dragsheds les plus importants sont Yabyum-chud-pa, une forme de Çiva, la déesse Lhamo (Dourgâ), le dieu Tšang-pa (Brahmà) et enfin le chef de tous, Chakdor ou Vajrapani (Vishnou). Ces dieux sont particulièrement acharnés contre les démons à cause des mauvais tours que ceux-ci leur ont joués. Les démons portent les noms de Da, Gei, Lhamayin et Doudpo. Les plus redoutés sont les deux derniers groupes, les Doudpos surtout serviteurs du dieu de la mort.

La religion du Tibet appartient à l'école Mahâyana-yoga-tchârya dont elle a adopté tous les principes et les dogmes, et bien que l'assimilation qu'elle s'est faite de toutes les anciennes superstitions locales, l'importance exagérée qu'elle a donné à l'emploi des formules mystiques, à la magie, à l'astrologie et à la démonologie soient assez curieuses à étudier en détail, nous n'aurions pas grand chose à en dire, au point de vue de cette étude générale et rapide du bouddhisme, si ce n'était la forme toute particulière qu'elle a prise depuis le quinzième siècle, forme désignée sous le nom de Lamaisme.

En 1417 le lama (*blama* « prêtre ») Tsonkhapa étant supérieur du monastère de Galdan à Lhassa entreprit de réformer la religion et de la délivrer des superstitions et des abus qui s'y étaient glissés. Il acquit une telle réputation de sainteté qu'il fut considéré comme une incarnation de Cenrési (le Bodhisattva protecteur du Tibet) et à sa mort la grande autorité et la réputation dont il jouissait se reportèrent sur ses successeurs qui prirent le titre de Dalaï-Lama, et exercèrent un pouvoir spirituel absolu sur tout le clergé Tibétain, en vertu de la croyance que le Dhyâni-Bodhisattva Cenrési se réincarne dans chaque Dalaï-Lama. Ils ont bien un rival dans le Panchen-Rinpoche, évêque indépendant de Tashil-hunpo, mais l'autorité et surtout le prestige de ce dernier n'ont jamais pu égaler la puissance des successeurs de Tsonkhapa. Le pouvoir religieux ne leur suffisant pas les Dalaï-Lamas s'attaquèrent au roi du Tibet lui-même. En 1640, avec l'aide des Mongols, ils parvinrent à déposer ce roi, et depuis lors le Dalaï-Lama réunit dans sa main tous les pouvoirs spirituels et temporels.

La victoire du Dalaï-Lama fut le signal d'un développement extraordinaire de la vie monacale au Tibet ; ce qui eut pour résultat de ruiner le pays en le transformant en un vaste couvent. Tout appartient au clergé qui loue les terres, ou les fait cultiver à son profit par les habitants, véritables serfs. On comprend quelles terribles conséquences doit avoir un semblable état de choses.

Incarnation du Dhyâni Bodhisattva Cenresi, le Dalaï-Lama est forcément infaillible et son autorité religieuse ou politique ne saurait être discutée sans crime de lèse-religion. On lui donne aussi le nom de Bouddha-vivant. Lorsqu'un Dalaï-Lama meurt son successeur est élu par le clergé supérieur, qui reconnaît à certains signes et miracles celui en qui Cenrési a choisi de s'incarner. Au dessous de lui sont les Khampos, sorte de cardinaux, qui forment sa cour et qu'il nomme pour un temps déterminé à la direction supérieure des grands monastères. Les couvents de moindre importance nomment eux-mêmes leurs supérieurs qui portent le nom de *Lamas* (*blama*), les simples prêtres ou moines sont des *ge-longs*. C'est par pure courtoisie que le titre de Lama a été étendu à tous les membres du clergé tibétain, de même que chez les catholiques celui d'abbé auquel il correspond du reste de tout point. Tous les moines ne sont pas obligés à résider dans les couvents. Un certain nombre d'entre eux vivent en ermites dans les montagnes, et d'autres se fixent dans les villages, à l'état de prêtres libres, pour y remplir les fonctions de leur ministère envers les habitants laïques ; mais tous sont forcés d'être immatriculés dans un monastère, où ils doivent se présenter à époques fixes pour rendre compte de leur conduite. Des peines, souvent très sévères, leur sont appliquées, surtout lorsqu'il s'agit de violation du vœu de célibat.

Le Tibet nous présente donc ce spectacle unique d'une contrée absolument monacale et régie par un pape, non seulement infaillible, mais personnifiant même la divinité principale, et chose plus extraordinaire encore son autorité s'étend en dehors des frontières de son empire sur la plupart des populations de la Chine septentrionale et de la Mongolie converties jadis par les missionnaires Tibétains. A Pékin même on compte dix huit monastères lamaïques renfermant douze mille moines.

Aujourd'hui, ainsi que nous l'avons déjà dit, le Bouddhisme règne dans presque toute l'Asie orientale, où il compte près de 400 millions de fidèles. Il a un pied en Sibérie par les Bouriats et en Russie par les Kalmouks. Selon toutes probabilités, il est destiné à s'étendre encore. Il a su lutter avantageusement contre le plus redoutable des adversaires, le Mahométisme, et se faire une place à côté de toutes les religions nationales en adoptant, et mélangeant habilement à ses doctrines, les croyances et les superstitions locales en vertu de ce principe qu'il proclame « que tout ce qui est bon et bien émane du Bouddha ». Libre de toute entrave doctrinaire,

Tson-kha-pa,
Fondateur du Lamaïsme.
Cuivre doré Tibétain (Musée Guimet, n° 2292).

DOURGÂ,
Déesse de la destruction.
Ivoire indien (Musée Guimet, n° 2264).
Gravure sur bois du Magasin Pittoresque.

CHAPITRE V

Indouisme.

L'Indouisme ou Bràhmanisme sectaire. Son origine et son caractère. — Ses livres sacrés : Pouràṇas, Tantras, Çàstras. — Le Mahàbhàrata et le Ràmàyaṇa. — Vishnouisme et Çivaïsme. La Trimourtî. — Divinités supérieures : Brahmâ, Vishnou, Lakshmî, Avatârs de Vishnou, Ràmà et Krishṇa. Çiva, le Linga, Pàrvatî et Prithivî, Kalî, Dourgà, Bhavànî, Dévî, Ganéça, Skanda. — Divinités inférieures : Indra, Soùrya, Oushas, les Açvins, Varouṇa, Vayou, les Marouts, Agni, Tvashtri et Viçvakarman, Soma, Yàma, Kouvéra. Rishis et Pîtris. Génies et Démons. — Création du monde. Cosmogonie. Kalpas et Yougas. — Immortalité de l'àme. Transmigration ou Métempsycose. Le Svarga. Le Moksha. L'Enfer. — Les Castes. Devoirs religieux et sociaux. — Ascètes, Yogis et Sannyasis. — Ecoles philosophiques. Sectes bràhmaniques. — Temples, Images, Cérémonies, Pélerinages, Sacrifices, Prières. — Causes de faiblesse du bràhmanisme. Tentatives de réformes.

L'indouisme, ou Bràhmanisme sectaire, est cette dernière transformation du bràhmanisme védique qui s'est conservée presque intacte jusqu'à nos jours et constitue la religion actuelle de la plus grande partie des peuples de l'Inde. Ces deux termes n'ont presque pas besoin d'explication, le premier indiquant, par sa forme même, qu'il désigne la croyance nationale des Indous, le second que cette religion a eu pour point de départ et pour but la fusion, au moins apparente, des diverses sectes rivales qui se partageaient le Djamboudvipa au moment de l'éclosion et du développement de leur ennemi commun, le bouddhisme.

L'Indouisme est incontestablement bràhmanique par ses idées, son dogme, sa philosophie, et sa mythologie, en tenant compte toutefois de la déformation inévitable et toujours croissante qui résulte de l'obscurcissement des mythes naturalistes, de l'envahissement des légendes et des superstitions populaires, et de la propension à l'anthropomorphisme propre à toutes les religions. Mais c'est un brâhmanisme modifié dans le sens démocratique, autant du moins que c'était compatible avec son essence, par l'admission de toutes les castes au bénéfice du salut éternel acquis par la pratique des austérités religieuses et par la réception dans la famille bràhmanique, composée — primitivement de la seule race des conquérants Aryas —, de la population autochtone vaincue et asservie. Le brâhmane est bien toujours par droit de naissance l'être privilégié par excellence ; la choquante inégalité des castes persiste bien avec ses déplorables conséquences sociales ; mais tout homme suffisamment pieux et savant peut obtenir, en récompense de ses efforts, d'atteindre le rang de brâhmane, sinon dans son existence terrestre présente, du moins dans une vie future. Concession, à la vérité plus apparente que réelle, faite aux idées d'égalité et de fraternité qui avaient fait la fortune du bouddhisme, et conséquence de l'adoption du dogme bouddhique et djaïn du *Karma* ou rétribution fatale des actes. En effet, selon cette conception nouvelle, la naissance dans la caste brâhmanique n'est plus absolument le résultat d'une création spéciale, d'une origine presque divine, mais bien la récompense de plusieurs vies pieuses, une sorte de dernier stage avant l'obtention du bonheur et de la paix éternels dans le sein de l'Ame Universelle. Cependant, toutes les sectes n'admettent pas ce principe. Chez les Vishnouites orthodoxes la suprématie du brâhmane par droit de création est restée article de foi, tandis que chez les Çivaïtes l'accession à l'état de brâhmane est ouverte à tous. Ces derniers admettent même au bonheur suprême du Moksha ou Moukti les ascètes de toutes les castes (Çiva-bhakta), y compris celle des simples Çoudras, sans les obliger à passer par la condition de brâhmane, ou bien en permettant au kshatrya, au vaiçya et au çoudra de devenir un vrai brâhmane, en cette vie même, par les austérités religieuses.

Par suite de cette modification importante le brâhmanisme perd beaucoup de son étroitesse primitive, et prend un caractère plus général et plus tolérant. Il commence à ne plus regarder les peuples non-aryens comme des barbares et des ennemis des dieux, mais — partant de ce principe qu'au début le brâhmanisme était la religion universelle — comme des frères égarés ayant perdu leur foi faute de brâhmanes pour les éclairer et pratiquer le sacrifice. Le dogme et le culte se modifient aussi profondément par l'introduction d'idées et de traditions nouvelles. Ils deviennent plus populaires. La métaphysique incompréhensible pour la foule fait une place toujours plus large à la légende. Le Véda, base de la religion, torturé et défiguré afin de l'accorder avec les croyances nouvelles, semble presque avoir perdu tout son sens. Le Panthéon, déjà si considérable, s'étend encore pour recevoir une foule de divinités locales que l'on s'évertue à identifier avec les dieux brâhmaniques par le moyen des incarnations, ou Âvatârs, et de filiations des plus fantaisistes à la façon de celles de la mythologie grecque. De nouveaux livres sacrés sont composés en grand nombre relatant les légendes, souvent contradictoires, des dieux adoptés par chaque secte, anthropomorphisés et humanisés au point de prendre les passions et les vices des hommes ; et, chose curieuse, de ce polythéisme exubérant, de cette cacophonie d'idées et de croyances radicalement opposées dont on a voulu quand même faire une unité, il se dégage un sentiment de monothéisme panthéiste qui fait du dieu principal de chaque secte un dieu souverain unique de qui les autres divinités ne sont que des incarnations, des créatures et des serviteurs.

L'Indouisme a naturellement conservé tous les anciens livres sacrés du brâhmanisme. Les Védas sont toujours le recueil sacro-saint de la révélation divine avec leur copieux complément de Brâhmaṇas, d'Oupanishads, d'Âranyakas, de Soûtras, etc. mais on ne les comprend plus et ils ne servent guère qu'aux prêtres. Des livres plus à la portée des masses et plus appropriés aux croyances de l'époque les remplacent. Ce sont les Pourâṇas, les Tantras et les Çâstras, auxquels il faut ajouter les Itihasas, poëmes épiques historico-religieux.

Les Pourâṇas (purâṇa « vieux, ancien »), seraient, à en croire les Indous, d'une antiquité prodigieuse, supérieure, ou tout au moins égale, à celle des Brâhmaṇas. Malheureusement leur style, leur forme et la plupart des sujets dont ils traitent sont incontestablement modernes. On pourrait peut-être, à la rigueur, admettre qu'ils sont le reflet d'anciennes traditions ou d'anciens Pourâṇas actuellement perdus ; mais leur composition, sous la forme que nous connaissons, ne saurait remonter plus loin que les premiers siècles de notre ère. Il en est même qui ne datent certainement, en raison des faits auxquels ils font allusion, que du XIVᵉ ou même du XVᵉ siècle.

Les Pourâṇas sont écrits en Sanskrit et en vers. Invariablement ils ont été dictés par un dieu à un sage qui les a répétés à ses disciples. Ils portent le nom, soit du dieu qui les a dictés, soit de celui dont ils célèbrent les louanges. Ils traitent presque toujours de cinq sujets. 1° création de l'univers ; 2° sa destruction et sa reconstitution ; 3° généalogie des dieux, des Manous (patriarches) et des Rishis ; 4° règnes des Manous (Manvantaras) ; 5° histoire des dynasties royales de race solaire et lunaire. Il y a dix-huit Pourâṇas, dont six Vishnouites, six Çivaïtes et six en l'honneur de Brahmâ. Les six Pourâṇas Vishnouites sont : 1° le Vishnou, 2° le Nâradiya, 3° le Bhâgavata, 4° le Garouda, 5° le Padma, 6° le Varâha-pourâṇa. Les Pourâṇas Çivaïtes portent les noms de : 1° Matsya, 2° Kourma (Kûrma), 3° Linga, 4° Çiva, 5° Skanda, 6° Agni-pourâṇa. Enfin les six suivants sont consacrés à Brahmâ : 1° Brahma, 2° Brahmaṇda, 3° Brahmavaivarta, 4° Mârkaṇḍeya, 5° Bhavishya, 6° Vâmana-pourâṇa. Il y a aussi dix-huit Oupa-pourâṇas (upa-purâṇa « sous pourâṇa »), mais ils sont, pour la plupart perdus et nous n'en connaissons guère que les noms.

Les Tantras (tantra « règle, rituel ») sont des livres religieux, que l'on croit généralement plus modernes que les Pourânas, consacrés surtout au culte des Çaktis, déesses épouses des dieux et personnifiant leur énergie de création ou de destruction. La plupart traitent des diverses formes et des légendes de Dévî, l'épouse de Çiva. Ils sont la base d'un culte très licencieux.

Les Çâstras sont des livres de lois et de règlements tenus pour divinement révélés à divers auteurs tels que Manou, Yadjnavalkya, Atri, Angiras, Âpastamba, Kâtyâyana, Brihaspati, Vyasa, Daksha, Gotama, Vasishtha, Bhrigou, Kaçyapa, Baudhâyana, etc. Cependant ils font partie de la tradition (smṛtî) et non de la révélation (çruti). Les plus connus sont le Manava-dharma-Çâstra, ou code des lois de Manou, et le Grihya-Çâstra (gṛhya-çâstra) qui traite des règles de conduite du père de famille et des sacrifices domestiques.

Les poëmes épiques, Itihasas, tiennent une grande place dans la littérature religieuse de l'Inde moderne, et parmi eux le Mahâbhârata et le Râmâyana nous sont surtout précieux pour l'étude de la mythologie de l'Indouisme. Le plus ancien, le Mahâbhârata, est attribué au sage Vyâsa, le même, prétend-on, que le compilateur des Védas ; mais il est évident qu'il y eut plusieurs Vyâsa, ou bien que ce nom a été appliqué à tous les auteurs inconnus de livres sacrés. On fait généralement remonter la composition du Mahâbhârata au premier siècle avant notre ère. Il se compose de dix-huit chapitres comprenant deux-cent vingt mille vers. Sa ressemblance avec l'Iliade est frappante. Les dieux y interviennent de la même façon, prenant parti chacun pour l'un des ennemis en présence ; ils combattent et reçoivent fréquemment des blessures même de la main de simples

SKANDA,
Dieu de la guerre.
Granit indien (Musée Guimet, n° 5364).
Dessin de Félix Régamey.

mortels. Kṛishṇa surtout joue un rôle absolument identique à celui d'Athéna dans le grand épique grec. Enfin les guerriers se défient avec la même jactance abondante et verbeuse.

Le sujet du Mahâbhârata est la grande lutte entre les deux familles des Kourous (Kuru) ou Kauravas et des Paṇḍavas (fils de Paṇḍu), mais peut-être bien que sous cette fiction — car rien ne prouve qu'il s'agisse d'un évènement historique — se cache la lutte entre les deux religions rivales de Çiva et de Vishnou, lutte qui se termina par le triomphe de Vishnou, au moins dans le Nord de l'Inde.

Les héros du poëme sont les cinq fils du roi détrôné Paṇḍu : Yoûdishthira (Yûdishthira), Bhîma, Ardjouna (Arjuna), Nakoula (Nakula) et Çaka-déva ; mais c'est le troisième, Ardjouna, qui remplit le rôle le plus important et le plus sympathique.

A la mort de leur père les cinq jeunes princes ont été reçus à la cour de leur oncle Dhritarâshtra, chef de la race des Kourous et usurpateur des domaines de Paṇḍou. Ils sont bientôt en butte à la jalousie de leurs cousins, les cent Kauravas, qui tentent de les faire périr en incendiant la maison où ils sont réunis. Sauvés par la perspicacité d'Ardjouna et par la force redoutable de Bhîma qui enferme à leur place les sicaires des Kauravas dans le palais en feu, ils s'enfuient et cherchent un asile dans les forêts. Longtemps on crût qu'ils avaient péri dans l'incendie de leur demeure, mais le roi de Pântchâla (Pâncâla) ayant annoncé dans l'Inde entière un grand tournoi (svayamvara) dont le prix devait être la main de sa fille Draupadî ou Kṛishṇâ « la noire », les cinq frères s'y rendirent déguisés, et Ardjouna remporta la victoire sur tous les concurents. Ils se firent alors reconnaître et Draupadî devint l'épouse des cinq frères, fait qui n'était pas absolument insolite dans l'Inde ancienne. Averti de leur existence, Dhritarâshtra les rappela à sa cour et partagea son royaume entre eux et ses fils. Le règne de Yoûdishthira fut sage et prospère pendant plusieurs années. A cette époque se place la pénitence, ou l'exil, de douze ans que s'imposa Ardjouna en expiation d'une faute religieuse involontaire et qu'il employa à visiter Paraçou-râma (Paraçu-râma), Krishna dont il il épousa la sœur Soubhadrâ (Subhadrâ), et le dieu Agni qui lui fit don de son arc Gândiva en récompense de l'assistance qu'il lui avait prêtée pour incendier la forêt Khândava.

La prospérité des Pândavas ne devait pas être de longue durée. Les Kauravas rêvant toujours de s'emparer de leur royaume provoquent Yoûdishthira à une partie de dés et se servent de dés pipés. Le trop confiant Yoûdhishthira perd successivement ses trésors, son royaume, la liberté de ses frères, la sienne et leur épouse Draupadî. Ainsi dépouillés ils furent condamnés à un exil de treize ans. Tandis que ses frères et Draupadî erraient tristement d'un pays à l'autre cachant sous des déguisements leur rang et leurs malheurs, Ardjouna entreprit de se rendre au Svarga — paradis d'Indra — pour obtenir des dieux des armes divines qui lui assurassent la victoire lors de la guerre de revanche qu'il méditait. En effet les dieux lui donnèrent des armes invincibles qu'Indra lui apprit à manier. A ce moment l'exil des Pândavas touchait à sa fin. Forts de ces armes miraculeuses et de l'appui de Krishna — une des formes de Vishnou — qui consentait à combattre dans leurs rangs comme cocher du char d'Ardjouna, [ils tentèrent aussitôt de reconquérir leur royaume. Vaincus dans une sanglante bataille les cent Kauravas furent tous tués et Yoûdishthira, rétabli sur son trône, gouverna en paix leur royaume et le sien. Cependant le vieux roi aveugle Dhritarâshtra, qui ne pouvait se consoler de la mort de ses fils, avait quitté la cour et s'était retiré dans un ermitage au milieu d'une forêt. Un incendie dévora la forêt et le vieillard périt dans le feu. A cette nouvelle des remords assaillirent les Pâṇḍavas qui, abdiquant, partirent avec Draupadî pour se rendre au ciel d'Indra. Après de durs labeurs et de nombreuses aventures ils y parvinrent et furent admis au Svarga.

Le Râmâyaṇa « Aventures de Râma » est attribué au sage Vâlmiki ; il célèbre comme son nom l'indique les exploits de Râma ou Râma-tchandra (Râma-candra), forme du dieu Vishṇou. La partie la plus importante de cet ouvrage est consacrée à la prise de l'Ile de Lankâ ou Ceylan. Banni pour dix ans de la cour du roi son père, Râma parcourt les forêts avec son épouse Sîtâ et son frère Lakshmaṇa en combattant les démons qui troublent la méditation et les sacrifices des ermites. Un puissant démon, Râvaṇa, roi des Raskshasas « ogres » ayant aperçu Sîtâ devint éperdument épris de sa beauté et résolut de l'enlever à son époux. Tandis que Râma et Lakshmaṇa s'égarent à la poursuite d'un Rakshas qui avait pris l'apparence d'un daim d'or, Râvaṇa surprend Sîtâ sans défense et l'emporte dans sa capitale inexpugnable. Lankâ, Râma et Lakshmaṇa désespérés se mettent à la poursuite du ravisseur sans songer qu'ils sont seuls contre des hordes de redoutables ennemis.

Heureusement que les peuples des singes et des ours arrivent à leur aide. Les singes construisent un pont de rochers entre Ceylan et la terre ferme tandis que le grand singe Hanouman, fils du vent, doué du pouvoir de voler dans les airs, va reconnaître les remparts de l'ennemi. Surpris dans son espionnage il est condamné à périr et par raffinement de cruauté les Rakshasas mettent le feu à sa queue. La douleur lui fait faire un effort si violent qu'il rompt ses liens et d'un bond immense gagne les airs, non sans avoir par vengeance promené sa queue enflammée dans les palais de Ceylan qu'il réduit en cendres. Le pont terminé l'armée des singes et des ours s'empare de Lankâ après une grande bataille dans laquelle Râvana est tué par Râma. Râma rappelé dans son royaume à la mort de son père remonte sur son trône et règne longtemps heureux avec Sîtâ de qui la pureté sans tache a été constatée par l'épreuve du feu.

Dans ce poëme, comme dans le Mahâbhârata, les dieux, les génies, les démons interviennent à tout instant en faveur de l'un ou l'autre parti, et il nous fournit par là de précieux renseignements mythologiques. Il est plus intéressant encore, s'il est possible, comme tableau des mœurs et de la vie sociale de l'Inde au commencement de notre ère.

Dans le chapitre consacré au Brâhmanisme nous avons constaté l'éclipse des vieilles divinités védiques devant des dieux nouveaux plus proches de l'humanité. Ici le même phénomène se produit encore et peut-être même d'une façon plus radicale. Le Véda demeurant toujours le livre sacré par excellence, la base de la religion, ses dieux ne peuvent pas disparaître ; ils seront toujours nommés dans les livres sacrés, ils joueront un rôle, à côté des Rishis, dans tous les poëmes et dans les drames, mais en fait ils sont déchus de leur antique puissance, et si le brâhmane par respect pour les vieux rituels leur rend encore un culte semblable à celui de jadis, il n'y a plus de place pour eux dans le culte populaire. Brahmâ lui-même le premier usurpateur de la gloire des anciens dieux, est renversé de son trône par les deux divinités nouvelles, Vishṇou (Višṇu) et Çiva, qui daignent pourtant lui accorder une sorte de présidence honoraire dans leur association et constituent avec lui la *Trimourti* (tri-murti « trois corps »), la Trinité Indienne : Brahmâ, Vishṇou, Çiva.

Pour se rendre compte du *processus* par lequel ces divinités de rang inférieur ont pu prendre la place des grands dieux védiques il est nécessaire de se reporter à la situation sociale de l'Inde à l'époque des Brâhmaṇas. Nous voyons alors, ou plutôt nous soupçonnons, l'Inde partagée entre deux races hostiles : au nord les Aryas brâhmaniques, les conquérants, tendant de plus en plus à s'avancer vers le sud où ils refoulent les peuples Dravidiens autochtones ; au sud la race Dravidienne, et certainement aussi une race nègre, entretenant une lutte continuelle, mais malheureuse malgré la supériorité de leur nombre, contre l'invasion des Aryas. Cette lutte de races devait naturellement s'exercer sur le terrain religieux aussi bien que politique. Nous ne savons pas exactement ce qu'étaient les religions des peuples autochtones dans leur ensemble, mais elles ont laissé des traces faciles à reconnaître dans les légendes et les superstitions populaires, indépendamment des croyances grossières de quelques peuplades sauvages.

Au moment où le Bouddhisme mettait le brâhmanisme en péril, ce dernier avait certainement fait assez de progrès dans le sud pour donner une forme brâhmanique à la religion de cette contrée, représentée sans doute par le dieu Çiva ; le danger commun réunit ces adversaires irréconciliables ; on se fit des concessions mutuelles et l'on parvint à une fusion, apparente au moins, qui donnait l'illusion de l'unité. Dans cette association Brahmâ représentait le principe créateur, Vishnou le principe conservateur, et Çiva le principe destructeur. Mais chacun de ces derniers se réservant *in petto* la totalité de la puissance, s'assimila Brahmâ en qualité d'émanation, et prit le titre de dieu suprême unique. Ces deux branches du brâhmanisme connues sous les noms de Vishnouisme et de Çivaïsme conservèrent du reste leurs anciennes résidences. Le Vishnouisme fleurit dans le nord de l'Inde et le Çivaïsme domine dans le sud, dualité antagonique dont les dissensions se révèlent même dans les livres dits sacrés : les livres du sud ont presque toujours un caractère tout différent de celui des écritures du nord.

Les dieux de l'Indouisme peuvent se diviser en deux classes d'après le rang qui leur est assigné et l'importance du culte qui leur est rendu : dieux supérieurs et dieux inférieurs. Les premiers exercent un pouvoir universel et une influence générale sur le monde entier ; les seconds sont préposés à la direction de certains phénomènes naturels, au gouvernement de certaines parties de l'univers, de la terre, des eaux, etc., mais en dehors de ces fonctions spéciales leur influence est à peu près nulle, et naturellement ils ne reçoivent guère de culte que de ceux qui ont une faveur à leur demander. La classe des dieux supérieurs comprend les trois personnes de la Trimourti, ainsi que leurs familles, c'est-à-dire leurs Çaktis « épouses » et leurs fils ; dans celle des

ÇIVA TRIMOURTI ET LE LINGA.
Fragment de char de Karikal (Musée Guimet, n° 2365).
Dessin de Félix Régamey.

divinités inférieures nous trouvons presque tous les anciens dieux védiques et nombre de créations nouvelles.

Parmi les dieux supérieurs nous donnons le premier rang à BRAHMA plutôt à cause de son ancienneté que de l'importance de son rôle, car, ainsi que nous venons de le dire, après avoir supplanté à l'époque des Brâhmaṇas Indra et tous les autres dieux védiques, il subit à son tour dans la nouvelle religion une déchéance semblable. De son ancien rang de dieu souverain, éternel, incréé, et tout puissant, de Pourousha (Purusha) et de Pradjapâti (Prajapâti) créateur de l'Univers, père des dieux et des hommes, il ne conserve plus que la qualité d'Ame Universelle, et encore comme esprit ou énergie active et agissante de Vishnou ou de Çiva.

Suivant le Manava-Dharma-Çâstra, Brahmâ naquit d'un œuf d'or déposé par Vishnou (qui est la véritable âme universelle de qui Brahmâ est le souffle ou l'esprit, *brahma*) au sein de l'océan chaotique, et de là lui vinrent les noms d'Hiranyagarbha « dont la matrice est d'or » et de Nàrâyaṇa « qui se meut dans les eaux », noms que nous verrons appliquer également à Vishnou. Lorsque le temps de la création fut venu, la coquille de l'œuf se rompit en deux parties dont l'une constitua le ciel, l'autre la terre et les mondes inférieurs, et Brahmâ en sortit pour procéder à la création des dieux et des hommes.

D'après une autre légende, plus moderne, adoptée par le Mahâbhârata, Vishnou endormi flottait sur l'Océan chaotique couché sur le grand serpent Ananta ou Çesha. A son réveil il résolut de créer. Alors de son nombril il fit sortir un lotus d'or d'où surgit Brahmâ. Aussitôt né, Brahmâ, par la puissance de sa seule volonté procrée à son tour les dieux et leur assigne leur empire. Il place Agni « le feu » sur la terre, Vayou (Vayu) « le vent » dans l'atmosphère, Soûrya (Sûrya) « le soleil » dans le ciel ; à Varouna il donne l'empire des eaux, à Indra la royauté du Svarga, à Yâma le gouvernement des enfers, et la charge de juge des actions des êtres. Mais cette création spirituelle ne lui suffit pas. Possédé de désir il crée de sa propre substance Sarasvatî, — appelée aussi Vatch (vâc) « la parole », Çata-roupâ (çata-rûpâ « qui a cent formes », Brahmî, — et de son union incestueuse avec cette fille de sa chair naît Viradj ou Pourousha (Purusha) « le mâle » qui devient lui-même par son mariage avec Prithivî « la terre » ou Aditi « l'espace » le père des Mahàrishis (Mahâ-r̥ṣis « grands rishis ») ancêtres de la race humaine. Les autres dieux indignés de l'acte de Brahmâ se liguent contre lui et le détrônent. Plus tard c'est Brahmâ qui dictera aux Rishis les hymnes du Véda et inspirera à leurs successeurs les Brâhmaṇas ou commentaires de ces livres sacrés.

Dans les légendes issues d'une tradition populaire postérieure, et dans plusieurs des Pourânas, après sa chute du rang suprême, Brahmâ prend un caractère tout particulier, qui semble du reste commun à presque toutes les anciennes divinités védiques. Sa divinité s'efface et il se présente comme un simple ascète adonné aux plus rigoureuses pratiques de pénitence afin de regagner l'empire du monde. Mais sa chair est faible autant que son esprit est prompt, et trop souvent les Apsaras — ces dangereuses nymphes célestes ou fées — le font tomber dans des péchés de luxure qui lui enlèvent le fruit de ses austérités.

Actuellement le rôle de Brahmà est exclusivement celui de protecteur de la religion, d'inspirateur et de révélateur des vérités divines. Le paradis auquel il préside est dénommé Brahma-loka ou Brahma-Vrindà; tantôt on le considère comme supérieur et tantôt comme inférieur au Svarga; néanmoins il nous semble que ce dernier n'est qu'un asile temporaire réservé surtout aux héros guerriers et aux souverains, tandis que le Brahma-Vrindà serait le paradis définitif, le lieu où s'opère l'absorption de l'âme individuelle dans l'âme universelle. Brahmà est invoqué dans les prières, mais il paraît ne recevoir aucun culte particulier. On ne connaît qu'un seul temple qui lui soit spécialement consacré, celui de Poushkara (Puškara) près d'Adjmir. Par contre il figure dans tous les temples Vishnouites et Çivaïtes et alors il est représenté avec un teint rouge, quatre têtes (il devrait en avoir cinq, mais la cinquième a été consumée par le feu dévorant de l'œil de Çiva), quatre mains chargées d'un sceptre, d'un chapelet, d'un arc appelé Parivita, d'une jarre ou bien d'un livre qui figure le Véda, et monté sur un cygne ou une oie, *hansa*, d'où son nom de Hansa-Vâhana. Cette attribution de l'oie, comme monture à Brahmà paraît assez difficile à expliquer, à moins que ce ne soit le résultat d'une de ces confusions de synonymes si fréquentes dans les écritures orientales, Hansa étant dans l'ancienne langue sanskrite, suivant le Bhagavata Pourâna, le nom de la caste unique alors qu'il n'y avait « qu'un Véda, un dieu et une caste », ou bien encore que l'oie ou le cygne ne soient pris ici comme un symbole solaire au même titre que le canard que l'on rencontre dans plusieurs religions primitives, notamment dans celles de l'Amérique centrale.

SARASVATI, fille et épouse de Brahmà, est la déesse de la parole, de l'éloquence, et de la science. Suivant une légende des Bràhmaṇas, elle concourut à l'œuvre de la création des diverses espèces d'animaux en prenant successivement la forme d'une vache (mythe d'Io chez les Grecs), d'une biche, d'une lionne, etc. tandis que Brahmà se transformait en mâle de chaque espèce. On la représente habituellement avec quatre bras et assise sur un paon, ou bien avec deux bras seulement, jouant de la guitare et assise sur un lotus. Elle personnifie aussi la rivière du même nom, aujourd'hui la Sarsoutî (Sasuti), qui prend sa source dans l'Himalàya et va se perdre dans les sables du désert, et qui fut au temps védique une des frontières du Brahmàvartta, ou pays des Aryas. Dans ce cas on la figure assise sur un lotus et portant un croissant sur sa poitrine en vertu de la croyance populaire suivant laquelle cette rivière prend sa source dans la lune. D'après l'Atharva-véda, Sarasvatî est fille de Kâma, le dieu de l'amour ; selon d'autres légendes elle est la mère de ce dieu et se confond alors avec Lakshmî. Cette confusion n'a du reste rien qui doive nous étonner, car Brahmà lui-même se présente souvent avec les attributs et sous la forme de Vishnou, dont les trois premiers avatârs : en poisson, en tortue et en sanglier sont attribués à Brahmà dans les anciennes écritures.

VISHNOU (Viṣṇu, de la racine *Vis* « pénétrer ») est la personnalité la plus élevée de l'Indouisme. Nous nous rappelons qu'il est déjà nommé dans le Véda où il personnifie l'énergie solaire (légende des *trois pas*) et nous l'avons vu à l'époque bràhmanique entrer en compétition d'importance et se confondre quelquefois avec Indra lui-même.

Maintenant il est devenu sans conteste le souverain, le dieu suprême par excellence, l'âme et l'essence du monde, rôle qu'il doit évidemment à son origine naturaliste de dieu-feu ou essence du feu, l'Agni céleste. Il est l'héritier du grand Asoura védique. Cette origine, cette qualité est, il est vrai, masquée sous l'anthropomorphisme qui en a fait non seulement un dieu personnel, mais même un dieu homme avec toutes les passions de l'homme, ainsi qu'en témoignent les légendes de ses nombreuses incarnations ; mais sous la légende qui s'est ainsi cristallisée autour de son nom il est encore facile de reconnaître l'antique Agni quand on étudie attentivement les récits des Pourânas et des autres recueils modernes des traditions religieuses de l'Inde.

Le caractère dominant de Vishnou est celui *d'âme Universelle*. Toute vie vient de lui et tout doit se résoudre en lui. Les diverses formes et les aventures qu'on lui prête ne sont que des mythes relatifs à ses fonctions variées de générateur, de créateur, de conservateur et de destructeur de la création. Dans les ouvrages de philosophie religieuse il est dépeint comme un pur esprit, éternel, invisible, sans forme tangible, mais pouvant se révéler visiblement aux hommes par ses émanations et ses incarnations ou Avatârs (avatâra), formes visibles et tangibles produites par la puissance de sa Mâyâ « pouvoir, illusion. » Il est présent en tout et partout. Il est à lui seul tous les dieux qui ne sont que des reflets de sa puissance et de sa gloire, des émanations de lui-même revêtues de formes illusoires, ou bien de saints personnages arrivés à la divinité par leurs austérités religieuses, mais ne puisant leurs pouvoirs que dans leur intime union avec lui, de telle sorte que le culte rendu à ces dieux est en réalité un hommage à Vishnou, le dieu unique et multiple. Mais si telle est la conception élevée et presque monothéiste enseignée dans les écrits des penseurs et des sages, la forme polythéiste s'étale sans mélange dans les traditions et les légendes populaires, dans les livres destinés à la foule et même dans les poèmes épiques, et Vishnou est, à la façon de Zeus et de Jupiter, un dieu humanisé, père ou roi des autres dieux, qui commande et agit dans les trois mondes ainsi que pourrait le faire un roi sur la terre. C'est sous ce dernier aspect qu'il se présente surtout dans la mythologie indoue.

Cependant, même dans les poèmes et les légendes Vishnou se prodigue peu personnellement. Lorsque le salut du monde réclame son intervention c'est sous la forme d'une incarnation humaine ou Avatâr qu'il se manifeste sur la terre, ne donnant à cette forme de lui qu'une parcelle de son être, de son essence, et demeurant toujours immuable et serein sur le trône de sa céleste demeure.

Les Pourânas et les légendes le décrivent flottant, au moment de la création, sur l'océan du chaos, couché et endormi sur les replis de l'immense serpent à mille têtes Ananta, Çésha (Çeša) ou Yasouki (Yasuki), symbole de l'éternité, qui est devenu plus tard le roi des Nâgas, ou génies serpents. A son réveil, saisi du désir de créer, il fait sortir de son nombril le lotus d'or sur lequel repose Brahmâ, le démiurge, qui procédera pour lui à l'œuvre de la création. Une fois qu'il a donné naissance au créateur, il se retire au plus haut des cieux dans sa glorieuse demeure de Vaikountha, d'où il ne sort guère que pour combattre les démons qui lui disputent l'empire de l'Univers, ou bien pour se révéler sous la forme d'un beau jeune homme au teint d'or, ou bien noir ou bleu, vêtu d'ornements étincelants, à quelques héros ou saints ascètes qui l'ont évoqué par un sacrifice spécial. C'est ainsi que nous le voyons, dans le Bhâgavata-pourâṇa, apparaître à la fois terrible et bienveillant dans le feu du sacrifice de Nâbhi.

Quelque sublime que soit son rang il est cependant astreint à l'observation des rites brâhmaniques et des exigences du sacrifice ; il se livre même à des austérités religieuses. Etant donnée l'idée que nous nous faisons de la divinité, nous avons peine à nous figurer un dieu obligé, afin de ne pas déchoir, de se livrer à des pratiques identiques à celles qui sont recommandées aux hommes ; mais il ne faut pas perdre de vue que l'Indou ne conçoit pas Dieu à notre manière et que, malgré lui en donnant à Vishnou la puissance suprême il reste encore sous l'influence inconsciente de l'antique conception védique qui faisait du sacrifice et des pratiques de dévotions des actes obligatoires même pour les dieux.

Vishnou est bienfaisant et compatissant et l'action qu'il exerce sur l'univers est celle de conservateur ; néanmoins il détruit pour créer de nouveau selon l'immuable loi de la nature. C'est, comme l'Indra védique son prédécesseur, un dieu guerrier qui combat volontiers, en personne ou sous la forme de ses incarnations, pour assurer la victoire à ses adorateurs. Comme Indra aussi, il est avide de sacrifices. Agni, ou bien Garouda, ses messagers (tous deux personnifications du feu) le préviennent lorsque la flamme s'élève sur l'autel et que la chair des victimes commence à rôtir. Il accourt alors manger le sacrifice *par la langue d'Agni* et *par la bouche des Brâhmanes* ses représentants sur la terre.

Il a mille noms dont l'énumération, faite dans les formes et avec la dévotion voulue, suffit à assurer au fidèle l'entrée dans l'un des paradis. Il nous suffit de retenir les principaux de ces noms, ceux sous lesquels on le désigne le plus souvent : Hari, Janârddana, Nara, Nârâyana, Pouroushottama, Vasoudéva et Yadjnêçvara. Ce dernier nom, qui signifie « Seigneur du sacrifice » nous rappelle l'identité de Vishnou avec l'antique Agni, le dieu du sacrifice védique.

Dans les temples on représente Vishnou sous les traits d'un jeune homme imberbe, au teint noir ou bleu foncé (par réminiscence de la tradition védique qui fait de Vishnou le *soleil noir* ou *sombre* c'est-à-dire éteint ou caché pendant la nuit), à quatre ou à huit bras, coiffé de la tiare royale, vêtu d'habillements royaux, portant sur la poitrine un signe particulier, ou touffe de poils, appelé Çrivatsa, au cou un collier appelé Kaushtoubha (Kauṣtubha), au poignet un bracelet nommé Syamantaka. Ordinairement deux de ses mains se présentent la paume en avant, l'une les doigts relevés et l'autre les doigts inclinés vers la terre (geste de charité et d'enseignement) ; la paume de ses mains est ornée d'un lozange presque carré. Ses attributs sont toujours : une conque marine Pantchàjanya (pancajanya), et un foudre en forme de disque flamboyant, Vadjranâbha (vajranâbha). Il porte aussi quelquefois dans ses autres mains : une massue, Gadâ ou Kaumodakî, — une fleur de lotus, Padma, — un arc appelé Çârnga, — une glaive appelé Nandaka. Tantôt il est debout sur un lotus, tantôt couché sur le serpent Çésha, ou porté sur le dos de l'oiseau Garouda, ou bien assis sur un lotus avec Lakshmî à sa gauche. Quelquefois on lui donne trois têtes comme représentant de la Trimourtî, ou bien d'une ancienne triade analogue à celle d'Indra, Agni et Vayou. Souvent une rivière coule de ses pieds en souvenir de l'origine attribuée au Gange.

Vishnou a pour épouse, ou Çaktî, la déesse Lakshmî (Lakṣmî), appelée aussi Çrî, Hîrâ, Lolâ, Lokamâtâ. Lakshmî est la déesse de la beauté, la Vénus de l'Inde, mais une Vénus pudique, épouse fidèle et dégagée de tout ce que la corruption sémitique a donné de licencieux à la Vénus grecque. C'est aussi la déesse Fortune ; elle porte alors le nom de Lolâ ou de Tchant-chalâ (Cancalâ). On la considère aussi comme la mère du monde, d'où son nom de Loka-mâtâ. Toutes les fois que Vishnou s'incarne, Laksmî prend aussi une forme humaine pour être sa compagne ; c'est ainsi qu'elle devient la Dharanî de Paraçu-Râma la Sîtâ de Râma-tchandra et la Roukmînî de Kṛishṇa. Sa naissance est rapportée de plusieurs manières. Tantôt on la fait naître, comme Aphrodite, de l'écume de l'Océan, tantôt elle surgit dans tout l'éclat de sa beauté du premier sillon ouvert par la charrue de Bhrigou (*Sîtâ* signifie « Sillon »), ou bien elle sort de la fleur épanouie d'un lotus, d'où son nom de Padmâ.

Lakshmî n'a pas de temples particuliers, mais elle figure dans tous ceux de Vishnou et elle est l'objet d'un culte très assidu en sa qualité de déesse de la Fortune. On la représente sous les traits d'une jeune femme aux formes très accusées, quelquefois avec quatre bras et le plus souvent avec deux seulement, par raison d'esthétique. Elle tient habituellement un lotus dans sa main gauche.

Lakshmî est la mère de Kâma, le dieu de l'amour, qu'elle tient souvent dans ses bras ou sur ses genoux rappelant ainsi d'une façon curieuse les images de l'Isis-Hathor égyptienne portant son fils Horus. Cependant la légende prête à ce dieu d'autres origines. Dans le Véda (*Rig et Atharva*) il est le premier né parmi les dieux, un dieu suprême, créateur, fréquemment identifié avec Agni. D'après les Brâhmanas il est issu du cœur même de Brahmâ, ou encore il est le fils de Dharma, dieu de la justice. Mais à l'époque dont nous nous occupons on lui donne généralement pour mère la déesse de la beauté.

Kâma est représenté sous la figure d'un très jeune homme armé d'un arc fait d'un roseau de canne à sucre et de flèches terminées par une fleur en guise de fer. Il a pour monture un perroquet. C'est le chef des Apsaras, ou nymphes célestes, dont le gracieux essaim lui fait habituellement cortège groupé autour de l'étendard du dieu représentant un *Makara*, sorte de dauphin, sur un champ rouge.

La légende de Kâma a la plus grande similitude avec celles de l'Eros grec et du Cupidon romain. Comme eux c'est un dieu malin qui se plaît à faire des ravages dans le monde et ne craint pas de lancer ses traits sur les dieux aussi bien que sur les hommes. C'est ainsi qu'il sut distraire de ses méditations ascétiques le terrible Çiva lui-même ; mais cet exploit lui coûta cher : Çiva d'un seul regard le réduisit en cendres. Cependant, cette vengeance accomplie et sa colère passée, Çiva consentit à rendre la vie à Kâma qui renaquit comme fils de Krishna et de Roukminî sous le nom de Pradyumna. Il épousa alors Ratî ou

Vishṇou Nara-Siṃha,
Déchirant Hiraṇya-Kaçipou.
Fragment de char de Karikal (Musée Guimet, n° 2612).

Réva, déesse du désir et en eut un fils nommé Anirouddha et une fille, Trishâ. Dans les Pourânas et les poëmes on lui donne souvent les noms de Mâyî « trompeur », Mâra « destructeur », Mouhira (Muhira) « qui rend insensé », etc. Ses images sont dans tous les temples et il jouit d'un culte fervent quoique nous ne lui connaissions pas de sanctuaire spécial.

Il est impossible de séparer du mythe de Vishnou l'histoire de ses Avatârs et de ne pas les ranger parmi les grands dieux (quoique la forme humaine qu'ils revêtent en fasse plutôt des héros ou des demi-dieux) à cause de l'importance de leur rôle dans la légende pourânique et du soin que prennent les auteurs d'affirmer que Vishnou lui-même est tout entier en eux. Du reste dans le culte qu'on leur rend c'est Vishnou qu'on adore et, sauf Krishna, ils n'ont aucun temple particulier.

Les Pourânas et les poëmes ne sont pas d'accord sur le nombre des Avatârs ou Incarnations de Vishnou. On en compte souvent jusqu'à trente-deux ; mais généralement on se borne à dix. Ce sont les plus importants et les plus connus. Nous avons vu que l'on attribue aussi à Brahmâ les trois premiers Avatârs de Vishnou et il paraît probable qu'ils lui appartenaient en effet. Vishnou les aura usurpé en même temps que la puissance souveraine de l'ancien dieu brahmanique. Voici ces dix incarnations telles qu'elles sont données dans les Pourânas qui portent les noms de Vishnou et de Bhâgavata.

1º *Matsya* « le poisson ». Il y a deux versions différentes de cette légende. Suivant la version des Brâhmanas la terre était sur le point d'être engloutie sous les flots d'un déluge, lorsque Vishnou, voulant sauver le Manou Vaivaçvata qui devait être le père de la race humaine, prit la forme d'un tout petit poisson pour se faire pêcher par Manou. Une fois dans ses mains il lui demanda la vie et Manou lui donna tous ses soins le gardant d'abord dans un vase, puis le portant successivement, à mesure qu'il grandissait, dans un étang, dans un fleuve et enfin dans la mer, où il prit subitement des proportions tellement colossales qu'il semblait que l'océan même ne saurait le contenir. A ces signes Manou reconnut le dieu et l'adora. Alors celui-ci révéla à son fidèle adorateur l'approche du cataclysme et Manou d'après ses conseils construisit un navire sur lequel il s'embarqua dès que les eaux commencèrent à monter. Le poisson reparaissant alors s'attela au navire au moyen du serpent Çésha (Çésa) enroulé en guise de cable autour de la corne qui surmontait sa tête, et conduisit Manou sain et sauf jusque sur les pentes de l'Himâlâya.

Selon la légende du Bhâgavata-pourâna, la terre avait sombré au fond de l'océan pendant le sommeil de Brahmâ et le géant Haya-griva avait profité de ce moment pour voler le Véda qu'il cacha au fond des eaux. C'est pour recouvrer le Véda et tuer le ravisseur que Vishnou prit la forme du poisson. Le récit du sauvetage de Manou est d'ailleurs ici identique à la précédente version. Il est à remarquer que cette dernière légende est exactement celle de la tradition Chaldéenne du déluge.

Le Matsya-Avatâra est représenté sous les traits d'un personnage moitié homme et moitié poisson tenant dans ses quatre mains les attributs ordinaires de Vishnou.

2° *Kourma* « la tortue ». Vishnou prit cette forme

pour recouvrer plusieurs objets précieux perdus pendant le déluge, parmi lesquels se trouvaient : l'Amṛita (Amṛta) ou eau de la vie, la déesse Lakshmî, la lune, la nymphe Rambhâ la plus belle des Apsaras, Sourabhî la vache d'abondance, l'éléphant Airâvata monture d'Indra, la conque de Vishnou, etc. Ainsi transformé il se plaça sous le mont Mérou (la montagne sacrée). Les dieux attachèrent alors autour de la tortue et de la montagne le grand serpent Çésha ou Vasouki, et s'en servant comme d'une corde barattèrent l'océan jusqu'à ce que les objets perdus revinssent à sa surface.

Suivant une autre tradition, le but de Vishnou aurait été de soutenir la terre détrempée par le déluge et de lui faire de son corps une base solide.

Sous cette forme Vishnou est figuré avec la partie inférieure du corps enfermée dans une carapace de tortue. Il porte ses attributs habituels.

3° *Varâha* « le sanglier ». Le démon Hiranyaksha avait entraîné la terre au fond des abîmes des eaux, Vishnou se changeant en sanglier plongea, attaqua le démon, le tua après un combat de mille années et releva la terre au bout de ses défenses.

Vishnou-Vahâra a une tête de sanglier et porte souvent sur la pointe de ses boutoirs une figure de Parvatî, déesse de la terre.

4° *Narasiṃha* « l'homme-lion ». Un autre démon, Hiraṇya-Kaçipou, roi des Daityas, avait obtenu de Brahmâ en récompense de sa dévotion d'être invulnérable pour les dieux, les hommes et les animaux. Enflé d'orgueil il ne tarda pas à écraser le monde sous sa tyrannie et à menacer les dieux eux-mêmes impuissants à le combattre. Son fils Prahlâda était au contraire un fidèle adorateur de Vishnou. Un jour qu'ils se querellaient au sujet de cette dévotion, le démon frappant violemment une des colonnes de pierre de son palais demanda ironiquement à son fils s'il croyait que Vishnou y fut présent. A ce moment le dieu sortant de la colonne sous la figure d'un homme à tête et à griffes de lion bondit sur le mécréant et le déchira en mille pièces.

5° *Vamana* « le nain ». Nous avons déjà trouvé cette légende dans le Véda. Bali, roi des Daityas (démons des ténèbres), avait conquis par ses austérités l'empire de l'univers entier et menaçait même de dépouiller les dieux de leur puissance et de leur rang (nous ne devons pas oublier que les dieux n'ont acquis le pouvoir et l'immortalité que par la dévotion et les austérités). Dans leur détresse ceux-ci s'adressent au plus subtil d'entre eux, à Vishnou. Sous la figure d'un brâhmane nain, Vishnou vient demander à Bali, à titre d'aumône brâhmanique (dakshina), la possession de ce qu'il pourra parcourir de terrain en trois pas. Ce don lui ayant été accordé, le dieu franchit le ciel du premier pas, du second la terre, et s'arrêtant alors par considération pour les vertus et la générosité de Bali, il lui laisse pour domaine l'empire du monde inférieur, Pâtâla, les Enfers. Suivant le Rig-Véda, dans cette incarnation Vishnou aurait été fils de Kaçyapa et d'Aditi (le crépuscule et l'espace) ce qui indique bien la victoire du soleil levant sur les ténèbres.

6° *Paraçou-Râma* (Paraçu-Râma) « Râma à la hache ». L'histoire de cette incarnation, plutôt héroïque ou historique que mythologique, nous paraît avoir été inspirée par le souvenir d'un conflit sanglant, d'une lutte pour le pouvoir, que dût avoir lieu, ainsi que nous l'avons déjà fait entrevoir, entre les Kshatryas (guerriers) et les brâhmanes (prêtres) à une époque reculée et probablement au début de la période brâhmanique. Les Pourânas la placent en effet dans le Trétâ-youga, ou second âge du monde. Les Brâhmanes gémissaient sous le joug des Kshatryas. Ils s'adressèrent aux dieux, et pour les délivrer Vishnou s'incarna dans la personne de Râma, fils du brâhmane Jamadagni et de Rénukâ. Çiva lui apprit le maniement des armes et lui fit don du Paraçou, ou hache de guerre, qui valut son nom. Sa lutte avec les Kshatryas commença par le meurtre du roi Kàrta-virya coupable d'avoir dérobé à Jamadagni un veau destiné au sacrifice. Les Kshatryas y répondirent en massacrant Jamadagni. Pour venger son père, Paraçou-Râma extermina la race des Kshatryas qu'il vainquit dans trente-sept rencontres, et « remplit de leur sang les cinq grands lacs de Samanta-pantchaka ». Cet exploit accompli Paraçou-Râma donna l'empire du monde au sage Kaçyapa (c'est de cette époque que date la suprématie des brâhmanes dans l'Inde) et se retira sur le mont Mâhèndra (peut-être l'Himâlâya) où le héros Ardjouna vint le visiter pour apprendre de lui à se servir des armes divines et se préparer à combattre les fils de Kourou.

Parmi les faits secondaires de sa légende, les plus connus sont : le meurtre de sa mère Rénukâ coupable d'avoir excité la colère et la jalousie de Jamadagni, à laquelle il rendit ensuite la vie par ses prières ; sa lutte avec Ganéça, le dieu à tête d'éléphant, à qui il coupa une défense d'un coup de hache et enfin sa querelle avec Râma-tchandra, qui avait brisé l'arc de Çiva en l'essayant. Vaincu dans ce combat, Paraçou-Râma, perdit par cette défaite son droit de siéger dans le monde des dieux.

Habituellement on le représente avec deux bras et armé de sa hache. Quelquefois cependant on lui donne quatre bras et il porte alors la hache, la conque, la foudre et la massue.

7° *Râma-tchandra* (Râma-candra) « Râma semblable à la lune ou beau comme la lune ». C'est le héros du Râmâyana, le destructeur des démons. Il n'est pas nécessaire de revenir ici sur sa légende dont nous venons de parler à propos du poëme en question. Rappelons seulement que Sîtâ, l'épouse de Râma-tchandra, est une incarnation de la déesse Lakshmî.

Il n'a ordinairement que deux bras et tient un arc de la main gauche et des flèches dans la droite. Quand il a quatre bras il porte de plus la conque et la foudre.

8° *Krishṇa* (Kṛṣṇa) « le noir ». Cette forme de Vishnou est considérée non plus comme une simple incarnation, ainsi que celles qui précèdent, mais comme un dieu complet, un Vishnou fait homme tout en conservant toute la puissance divine. Aussi lui rend-on un culte divin et lui élève-t-on des temples. Dans la religion populaire actuelle il a même une importance et une dévotion supérieures à celles de Vishnou. Certains auteurs croient que son origine n'est pas absolument mythique. Se fondant sur l'allusion faite dans la Candogya-oupanishad à un Krishṇa, fils de Dévakî, et sur les nombreuses conquêtes qu'on prête au moderne Krishṇa, ils veulent voir en lui un héros, un ancien roi des temps épiques, à qui on aurait attribué plus tard tous les exploits accomplis par des bienfaiteurs de l'humanité portant peut-être également ce nom, et autour duquel à l'époque pourânique se serait groupé le mythe du Krishṇa actuel. Cette hypothèse serait peut-être acceptable au moins en par-

Krishna.

tie, mais comme il est impossible de séparer actuellement les faits historiques de ceux purement mythiques dans les légendes religieuses de l'Inde, c'est seulement au point de vue mythologique que nous allons exposer celle du dieu Krishna.

Le tyran Kança, roi de Mathourâ, qui régnait sur le pays de Bénarès s'était attiré la colère des dieux et la malédiction des brâhmanes pas sa cruauté et ses exactions. Le sage Nârada, en le maudissant, lui prédit qu'un fils de sa nièce Dévakî le tuerait et détruirait son empire. Pour échapper à cette prédiction Kança fit égorger successivement six enfants de Dévakî, et la fit jeter elle-même en prison avec son mari Vasoudéva. C'est alors que Vishnou s'incarna une première fois en Bala-râma fils de Dévakî, que l'on sauva en le faisant passer pour fils de Rohinî, seconde femme de Vasoudéva, et fut confié au berger Nanda, puis une seconde fois en Krishna. Dévakî lui donna naissance à minuit. Les dieux avaient endormi les gardes de la prison et Vasoudéva put emporter l'enfant de l'autre côté de la rivière Yamounâ, chez son fidèle Nanda. Le bruit de cette fuite étant arrivé aux oreilles du tyran, il ordonna de mettre à mort tous les enfants mâles qui paraissaient vigoureux (*massacre des innocents*) ; mais Nanda prévenu avait eu le temps de fuir à Gokoula avec sa famille emportant Krishna et Bala-râma (*fuite en Égypte*) qui furent élevés comme ses propres enfants au milieu des bergers. L'enfance de Krishna fut néanmoins exposée à de nombreux périls du fait de la haine de son oncle Kança. Tantôt c'est un serpent qui se glisse dans son berceau pour l'étouffer et que Krishna étrangle de ses mains (*Hercule enfant*). Tantôt c'est un démon femelle, Poûtanâ, qui se présente comme nourrice afin de l'empoisonner avec son lait ; mais le jeune dieu la fait périr d'épuisement ; seulement, par l'effet du poison qu'il avait absorbé son corps devint absolument noir. Une autre fois c'est un char qui doit l'écraser et qu'il met en pièces ; ou bien un démon qui tente de l'enlever sous la forme d'un tourbillon. Devenu grand il remporte une victoire difficile sur le serpent Kaliya et le force d'abandonner la rivière Yamounà (*l'hydre de Lerne*). Il civilise les bergers au milieu des quels il vit et fait danser les bergères, *gopis*, au son de sa flute (*Apollon chez Admète*) ; puis il les protège eux et leurs troupeaux contre les torrents de pluie sous lesquels Indra voulait les noyer, pour les punir d'avoir abandonné son culte, en soulevant et en tenant au-dessus de leurs têtes la montagne Govardhana. Enfin Kança feignant une reconciliation invite Kṛishṇa et Bala-ràma à assister à des jeux athlétiques à Mathourà. Ils s'y rendent escortés de toute leur armée de bergers. Attaqués en chemin par les émissaires de Kança, il les exterminent, gagnent ensuite tous les prix des jeux et massacrent Kança qui avait encore une fois tenté de les faire assassiner. Kṛishṇa rétablit alors sur le trône Ougraséna frère de Kança, jadis dépossédé par cet usurpateur, puis il descend aux enfers pour rendre la vie à ses six frères ainés sacrifiés à la frayeur de Kança. Vaincu dans dix-huit batailles par Jarà-sandha, roi de Màgadha et beau-frère de Kança, Kṛishṇa se retire avec ses compagnons dans le Goudjérat, où il fonde la ville de Dvàrakà.

C'est là qu'il reçut la visite d'Ardjouna, le héros du Mahàbhàrata, lui donna pour épouse sa sœur Soubhadrà et conclut avec lui le traité d'alliance contre les fils de Kourou. Pendant toute la durée de la lutte héroïque des Paṇḍavas contre les Kouravas, le Mahàbhârata nous montre Krishna soit combattant pour ses alliés, soit leur prêtant l'appui de sa puissance divine et de ses conseils infaillibles. Dans la plupart des grands combats il figure comme cocher du char d'Ardjouna. Il aide Yoûdishthira à abattre Jara-sandha et Bhìma à triompher du terrible Çiçoupala, ses ennemis personnels. La guerre terminée Krishna revint à Dvàrakà et s'occupa d'élargir ses frontières et de civiliser ses peuples. Il fut tué d'une flèche par le chasseur Jaras qui le prit pour un daim. Selon la légende la ville de Dvàrakà fut submergée par l'Océan aussitôt après les funérailles de Krishna.

On lui attribue 16000 épouses et 180000 fils. Cependant on ne connait les noms que de trois de ses femmes ; Roukminì, incarnation de Lakshmi, fille du roi de Vidarbha, que Krishna enleva peu de temps après la fondation de Dvârakà ; Djàmbavatì, fille de Djàmbavat, roi des ours ; Satyàbhàma, sœur du roi Satràdjit.

Les images de Krishna le représentent sous plusieurs formes se rapportant aux diverses phases de sa légende : tantôt enfant et se livrant à toute sorte de contorsions bizarres, tantôt vainqueur du serpent Kaliya qu'il foule aux pieds, tantôt jouant de la flûte et entouré de bergères ou bien d'animaux ; le plus souvent il est assis sur une génisse blanche. On lui donne indifféremment deux ou quatre bras ; dans ce dernier cas il possède deux des attributs de Vishnou, la conque et la foudre sous forme de disque flamboyant.

9° *Bouddha*. Selon les Pourânas Vishnou aurait pris l'apparence du Bouddha Çàkya-mouni dans le but de hâter la destruction des démons et des impies en les incitant au mépris des dieux, des Védas, des saintes écritures, et de la loi des castes. Il est évident que cette assimilation de Vishnou à l'adversaire le plus terrible du brâhmanisme n'a eu d'autre but que d'atténuer dans la mesure du possible les conséquences de la réforme bouddhique qui, ainsi que nous l'avons déjà dit, mit le brâhmanisme à deux doigts de sa perte. Selon toutes probabilités elle n'eut lieu qu'à une époque tardive, au moment de l'expulsion du bouddhisme de l'Inde, c'est à dire vers le XI° ou XII° siècle de notre ère, car il serait difficile d'attribuer une plus haute antiquité à l'ouvrage qui en fait mention le premier, le Vishnou-pourâṇa.

10° *Kalkin* « le cheval blanc ». Ce sera la dernière apparition de Vishnou sur la terre. Quand les crimes du monde auront atteint leur comble, Vishnou apparaîtra, un glaive flamboyant à la main, monté sur un cheval blanc, pour détruire l'univers corrompu et créer un nouveau monde plus pur.

A ces dix avatârs, les plus universellement acceptés ainsi que nous l'avons dit tout à l'heure, il convient cependant d'ajouter, à cause des nombreuses allusions des poëtes et des sages de l'Inde du sud, une autre incarnation à laquelle ils donnent généralement le cinquième ou sixième rang et le nom de *Mohînî*. Suivant la légende de l'Inde méridionale, les dieux et les démons s'étaient associés pour baratter l'océan en vue de recouvrer les objets précieux perdus pendant le déluge et surtout l'Amrita, l'eau miraculeuse qui donne l'immortalité (le soma du sacrifice) ; mais les démons, trichant les dieux, s'emparèrent du divin breuvage dont la possession assure l'empire éternel de l'univers. Vishnou, l'artisan de ruses par excellence, entreprit de le leur reprendre. Dans ce but il prit les traits d'une femme d'une beauté irrésistible, nommée Mohînî, se présenta au milieu des démons

ÇIVA ET PÂRVATÎ
Sur le taureau Nandi.
Fragment de char de Karikal (Musée Guimet, n° 3522).
Dessin de Félix Régamey.

et, profitant du désordre où les avait jeté sa vue, leur déroba l'ambroisie divine avant qu'ils aient eu le temps d'y goûter. Selon une autre légende, originaire du sud également, Vishnou se serait ainsi tranformé pour affoler Çiva, son rival, et lui faire perdre par la passion qu'il lui inspira le fruit de ses austérités. C'est grâce à ce stratagème peu délicat que Vishnou aurait gagné la première place parmi les dieux. Il est juste de dire que les Çivaïtes rapportent la même légende en intervertissant les rôles et font de Mohinî une incarnation de Çiva.

Ainsi que nous l'avons déjà constaté, Çiva partage avec Vishnou le pouvoir divin dans la Trimourtî, mais d'une façon plus fictive que réelle, car d'après le dogme Vishnouite non seulement il est inférieur à Vishnou, mais même à Brahmâ qui l'a créé le premier parmi les autres dieux. Le dogme Çivaïte renversant les rôles lui donne au contraire la place suprême de dieu éternel et incréé, avec Brahmâ pour démiurge, et fait de Vishnou une forme et le plus grand des serviteurs divins de Çiva. Nous allons donc avoir à l'étudier sous ces deux aspects. Prenons d'abord la légende Vishnouite plus généralement connue en Europe.

Nous savons déjà que Çiva, inconnu dans le Véda, a emprunté, à l'époque brâhmanique, le caractère et la légende du dieu védique Roudra, dont il a conservé aussi les fonctions et les attributs. Comme lui c'est un destructeur (c'est en cette qualité qu'il figure dans la Trimourtî), un médecin, et aussi un producteur. De plus il est surtout le dieu des sacrifices, empiétant ainsi sur l'ancien rôle d'Agni et d'Indra auquel il emprunte même le nom d'Içvara. Quelque soin que prennent les Vishnouites d'affirmer en toute occasion l'infériorité de Çiva envers Vishnou, ils ne peuvent cependant s'empêcher de constater l'antagonisme des deux divinités. Leur jalousie fait le fond de maintes légendes, telle que, par exemple, celle du sage Daksha réduit en cendres par le terrible Çiva qu'il avait négligé d'inviter au sacrifice solennel offert à Vishnou et aux autres dieux ; celles des tentations couronnées de succès de Kàma qui réussit ainsi à faire perdre à Çiva la première place parmi les dieux : celle de la séduction de Çiva par Vishnou changé en femme, etc. Quelque fois même, comme dans certains passages du Mahàbhàrata, ils laissent soupçonner que Çiva et Vishnou pourraient bien n'être qu'un seul et même dieu sous deux formes différentes. Comme son caractère destructeur l'emporte, on en fait surtout le dieu, le chef des démons, et c'est dans ce rôle qu'il a la spécialité des sacrifices sanglants et licencieux qui déshonorent trop souvent ses temples et ceux de son épouse la terrible déesse Bhavani. La ville de Bénarès lui est spécialement consacrée.

De tous les dieux c'est Çiva qui s'est livré aux austérités les plus fréquentes et les plus terribles. Aussi est-il par excellence le dieu des ascètes, et surtout des Yogis. On lui attribue même la fondation de l'ordre des Digàmbaras Djains.

Chez les Çivaïtes, ceux du sud de l'Inde principalement, Çiva est le dieu suprême incréé, éternel, créateur de toute choses, tout puissant, omniscient, omniprésent, essence unique de vie, âme universelle, bon, compatissant, secourable tout en restant terrible dans sa majesté. Tous les dieux quelqu'ils soient sont des reflets, des formes d'illusion de Çiva et le culte qu'on leur rend arrive directement à Çiva. Les ouvrages philosophiques du moyen-âge vont jusqu'à étendre cela jusqu'aux divinités étrangères et admettent que la dévotion à leur égard est acceptée par Çiva comme une adoration à lui rendue par les malheureux qui ne le connaissent pas. Nous trouvons même dans certains de ces livres, la Çiva-jñâna-siddhi par exemple, la théorie de la grâce avec sa subtile distinction en *grâce efficace* et *grâce suffisante* qui nous a fait tant noircir de papier au XVIIe siècle. Quelle que soit, en effet, la piété, la dévotion d'un sage, à quelques austérités qu'il se livre, quelque soit même son amour pour Çiva, tout ne lui sera d'aucun usage s'il ne connait pas Çiva, et il ne le connaitra que par la grâce de Çiva, qui alors se révèlera à son ame, y pénétrera, la fera semblable à lui, y établira sa demeure et vivra éternellement en intime union avec l'élu, le Çiva-bhakta, à quelle que condition qu'il appartienne, fut-il même un paria. Cette conception détruit le principe des Castes, au moins au point de vue religieux ; le rang de Brâhmane demeure un avantage considérable surtout en raison de la science qu'il suppose, mais il n'est plus le stage indispensable pour arriver au Moksha.

Outre ce nouvel aspect, Çiva conserve les traits qui lui sont donnés par les légendes Vishnouites et emprunte même certains épisodes des traditions brâhmaniques anciennes relatives à Roudra, Agni et Indra. Seulement son caractère destructeur est fortement atténué ; ce n'est pas par méchanceté qu'il détruit, c'est pour créer de nouveau, et quand il frappe c'est pour punir, non pour se venger. Au contraire son rôle de créateur est volontairement exagéré au point, chez certaines sectes, de primer et d'annihiler toutes les autres faces de sa légende. C'est alors qu'il est représenté sous la forme du *Linga* dont le culte s'est répandu dans toute l'Inde et jusque dans les vallées du Cachemire.

Le Linga est une colonne cylindrique arrondie par le haut et reposant dans une sorte de cuvette munie d'un déversoir en forme de bec creusé d'une rigole. Il rappelle, prétend-on, l'ancien appareil à fabriquer le Soma, le mortier sacré avec son pilon dressé au milieu. En réalité c'est le symbole de l'énergie productive de la nature, le *phallus* et le *ctéis* réunis. On en fait de toutes tailles et de toutes matières. Le Linga se trouve dans tous les sanctuaires de Çiva et des divinités de son groupe ; il a même des temples qui lui sont spécialement consacrés et il atteint alors des proportions gigantesques. Le culte du Linga est l'occasion de cérémonies licencieuses.

Çiva est aussi représenté sous la forme humaine. Il a alors une, trois ou cinq têtes, le corps rouge et la gorge noire par l'effet du poison qu'il a bu afin que le monde n'en soit pas empoisonné. Il porte un troisième œil au milieu du front. C'est cet œil dont le regard est si terrible qu'il réduit en cendres les êtres sur lesquels il se fixe. Le dieu à la chevelure bouclée et réunie en une tresse ornée de la figure symbolique du Gange en souvenir de ce qu'il saisit ce fleuve à l'instant où il tombait du ciel. Sa tête est surmontée d'un croissant de lune. Il a des serpents enroulés autour de ses bras et de son cou ou bien quelquefois un collier de crânes humains. Une guirlande de crânes lui sert de ceinture. Pour vêtement il a habituellement une peau de tigre, ou quelquefois de daim ou d'éléphant. Il tient dans ses quatre et souvent huit mains : un trident appelé Pinâka, un daim, un arc, une massue terminée par un crâne, un tambour autour duquel s'enroule un serpent, une corde ou lacet,

Éléphant adorant le Linga,
Marbre noir indien (Musée Guimet, n° 3448).
Gravure sur bois du Magasin Pittoresque.

une épée, et un foudre en forme de disque (tchakra). On le figure presque toujours monté sur son taureau, Nandi, ou bien quelquefois à cheval, ou assis sur une peau de tigre ou de daim. Naturellement la fantaisie des artistes indous s'est donnée carrière dans les représentations de Çiva comme des autres dieux, et il serait assez souvent difficile de le reconnaître, si on n'avait toujours soin de le munir d'au moins un des attributs que nous venons d'indiquer surtout le daim, le tambour, le trident, et le collier ou la ceinture de crânes. Néanmoins on le représente le plus souvent sous les six formes suivantes, qui ont été adoptées comme emblèmes par les six grands sectes dites orthodoxes du Çivaisme :

1° *Çiva* ou *Içvara*, calme et méditant, respirant la grandeur et la majesté ;

2° *Bhairava* « le terrible », grimaçant, menaçant, la bouche défigurée par deux terribles défenses de sanglier ;

3° *Tandava*, dansant au milieu d'un cercle de flammes et foulant aux pieds un homme ou un démon ;

4° *Mahâ-déva* armé d'un glaive ou d'un trident et monté sur un cheval.

5° *Ardha-Nâri* « moitié homme », le corps partagé par la moitié, homme à droite femme à gauche.

6° *Linga*.

Çiva possède mille huit noms, à ce qu'on nous affirme ; parmi lesquels ceux que nous venons d'indiquer sont les plus usités. Il convient cependant d'y ajouter celui de Paçou-pati « maître du troupeau » qui lui est particulièrement appliqué par les Çivaïtes orthodoxes du Sud.

Les images de Çiva sont presque toujours accompagnées d'une figure de déesse. C'est son épouse ou Çaktî, Parvatî. Parvatî, qu'on appelle aussi indifféremment Prithivî « la large », Gaurî « la brillante », Oumâ « lumière », Jagan-mâtâ « mère du monde » ou bien simplement Dêvî « la déesse » est la déesse de la terre, le type de la fécondité. On l'appelle aussi Haimatî à cause de la légende qui fait d'Oumâ la fille de l'Himâlâya. On la représente sous les traits d'une belle jeune femme à deux ou quatre bras, tenant une fleur de lotus et montée sur un tigre ou un lion blanc. Mais l'épouse de Çiva n'a pas toujours cet aspect gracieux et bienveillant. C'est aussi, très souvent, une déesse terrible et redoutable qui porte alors les noms de Kalî « la noire », Dourgâ ou Bhavâni. Dans ces deux formes elle représente l'énergie destructive de la nature et peut-être la nuit et nous croyons qu'elle appartient à une ancienne religion autochtone. Kalî est représentée avec un aspect terrible, plutôt de démon que de déesse, un teint noir, des traits grimaçants, ornée de colliers et de guirlandes de crânes. Sous la forme de Dourgâ c'est une belle femme aux nombreux bras chargés de toutes sortes d'armes et montée sur un tigre. Le plus souvent on la représente combattant le démon Mahishâsoura transformé en buffle. La déesse a tranché la tête du buffle et perce de sa lance ou de son trident le démon qui s'échappe du corps décapité de l'animal.

Parmi les dieux supérieurs de l'Indouisme, complétant le groupe divin de Çiva et de ses épouses, nous avons encore à signaler deux personnages, fils de Çiva, qui jouent un rôle très important dans la mythologie et dans la tradition populaire : Ganéça, le dieu de la sagesse et de la science, et Skanda le dieu de la guerre.

Ganéça, qu'on appelle aussi Gaṇa-pati et Vénayaka, est représenté sous la forme d'un homme à gros ventre avec une tête d'éléphant. Suivant la légende il est le fils de Çiva et de Parvatî, ou quelquefois de Parvatî seule, de même que l'Héphaïstos (Vulcain) des Grecs est le fils d'Héra. C'est le dieu de la science, et par dessus tout il a le pouvoir d'écarter les obstacles dans le domaine de l'intelligence ; aussi est-il invoqué au début de tous les livres sacrés à quelque secte qu'ils appartiennent. Dans l'Inde du Sud il porte le nom de *Polléar*. On lui donne alors quatre têtes et il est préposé à la garde des portes des villes, comme le Janus des Romains. Il est le chef des Ganas, divinités inférieurs qui constituent la cour de Çiva, d'où son nom de Gana-pati « maître des Ganas », de même que l'appellation de Vénayaka « fils de Véna » lui est attribuée du chef de sa mère Prithivi petite fille du roi Véna.

De nombreuses légendes se sont créées pour expliquer la tête d'éléphant qui lui est donnée. Tantôt on dit que Parvatî, trop enorgueillie de lui avoir donné naissance, eut l'imprudence d'attirer sur lui les regards du dieu Çani (la planète Saturne) qui le réduisirent en cendres. Brahmâ le ressuscita, mais comme la tête manquait il prit la première qui lui tomba sous la main, et ce fut une tête d'éléphant. Selon une autre tradition ce serait Çiva qui lui aurait tranché la tête dans un accès de colère parceque Ganéça refusait de le laisser pénétrer dans la salle ou Parvatî prenait son bain. Le dieu repentant aurait pris n'importe qu'elle tête pour le rendre à la vie. On raconte aussi que Kaçyapa lui coupa la tête pour venger la mort de son fils Aditya (le soleil) tué par Çiva et que les dieux lui donnèrent alors la tête de l'éléphant d'Indra. Quoiqu'il en soit Ganéça a toujours une tête d'éléphant, et, détail caractéristique, une seule défense. Deux légendes rendent compte de ce fait. Selon celle du Nord, Ganéça aurait perdu une de ses dents dans sa lutte avec Paraçou-Râma, à qui il voulait interdire l'entrée du palais où dormait Çiva. D'abord terrassé par son adversaire, Paraçou-Râma reprenant ses sens lui aurait lancé sa hache à la tête et coupé net une de ses défenses. Suivant la tradition du Sud, Ganéça se serait arraché lui-même une de ses dents pour s'en servir comme de stylet pour écrire le Mahâbhârata sous la dictée de Brahmâ.

Habituellement Ganéça à quatre bras et tient (anomalie curieuse pour une divinité çivaïte) les attributs de Vishnou, c'est-à-dire la conque, le disque-foudre, la massue ou une hache et un lotus. On lui donne pour monture un rat, et quelquefois un crocodile. Il a sa place dans tous les temples de Çiva et en possède même qui lui sont propres, surtout dans l'Inde méridionale.

SKANDA, KARTTIKEYA, ou SOUBRAMAHNYA, dieu de la guerre, est né de l'œil ou du cerveau de Çiva, pour combattre le démon Tàraka. Il eut les Pléiades pour nourrices et c'est pour cette raison qu'on le représente avec six têtes. Il est armé d'un arc et de flèches et d'un glaive appelé *Velle* qui n'est peut-être qu'une forme de la foudre. Un paon lui sert de monture.

Au-dessous de ces divinités substituts et successeurs des grands dieux védiques et brâhmaniques se trouve la foule des dieux inférieurs composée de tous les anciens Dévas maintenant déchus et en quelque sorte réduits au rang de simples ascètes ou héros divinisés, fonctionnaires préposés à la direction de l'univers ou à la protection des hommes et des autres créatures.

Parmi ceux-ci la première place appartient à INDRA en sa qualité de roi des dieux, situation hors pair qu'il doit plutôt à l'antique tradition qu'à la légende actuelle. C'est toujours le dieu de l'atmosphère, le Zeus des Grecs, le maître de la foudre, et il prend même une partie des attributions de Roudra, le dieu destructeur. Il préside toujours au Svarga, le paradis des guerriers, et en cette qualité reste, à ce qu'il semble, la divinité favorite des Kshatryas. Il continue à combattre les démons Asouras ; mais ses victoires ne tournent pas toujours à son avantage. Ainsi, par suite d'une conception nouvelle, qui ne peut s'expliquer que par l'antagonisme des brâhmanes et des Kshatryas, Vṛitra le démon du nuage, l'antique ennemi des dieux, devient un brâhmane, et Indra est obligé d'expier sa mort par de prodigieuses austérités. Il est même obligé de fuir, de se cacher dans un ermitage terrestre pour échapper aux conséquences de ce meurtre et d'abandonner son épouse Indrani aux poursuites criminelles du roi Nahousha. Perdant de son caractère divin il devient la proie de toutes les passions. Son goût pour le soma dégénère presque en ivrognerie. La sensualité l'entraîne; il devient un séducteur redoutable pour les compagnes des ascètes. Pour triompher de la vertu d'Ahalya, la chaste épouse du sage Gautama, il ne craint pas de prendre les traits de ce personnage (Jupiter et Amphitryon) et par cette passion perd si bien toute force et toute dignité qu'il se laisse vaincre par le démon Râvana et emmener en captivité dans l'île de Ceylan. Les dieux ne purent le délivrer qu'en accordant à Râvana, comme rançon, le privilège de l'immortalité. Dans les Pourânas il est en lutte continuelle avec Krishna, et pour lui chaque engagement est une défaite, soit qu'il s'agisse de venger au moyen d'un déluge l'affront que lui infligent les bergers de Gâkoula en abandonnant son culte d'après le conseil de Krishṇa, qui les met à l'abri en tenant élevée au-dessus de leurs têtes la montagne Govardhana, soit qu'il veuille empêcher le héros d'enlever du Svarga l'arbre divin Parijata. Les Daityas eux-mêmes parviennent à le vaincre, le dépossèdent de son trône et le réduisent à la nécessité de mendier un peu de beurre, lui le dieu du sacrifice par excellence. Enfin un dernier coup lui est porté. Son immortalité et sa puissance ne sont plus éternelles. Il peut déchoir du rang de roi des dieux et perdre la présidence du Svarga, le jour où un ascète aura acquis assez de mérites pour s'élever jusqu'à ces hautes fonctions. Aussi se montre-t-il en général fort jaloux et peu bienveillant pour ces rivaux en expectative. Il ne craint pas d'employer pour les perdre les moyens les moins délicats, les tentations redoutables des irrésistibles Apsaras, surtout des deux plus dangereuses Ourvâsî et Rambhâ, et de recourir aux attaques des divers démons. Les noms habituels d'Indra sont Mahêndra (Mahâ-Indra), Çakra, et Arha, sans compter de nombreuses épithètes rappelant les principaux traits de sa légende. La capitale du ciel où il règne est nommée Amarâvatî, Deva-poura ou Poûshabhâsâ « splendeur du soleil ». Indra n'a plus guère de culte aujourd'hui, sauf comme porteur de la foudre. Il n'a plus de temples, mais figure dans ceux de Vishṇou et de Çiva, monté sur un éléphant ou quelquefois sur un cheval blanc, et portant dans une main la foudre sous la forme soit du tchakra (cakra) ou du Vadjra (vajra) d'où il tire le nom de *Vadjrapâṇi* « qui a la foudre à la main », et dans l'autre une hache. On y ajoute quelquefois un arc et des flèches.

un glaive, une lance ou un trident. Quelquefois il est escorté d'une troupe de guerriers représentant les Marouts.

Comme tous les dieux brâhmaniques il est souvent accompagné de son épouse Indrani, fille du démon daitya Pouloman. Cette déesse, peu invoquée, n'a pas d'attributs distincts.

Après, Indra, le plus important des dieux indouistes est Sourya « le Soleil », qu'on appelle encore quelquefois de son nom védique Savitri ou Savitàr. Dans le Véda et les Brâhmaṇas nous l'avons vu tantôt fils de Dyaus et d'Aditi, tantôt simple forme d'Agni. Maintenant c'est, ou le fils de Brahmà, ou, plus fréquemment, de Kaçyapa (le crépuscule) et d'Aditi, et par conséquent l'un des douze Adityas présidents des douze mois de l'année. On lui donne pour épouse Oushas « l'aurore », ou plus souvent Sanjñâ, fille de Viçvakarman. Tchayà (Cayâ) « l'ombre » est sa concubine. Sanjñâ et Oushas paraissent être la même déesse sous des noms différents. De cette union naquirent : le Manou Vaivaçvata, procréateur du genre humain, celui que Vishnou sauva du déluge ; Yama le dieu des morts et la déesse Yami sa sœur jumelle ; et enfin les deux Açvins, c'est à dire le crépuscule du soir et du matin. Suivant une curieuse légende, Sanjñâ ne pouvant supporter l'éclat de son époux, s'adressa à son père Viçvakarman qui amputa Soùrya d'une partie de ses membres. Les morceaux qui tombèrent sur la terre servirent à faire le disque flamboyant de Vishnou, le trident de Çiva (triçula) la lance de Karttikêya, et les diverses armes des autres dieux. On le représente habituellement assis sur un char traîné par sept chevaux rouges ou par un cheval blanc à sept têtes, et conduit par le cocher

Vivaçvat. A l'exception de ses combats avec les démons Mandéhas (les éclipses) qu'il met en déroute par l'éclat de ses rayons, il joue un rôle assez effacé dans la légende divine, ce qui ne l'empêche pas pourtant d'avoir un culte et des temples spéciaux. On dit que c'est Soûrya qui dicta le Yadjour Blanc au rishi Yâdjnavalkya.

Oushas « l'aurore », sa sœur ou son épouse, est demeurée à peu de chose près ce qu'elle était dans le Véda. On la représente comme une belle jeune femme assise dans un char traîné par deux chevaux blancs ou rouges. Souvent ces chevaux sont montés par les Açvins, ou bien elle est précédée par eux.

Les Açvins, qui nous rappellent les Dioscures, sont, ainsi que nous l'avons dit tout à l'heure, les fils de Soûrya et d'Oushas ou de Sanjñâ, qui prit pour les concevoir la forme d'une jument. Dans cette dernière forme du brâhmanisme ils affectent décidément le caractère crépusculaire. Ils précèdent l'Aurore. Ce sont surtout des guérisseurs, des médecins habiles dans toutes les cures, et on les implore pour obtenir la guérison des maladies des hommes et des animaux. Leurs images les figurent sous la forme de cavaliers. Quelquefois leurs chevaux sont couplés ; quelquefois ils montent le même cheval, ou bien ils sont assis dans un même char.

Varouna, qui occupait une place si importante dans le Véda comme protecteur et vengeur de la morale et personnification du ciel étoilé ou nocturne a continué de déchoir. Il n'a plus ni temple ni culte et n'est plus que le dieu des océans, une sorte de Poséïdon, et comme ce dieu des Grecs il est, dit-on, le créateur des chevaux formés par lui avec l'écume des vagues comme cadeau de noces au sage Ritchika. On lui conserve cependant pour attribut le lacet avec lequel le Varouna védique liait les coupables, bien que son rôle de justicier divin paraisse absolument oublié.

Vayou, le dieu du vent, a perdu presque toute son importance. Ce n'est plus guère qu'un souvenir, un nom. C'est le roi, ou le chef, des Gandharvas, ou musiciens célestes de la cour d'Indra, et son plus grand exploit est la décapitation du mont Mérou, dont la cime, précipitée par lui dans l'océan, devint l'île de Ceylan ou Lankà. D'après le Mahâbhârata il fut le père de Bhîma, un des cinq Pandavas héros de ce poëme, et le Râmâyana lui donne pour fils Hanouman, le dieu singe, le fidèle allié de Râma contre les Rakshasas de Ceylan. Nous ne connaissons aucune image de Vayou et ne croyons pas qu'il ait ni temples ni cultes particuliers.

Les Marouts, dieux de l'orage ou de l'ouragan, sont considérés comme fils de Vayou ; quelquefois cependant on leur donne pour père le dieu Çiva. Leur mère est Aditi « l'Espace ». La légende raconte ainsi leur naissance : Au moment où Aditi mettait au monde son treizième enfant, Indra, d'un coup de sa foudre, le mit en mille pièces. La mère éplorée s'adressa à Parvatî pour rendre la vie à son fils. A la prière de celle-ci Çiva tenta de rejoindre les morceaux dispersés du corps, mais ne pouvant y parvenir il en fit autant de jeunes hommes tous pareils. C'est pour cette raison que l'on dit les Marouts fils de Çiva. Ils ont un rôle plus malfaisant que dans le Véda, tout en conservant cependant leur caractère de médecins et surtout de médecins des troupeaux. Ils n'ont point de temples. Quelquefois les Marouts figurent comme cortège d'Indra ou de Çiva. Ils sont alors montés sur des chevaux ou sur des chars et armés de lances, d'arcs et de flèches, ou bien de foudres et d'éclairs.

De tous les dieux védiques, le plus sacrifié c'est AGNI, l'antique dieu du feu, que nous avons vu à la première place dans le Rig-Véda. Tombé au rang de simple divinité du foyer domestique et du feu du sacrifice, il n'est plus guère adoré que par les brâhmanes et paraît être devenu le patron spécial des prêtres comme Indra celui des guerriers. Dans la mythologie pourânique c'est lui qui, aidé par Garouda, le roi des milans, dérobe le feu du soleil pour l'apporter aux hommes. Ce n'est plus le fils de l'Asoura éternel ou même de Brahmâ, mais seulement du Rishi Angiras (le feu fils du prêtre qui l'allume) ; il n'est que le messager des dieux, chargé de leur porter leur part du sacrifice ou de les prévenir au moment opportun de venir y assister. La légende en fait même quelquefois un démon, un « mangeur de chair » assimilé aux Rakshasas, une sorte de Moloch. Le Mahâbhârata nous le montre adversaire d'Indra et s'alliant contre lui avec Krishṇa et Ardjouna, lutte qui se termine par l'incendie de la forêt Khaṇḍava. Il a trois fils (les trois feux sacrés) et quarante-cinq petits fils, représentant autant de sortes de feux. D'après le Bhâgavata-pourâṇa il paraît être une forme ou manifestation de Vishnou qui « mange ou goûte par la langue d'Agni la chair des victimes. »

Ordinairement on représente Agni avec un teint rouge ou doré, vêtu de noir ou de fumée, avec quatre bras et armé d'une lance flamboyante, d'un arc et d'un vase d'où sortent des flammes. Quelquefois il est dans un char à sept roues (les sept vents) traîné par des chevaux rouges. Le plus souvent il a un bélier pour monture.

Si Agni a perdu de son importance, ses deux formes secondaires, *Tvashtri* et *Viçvakarman* ont pris une plus large place, en raison sans doute du développement de la légende. On les confond tous deux, leur donnant indifféremment l'un ou l'autre nom. Le dieu Tvastri-Viçvakarman joue dans la légende indoue le même rôle que Héphaïstos et Prométhée dans la mythologie grecque. C'est le divin forgeron qui fabrique la foudre et la hache d'airain d'Indra, les armes de Vishnou, de Çiva et de Skanda. Il construit les forteresses divines et même celles des démons, car on lui attribue la création de la cité de Lankâ, capitale de Ceylan, repaire inexpugnable des terribles Rakshasas. Maître en tous les arts, c'est lui qui apprend aux hommes à fondre et forger le métal, à construire les chars et à édifier les palais et les temples. Il a créé ou modelé l'homme, la femme et les animaux en nombre infini. Enfin comme dernière œuvre il a sculpté l'image de Vishnou Jagganatha destinée à renfermer les restes du dieu Krishṇa et demeurée informe et inachevée par suite de l'indiscrète curiosité du roi Indra-dyumna qui, malgré la parole donnée à Viçvakarman, voulut voir la statue avant qu'elle fut achevée ; cependant, par compassion pour la douleur du roi, Brahmâ consentit à animer l'œuvre informe en lui donnant une âme et des yeux. Le singe Nala qui construisit pour Râma le pont entre Ceylan et le continent était, dit-on, le fils de Viçvakarman.

Le dieu Soma est devenu définitivement le régent de la lune et se confond même avec cet astre. On lui donne vingt-sept épouses, toutes filles de Daksha qui sont, probablement les personnifications des vingt-sept astérismes lunaires. La pâleur de la lune et ses alternatives d'éclat et d'obscurcissements sont attribuées à une maladie de langueur résultat de la malédiction de Daksha furieux de ce que Soma ait négligé ses filles. Quant à son ancien rôle de dieu du sacrifice et de générateur des êtres et des végétaux en qualité de feu liquide donneur de vie contenu dans les gouttes de la pluie, il paraît être absolument oublié. Le dieu est tout à fait distinct de la plante et de la liqueur qui portent son nom. Soma est représenté orné d'un croissant et assis dans un char à trois roues traîné par dix chevaux blancs.

Yama, que nous avons vu dans le Védisme régent du soleil, fils ou forme du dieu Agni et roi des Mânes ou des Pitris qui avaient leur résidence dans cet astre n'a plus conservé que cette dernière fonction. C'est le dieu et le juge des morts. Il cumule les fonctions de Pluton et de Minos. Fils du soleil, Soûrya, et de Sañjnâ, fille de Viçvakarman, il habite le monde inférieur dont la capitale porte le nom de Yamapoura: c'est là qu'il trône dans le palais de Kâtîtichî pour juger les âmes que lui amènent ses agents, les Yamadoutas, assisté de son greffier Tchitragoupta et de ses deux huissiers Mahâ-tchaṇḍa et Kêta-pourousha. Les actes des défunts sont tous consignés sur le livre fatal Agra-Sandhânî. Après en avoir pris connaissance Yama prononce la sentence sans appel qui envoie l'âme dans les cieux, dans les enfers, ou sur la terre pour recommencer une nouvelle existence. Exécuteur des lois immuables du Karma rien ne peut le fléchir. Il est redouté plus que tous les autres dieux que l'on prie souvent d'écarter ses coups. On l'assimile aussi quelquefois à la mort.

Sous le nom de Dharma, ou Dharma-Râjà, on en fait le dieu de la justice, la personnification de la loi morale et religieuse. Il est alors confondu avec un ancien sage de ce nom, d'une origine probablement toute mythique. Sa sœur Yamî, dont le Véda fait aussi son épouse en représentant Yama et Yamî comme les ancêtres de la race mortelle (on se rappelle que Yama est le premier mort), a complètement perdu ce rôle, probablement à cause du caractère incestueux de leur union ; elle n'est plus que la déesse de la rivière Yamounâ (Djamounâ ou Jumnâ) un des sept fleuves sacrés. On représente Yama avec un teint vert, habillé de rouge, armé d'une massue et d'un lacet qui lui sert à lier les pécheurs, monté sur un taureau blanc. Souvent il est accompagné de ses deux chiens Çâma et Çabala. Ces animaux redoutables ont quatre yeux et des gueules formidables. Ils sont chargés, comme le Cerbère des Grecs, de la garde du palais de Yama et déchirent à belles dents les âmes qui tentent de s'échapper de l'enfer. Quand Kṛishṇa descend au séjour de Yama pour ramener ses six frères massacrés par Kaṃça, il a soin de déjouer leur vigilance et d'apaiser leur férocité au moyen de gâteaux de riz. Quelquefois aussi on leur donne la charge d'aller par le monde chercher les âmes qu'ils rapportent à leur maître. On s'efforce de se les rendre favorables par des offrandes de boules de riz.

Kouvéra (Kuvera), le dieu de la richesse, qui jusqu'ici n'avait qu'un rôle très effacé, presque insignifiant, prend, grâce au développement des légendes et des contes populaires, une place plus importante. Auparavant ce n'était que le chef des esprits des ténèbres. Maintenant, c'est le roi des génies Yakshas (yakša) tantôt malfaisants et tantôt bienveillants, gardiens des trésors enfouis dans les entrailles de la terre et assez semblables aux Gnômes et aux Kobolds de la mythologie germanique et scandinave. Il règne aussi sur la tribu des Kinnâras, musiciens et chanteurs, frères des Yakshas, qui habitent Alakâ, la capitale du paradis de Kouvéra, située sur le flanc du mont Mérou. Suivant quelques auteurs il gouverne encore les Gandharvas, musiciens et choristes du Svarga. Kouvéra est fils du sage Poulastya ou même de Brahmâ. On le représente avec un corps difforme, trois jambes et huit dents. Il n'a ni temple ni culte. On l'invoque cependant quelquefois avec les autres dieux et l'on s'adresse à lui pour obtenir les richesses dont il est dispensateur et gardien trop souvent avare.

Au dessous des divinités, et tenant en quelque sorte le rang de demi-dieux, nous trouvons les anciens Rishis et les Pîtris ou ancêtres. On se rappelle que les Rishis sont les premiers improvisateurs des hymnes du Véda, inspirés par Brahmâ lui-même, les inventeurs du sacrifice, de la prière, de l'allumage du feu terrestre, et les initiateurs des hommes aux bienfaits de la civilisation. En raison de ce fait, et en leurs qualités de grands ancêtres et de bienfaiteurs de l'humanité, on les invoque dans les sacrifices offerts à tous les dieux réunis, mais ce n'est qu'une marque de vénération ; en réalité ils n'ont aucun culte. La plupart d'entre eux ont les astres ou les constellations pour demeures ou royaumes. Ainsi Drhouva, un Kshatrya devenu Rishi, préside à l'étoile polaire, et les sept étoiles de la Grande Ourse sont placées sous la régence des grands Rishis (Mahàrsis) Marîtchi, Atri, Angiras, Poulaha, Kratou, Poulastya et Vasishṭha. Quant aux Pîtris ce sont à proprement parler les ancêtres de l'humanité. Ils sont innombrables et on ne leur donne aucun nom propre. On les divise en sept classes. Les trois premières formées de purs esprits, tout intelligence et sans forme ; les quatre autres, moins parfaites, ont conservé quelque chose de matériel et ont une forme corporelle. Ils ont pour résidence le soleil ou bien un espace mal défini situé dans une région très élevée du ciel. On les invoque comme protecteurs de la famille humaine, principalement à l'époque de la grande fête en l'honneur des ancêtres défunts.

Le nombre des génies ou demi-dieux s'est considérablement accru. Ils forment des groupes ou des familles qui peuplent les divers cieux et servent de cour aux dieux qui les président. Les plus importants sont les Gandharvas, les Apsaras et les Kinnâras. Aux temps védiques, le Gandharva était un dieu des eaux ; par une transformation fréquente il est devenu légion. Les Gandharvas forment la cour d'Indra ; ils charment les habitants bienheureux du Svarga par leur musique et leurs chants ; ce sont les bardes divins. Ils ont pour compagne les Apsaras, nymphes célestes (sans doute les vapeurs et nuages légers) qui concourrent par leurs danses, leur musique et leurs chants aux délices du Svarga. Physiquement, s'il est permis d'employer ce terme à propos d'êtres imaginaires, ce sont de gracieuses et poétiques figures proches parentes des nymphes de la mythologie grecque et des fées de nos contes populaires ; mais leur morale laisse beaucoup à désirer. Leur conduite est d'une légèreté déplorable. Tantôt par ordre d'Indra, tantôt pour satisfaire leur propre caprice, elles passent leur temps à séduire, ou du moins à l'essayer, les dieux, les ascètes et même les simples hommes. Leur reine est la belle et irrésistible Rambhâ, le type parfait de la beauté féminine voluptueuse, qui fut changée en pierre par le vindicatif Viçvamitra qu'elle avait inutilement tenté de séduire. Après elle la plus célèbre est Ourvaçî (Urvaçî) qui sut captiver l'amour de Mitra et de Varouna. Mais ces dieux, furieux, après réflexion, de s'être laissés prendre à ses charmes, la bannirent du ciel et la reléguèrent sur la terre où elle devint la femme du sage Vikrama qui, pour jamais ne se séparer d'elle, obtint la faveur de prendre place parmi les Gandharvas.

Nous avons déjà parlé des Kinnâras à propos du dieu Kouvéra. Ces musiciens à tête de cheval ou peut-être d'âne (l'âne est dans l'Inde le précurseur du jour comme chez nous le coq) habitent, avons nous dit, la cité d'Alakâ sur le sommet du mont Mérou ; d'autres disent sur le mont Kaïlasa. Ils ont un rôle très insignifiant. Cependant on les introduit quelquefois dans le paradis d'Indra avec les Gandharvas.

En général, lorsqu'une religion tombe dans le domaine de la légende ou du conte populaire le démon y prend une place de plus en plus grande. L'imagination des foules est avide de récits de combats divins et, pour que ses dieux aient plus de gloire à vaincre, elle veut que leur ennemi possède une puissance plus grande, que la victoire soit plus chèrement achetée. Aussi dans les Pourânas, dans les poëmes et dans les légendes indouistes, les démons jouent un rôle tout différent de celui qu'ils remplissaient dans le Véda, et les Brâhmanas. Il va sans dire qu'on a tout à fait oublié leur caractère naturaliste. Ce ne sont plus des personnifications des ténèbres, du nuage, de la sécheresse, de l'inondation ou de l'orage dévastateur. Ce sont des êtres, pourvus de corps plus ou moins matériels, doués de raison et de volonté, faisant le mal par antagonisme avec les dieux, pour détruire leur œuvre, pour capter par la frayeur les hommages des hommes et les détourner du sacrifice (nous ne devons pas oublier que les dieux ne subsistent que par le sacrifice) et quelquefois simplement par plaisir. Le démon, en effet est un être à part, d'une nature intermédiaire entre celle de la divinité et de l'humanité et supérieure à cette dernière. C'est à tort que l'on range parmi les démons les hommes condamnés pour leurs crimes aux supplices temporaires de l'enfer. Ils peuvent devenir démons dans de nouvelles existences, mais ils ne le sont pas forcément.

Le démon ne fait cependant pas toujours le mal. Il en est qui sont convertis, ralliés aux dieux et bien disposés pour les hommes. Il en est même de très pieux.

Le nom qui désigne les démons en général est celui d'*Asoura*. Nous voyons le chemin qu'à fait ce mot qui dans le Véda s'appliquait au dieu suprême. On l'explique par la forme *A* privatif et *Soura* dieu « qui n'est pas dieu ». Peut-être serait-il plus rationel de chercher la cause de cette modification de sens dans le caractère quelquefois démoniaque, égoïste et malveillant de l'ancien dieu védique, ou bien dans une contestation entre les antiques divinités et celles de plus récente origine. Tout général qu'il est, ce terme *Asoura* s'emploie cependant de préférence pour les démons supérieurs, c'est à dire ceux qui vivent dans l'atmosphère et dans les régions élevées du monde terrestre.

Parmi ceux-ci les principaux sont les Daityas et les Dânavas.

Les Daityas, fils de Kaçyapa (le crépuscule) et de Diti (les ténèbres, la nuit), sont des géants assez semblables aux Titans de la mythologie grecque. Les Dânavas sont aussi des géants fils du même Kaçyapa et de Dânou. Ces deux familles de démons sont souvent associées ou confondues. A l'époque védique c'étaient évidemment les représentants des nuages qui amènent l'obscurité, contre lesquels Indra et Vishnou livraient leurs éternels combats. Maintenant encore ce sont surtout les ennemis des dieux. Ils n'ont pas renoncé à les renverser de leurs trônes, à les remplacer dans leur puissance et à détourner à leur profit les hommages et les sacrifices des hommes. C'est ainsi du reste que les représentent les Pourânas, qui donnent même le nom de Daityas aux sectateurs des croyances hérétiques, tels que les bouddhistes et les djains. Ils ne nuisent aux hommes qu'en troublant leurs sacrifices et en essayant de les détourner du culte des dieux par de perfides conseils et par la dangereuse et fausse apparence d'une science et d'une philosopie impies.

Au dessous de ces démons et vivant sur la terre ou dans les eaux nous trouvons les Yakshas et les Nâgas. Les Yakshas, sujets de Kouvéra, gardiens des richesses de la terre, sont inoffensifs et plutôt bienveillants pour les hommes, malgré la frayeur que peut causer leur apparition. Souvent ils remplissent les fonctions de protecteurs, en quelque sorte d'anges gardiens, auprès des ascètes et des ermites : parlant pour ceux qui ont fait vœu de silence, nourrissant ceux que leurs méditations absorbent au point qu'ils ne songent plus aux besoins les plus pressants de l'existence. Ils se prennent quelque fois d'affection pour les humains, leur rendent alors mille services, et comblent leurs favoris de trésors qu'ils ravissent pour eux aux entrailles de la terre. Ils ne paraissent pas avoir de formes spéciales ou plutôt ils ont le pouvoir de prendre toutes les formes qu'il leur plaît pour se révéler à leurs protégés, ou jeter la terreur parmi leurs ennemis.

Les Nâgas sont des démons ou génies serpents. Ils habitent la région appelée Pâtâla. Ils sont amis des hommes. Leurs rois, les Nâga-râjas, ont souvent conclu des alliances avec les rois de la terre, et épousé des princesses terrestres. De même aussi plusieurs rois des Indes ont épousé des princesses Nâgas. Les Nâgas sont représentés avec une tête humaine et un corps, ou au moins une queue de serpent. Cependant ils ont le pouvoir de prendre quand il leur plait la forme humaine complète, ce qu'ils font du reste quand ils quittent leur empire pour venir sur la terre. Les femmes Nâgas sont renommées par leur beauté. Leur pays, Pâtâla, est situé au dessous de la terre. Quelquefois, surtout dans les légendes modernes, on leur donne pour séjour l'Océan. Ils sont très pieux, fidèles adorateurs des dieux et profondément versés dans le Véda. On leur donne pour souverain suprême Ananta ou Çesha, le serpent compagnon de Vishnou. Leur plus cruel ennemi est Garouda, le roi des Milans, l'oiseau monture de Vishnou.

Parmi les démons hostiles aux hommes on cite surtout les Rakshasas, les Piçatchas, et les Prétas.

Les Râkshasas (Râkṣasa) sont sans contredit les plus terribles ennemis de la race humaine. Non seulement ils troublent et souillent les sacrifices, tourmentent et molestent de toutes façons les ascètes et les ermites ; ce sont encore des cannibales, des mangeurs de chair, qui dévorent les hommes comme les ogres de nos contes populaires. Investis du pouvoir de prendre à volonté toutes les formes, ils ne paraissent pas en avoir une qui leur soit spéciale ; toutefois ils semblent se manifester de préférence sous l'aspect d'animaux féroces et d'oiseaux de proie. Ils sont répandus partout, mais pullulent surtout dans le sud de l'Inde, où ils ont pour forteresse la cité et l'île de Lankà (Ceylan). Nous connaissons par le Râmâyaṇa le siège terrible qu'ils y soutinrent contre Râma.

Les Piçatchas (Piçaca) remplissent à peu près le même rôle que les Râkshasas. Ils paraissent pourtant s'en prendre plus particulièrement au sacrifice et respecter davantage la vie des hommes. Il n'est pas sûr qu'ils soient anthropophages.

Il est probable que ces deux familles de démons sont les anciens habitants Dravidiens de l'Inde méridionale dépouillés et traqués par les vainqueurs, vivant dispersés dans les forêts, toujours prêts à se venger par la rapine et le meurtre de leurs oppresseurs, et dont peut-être les Védhas de Ceylan sont les derniers représentants.

Quant aux Prétas ce sont des êtres imaginaires, toujours affamés, hantant les cimetières et se nourrissant d'immondices et de cadavres. Pour effrayer et tourmenter les hommes, ils animent pour quelques heures les corps de leurs parents ou amis morts et viennent dans un appareil macabre troubler leur sommeil par de funestes visions. Ils ressemblent beaucoup aux vampires et aux goules de nos superstitions populaires. Quelquefois aussi le nom de Prétas est donné à une classe de damnés : ceux qui ont mérité l'enfer par la gourmandise, la gloutonnerie, l'avarice, l'abus du plaisir. Ils sont alors représentés avec des corps immenses, décharnés, au ventre vide et pendant. Toujours affamés ils errent cherchant partout une nourriture qu'ils ne peuvent avaler, leur bouche n'étant pas plus grande que la tête d'une épingle. Ces Tantales viennent pendant la nuit implorer de la pitié de leurs parents ou amis des sacrifices, des prières et des offrandes pour apaiser leurs atroces tourments. On leur fait toujours une part dans les sacrifices offerts aux mânes des ancêtres. Ils ont même une fête spéciale.

Tous ces divers ordres de démons ont, comme les dieux, leurs compagnes ou plus exactement leurs femelles. En général le démon femelle est plus dangereux, plus cruel et plus dissolu que le démon mâle. Aussi, les contes populaires fourmillent des récits des maléfices des Râkshasîs (ogresses) qui prennent les formes les plus gracieuses et les plus séduisantes pour attirer dans leurs filets les hommes dont elles veulent faire les victimes de leurs caprices sensuels ou de leur passion sanguinaire. C'est surtout contre les ascètes qu'elles semblent s'acharner, dans l'espoir sans doute de les induire en tentation ; mais, quand elles sont repoussées, leurs formes séduisantes s'évanouissent et elles apparaissent sous leurs hideux aspects démoniaques ou bien sous l'apparence de bêtes fauves altérées de carnage. Les loups-garous et les goules de nos croyances populaires ont une curieuse ressemblance avec ces productions de l'imagination indienne. Cependant les Râkshasîs ne sont pas toujours cruelles et dépravées. On les voit quelquefois, possédées d'un amour véritable, se sacrifier pour leur bien aimé, ou bien mériter par une passion pure, sincère et fidèle, la réhabilitation et la rédemption de leurs fautes passées. De toutes ces créations fantastiques les plus redoutées sont les *Dâkinîs* ou *Açrapas* « buveuses de sang », suivantes de la terrible déesse Dourgâ. Elles jouent, ainsi que nous l'avons déjà vu, un rôle important, dans les superstitions du Tibet, où elles sont l'objet d'un véritable culte propitiatoire. Comme la plupart des démons, ce sont probablement des personnifications des horreurs des ténèbres.

La création du monde est rapportée dans les livres indouistes à peu près dans les mêmes termes que dans les Brâhmaṇas. C'est toujours le dieu Brahmâ qui en est l'artisan et son rôle de démiurge demeure aussi important, qu'il appartienne au Vishnouisme ou au Çivaïsme. Que le monde soit *créé* par la volonté, ou la méditation de Brahmâ sorti du nombril de Vishṇou au milieu d'un lotus épanoui, ou bien qu'il soit constitué par la séparation en deux parties égales de l'œuf d'or déposé par Çiva au sein de l'océan chaotique et renfermant ce même Brahmà, il en est l'organisateur intelligent, *Pardjanya* (Parjanya), de même que le générateur, *Pourousha* (Puruša), des dieux, des hommes et des animaux. En effet les êtres qu'il crée ne sont pas façonnés par lui avec de l'argile ou quelque autre matière, selon le mode de création adopté par les traditions sémitiques, mais ils naissent de sa propre substance et de son esprit. Les dieux sont ses premières créatures. Ils naissent de sa substance spirituelle sans aucun alliage avec la matière grossière, mais possèdent cependant de véritables corps formés d'une sorte de matière subtile, quoique inintelligente et inerte par elle-même, que l'on appelle *Mâyâ* par opposition à la matière grossière, ou *Çarira*, qui forme les corps des créatures du monde. Nous n'avons pas à revenir sur le rôle que jouent ces dieux et les fonctions qu'ils remplissent dans le monde, fonctions du reste à peu près identiques à celles qu'ils remplissaient dans le Védisme et le Brâhmanisme primitif; nous rappellerons seulement que, d'après la conception nouvelle, bien que nés de la substance de Brahmâ ils ne doivent leur rang et leur immortalité qu'aux pratiques de piété et d'ascétisme auxquelles ils se sont livrés depuis leur naissance, et qu'il sont perpétuellement menacés de déchéance dans le cas où des hommes, des démons ou des génies, parviendraient à les surpasser en mérites religieux ; catastrophe qui manqua souvent de leur arriver et à laquelle ils n'échappèrent en maintes occasions que grâce aux prouesses et aux ruses de Vishṇou.

Un fait important à constater dans les idées nouvelles relatives à la création, c'est l'existence d'une matière grossière, inintelligente, inerte, inanimée, assez semblable à la *rudis indigesta que moles* des Grecs et des Romains, sorte d'océan chaotique dont les molécules se condensent, se liquéfient ou se volatilisent, à la volonté du démiurge, pour former l'atmosphère, les océans, la terre, et que son souffle, son esprit, ou son âme pénètrent dans toutes ses parties pour lui donner la vie à ses divers degrés. Cette matière est éternelle et par conséquent préexistante et indestructible ; mais quand l'*Esprit* de Brahmâ ou l'*Ame Universelle* cesse de l'animer elle se désagrège et retourne au chaos primordial.

L'Univers créé par Brahmâ se compose, suivant la tradition brâhmanique, de trois mondes : 1° le monde supérieur demeure des divers dieux ; 2° le monde intermédiaire qui comprend la terre et l'atmosphère ; 3° le monde inférieur ou des Enfers.

Le monde supérieur est formé de sept, ou plus généralement de cinq divisions (cette description varie suivant les écoles), qui sont : 1° *Svar-loka* ou *Svarga*, monde ou paradis d'Indra ; 2° *Mahar-loka*

(Mahârṡis-loka) monde des grands rishis ; 3° *Djana-loka*, (Jana-loca) où vivent les dieux fils de Brahmâ ; 4° *Tapar-loka*, demeure des dieux supérieurs ; 5° *Satya-loka* ou *Brahmâ-loka*, qu'on appelle aussi *Moksha* ou *Moukti*, résidence de Brahmâ lui-même, lieu de félicité et de repos éternel où les élus viennent se réunir et se fondre dans l'âme universelle. Cependant les Vishnouites et les Çivaïtes orthodoxes placent le *Mokska* au dessus des *Brahmâ-loka* et en font un ciel supérieur demeure de Vishṇou ou de Çiva respectivement. Ces dieux sont alors considérés chacun comme la véritable âme universelle et c'est dans leur sein que viennent s'absorber les élus définitivement libérés de l'obligation de renaître.

Le monde intermédiaire se compose de deux régions ; 1° *Bhour-loka* (Bhur-loka), la terre, 2° *Bhouvar-loka* (Bhuvar-loka), l'atmosphère. La première est habitée spécialement par les hommes et les créatures animales ; la seconde par les génies et certaines classes de démons supérieurs.

Quant au monde des Enfers il compte, suivant les sectes, huit, dix-huit, vingt-huit ou trente étages, tous de plus en plus terribles. On le désigne généralement sous le nom de *Naraka* qui n'est en réalité que le cinquième de ces degrés de désolation. Il ne faut pas oublier que l'enfer brâhmanique n'est pas éternel. C'est une sorte de bagne où l'âme expie, pendant un temps déterminé, proportionnel à ses fautes, les erreurs ou les crimes qu'elle a pu commettre, et d'où elle sort purifiée et pardonnée pour recommencer une nouvelle série d'existences au bout desquelles elle peut, quand même, arriver au Moksha.

La création de l'homme et des animaux, a donné lieu à plusieurs traditions ou légendes différentes :

Suivant la première, Brahmâ fit naître des eaux, de la terre et de l'atmosphère les divers animaux qui habitent ces régions par le seul effet de sa volonté ou de sa méditation. Puis de la même manière il tira l'homme de son propre corps, faisant sortir le Brâhmane de sa bouche, le Kshatrya de ses épaules, le Vaiçya de ses cuisses et le Çoudra de ses pieds, établissant ainsi les quatre castes dès l'instant même de la création.

D'après la seconde tradition, il procréa des dieux de rangs divers qui chacun, à leur tour, donnèrent naissance aux génies, aux démons, aux hommes et aux animaux.

Enfin, selon une troisième légende, Brahmâ, ayant formé le monde et créé les dieux, s'ennuyant dans l'isolement où le condamnait son rang supérieur, fut pris du désir de procréer. Alors il fit naître de sa propre chair sa fille *Sarasvati*, déesse de la science et de l'éloquence, ou de la parole, et l'épousa. De cette union naquit le *Manou Svâyambhou* ou *Virâdj* qui fut le père de la race humaine. Le nom de *Virâdj* est aussi fréquemment donné à Brahmâ lui-même. Cet inceste souleva l'indignation des dieux. Prise de honte à leurs reproches, Sarasvati s'enfuit et pour se mieux cacher prit successivement la forme femelle de tous les animaux. Mais Brahmâ, prenant chaque fois la forme du mâle correspondant, sut la rejoindre et engendra ainsi les animaux qui vivent sur la terre, dans l'air et dans les eaux. Cependant les dieux révoltés dirigés, par Vishnou, attaquèrent Brahmâ, le vainquirent, le forcèrent à renoncer à la puissance suprême, à la direction du monde, et à se retirer dans le Brahmâ-loka.

On ne nous dit pas combien de temps Brahmâ

employa à créer le monde. Tout ce que nous savons c'est qu'à partir de l'instant de sa création l'univers doit durer un *jour de Brahmâ*, soit 4320000 années, au bout de ce temps il sera détruit par le feu et le vent, et le chaos règnera de nouveau pendant une période de même durée, après laquelle recommencera l'œuvre de la création. Cette époque chaotique, ou de repos de la matière impérissable, s'appelle une *nuit de Brahmâ*. L'ensemble d'un jour et d'une nuit de Brahmâ est un *Kalpa*, c'est à dire 8640000 années.

Le jour de Brahmâ se compose de quatre époques ou périodes, séparées l'une de l'autre par des crépuscules appelés *Saṃdhyâ* et *Saṃdhyânça*. Ces époques sont les Yougas (Yuga) ou âges.

La première, *Kritâ-Youga* (Kṛtâ-Yuga) a une durée de 4800 années divines, soit — l'année divine valant 360 années humaines — 1728000 années. C'est l'ère de la justice parfaite. Les hommes, tous brâhmanes, sont pieux sans efforts et sans tentations. Ils n'ont ni gouvernement, ni lois, absolument inutiles puisqu'ils observent la stricte justice. Ils ne sont obligés à aucun travail, la terre leur fournissant plus qu'abondamment tout ce qui est nécessaire à leur subsistance. Ils n'ont qu'un *seul Dieu*, un seul Véda et une seule caste (Hansa). Il n'est pas question de sacrifice ; mais cette omission paraît être en désaccord absolu avec le Véda qui oblige même les dieux à sacrifier. Pendant cet âge la durée de la vie humaine atteint quatre mille ans.

Le second âge, *Trétâ-youga*, compte 3600 années divines ou 1296000 années humaines. A cette époque paraît la caste des Kshatryas. La vie humaine n'est plus que de 3000 ans. Les sacrifices, les cérémonies s'établissent. L'homme n'est plus assez parfait pour pratiquer la vertu pour elle-même comme le simple accomplissement d'un devoir sacré. Il lui faut une récompense, encore spirituelle cependant, de ses sacrifices et de ses prières. La vertu et la justice décroissent. Le mal est près d'apparaître.

Au troisième âge, *Dvâpara*, qui n'a déjà plus que 2400 années divines ou 864000 années humaines, l'affaiblissement de la vertu, de la dévotion et de la justice va s'accentuant. C'est le moment où le Véda unique se scinde en trois. Le désordre et la désunion se mettent dans les choses religieuses et sociales. Il se forme des sectes ou des écoles qui rejettent tel ou tel Véda, acceptant tel ou tel autre, qui introduisent des innovations dans l'antique façon de procéder au sacrifice. La terre cesse de produire sans travail. Les passions assiègent les hommes et leur existence agitée descend à un maximum de 2000 années.

La quatrième époque enfin, le *Kali-youga*, « âge noir », celui dans lequel nous avons le malheur de vivre, ne doit pas durer plus de 1200 années divines, ou 432000 de nos années. Ici plus de vertu, plus de justice ; le mal a tout envahi. Le sacrifice lui-même, ce fondement du monde, est abandonné. Les crimes des hommes ne se peuvent plus compter. Aussi les désastres, les maladies, la famine, la guerre règnent sur la terre, punitions, hélas ! trop méritées, de l'aveuglement humain et de l'abandon des pures lois du Véda source divine de toutes vertus, de toute science, unique chemin de salut.

Cette conception des quatre âges du monde présente une analogie aussi curieuse que frappante avec les quatre âges : d'or, d'argent, d'airain et de fer de la mythologie gréco-romaine.

Nous avons dit tout à l'heure qu'à l'expiration de ces quatre âges, l'univers devait être détruit et la création tout entière rentrer dans le chaos. Cependant, d'après le Mahâbhârata et le Râmâyaṇa, il semble que cette destruction ne doit pas être complète. Les mondes supérieurs et inférieurs subsisteront avec leurs habitants, dieux, saints, génies, et démons ; seuls les mondes intermédiaires, la terre et l'atmosphère, seront détruits par le cataclysme auquel Vishṇou doit présider sous la forme d'un *cheval blanc, Kalki*. Cette période de 4320000 ans ne constitue plus alors un *jour de Brahmâ*, mais un *Mahâ-youga*, (grand âge) ou *Manvantara* (règne d'un Manou) et il faut 2000 de ces Mahâ-yougas pour faire un Kalpa, c'est à dire 8,640,000,000 d'années.

L'immortalité de l'âme est un dogme qui paraît établi chez les Indous dès les temps védiques, où nous voyons les âmes des Pitris aller, quand elles abandonnent leurs corps, habiter le royaume de Yama, c'est à dire le soleil ou bien les espaces inconnus situés dans les sphères supérieures du ciel au delà du soleil. Plus tard, à l'époque brâhmanique, on leur assigne aussi pour demeure les différents astres et plus spécialement les planètes. Nous avons vu que les principales constellations sont placées sous la protection et le gouvernement des Rishis, les plus saints et les premiers des ancêtres. Mais au temps dont nous nous occupons, ces places privilégiées sont toutes prises, ou à peu près, et le bonheur suprême offert comme la récompense finale et éternelle des fidèles, est simplement la réunion ou la fusion de l'âme individuelle dans le sein de l'âme divine universelle, l'absorbtion dans Brahmâ, ce qui lui assure la certitude de ne plus avoir à revivre sur la terre, ou dans les autres mondes intermédiaires.

L'âme, non seulement de tous les hommes mais de tous les êtres et peut-être de toutes les choses, est une parcelle de la substance ou de l'essence de Brahmâ, ou plutôt de Vishnou, puisque Brahmâ n'est que l'énergie créatrice et vivifiante de Vishnou. Cette âme était, naturellement, pure au moment de sa séparation d'avec le foyer de vie et d'intelligence d'où elle émane. Mais, le contact de la matière grossière et impure ayant créé en elle les passions, elle a perdu, sauf de très rares exceptions, sa pureté originelle. Ce principe découle clairement de la conception des Yougas pendant le cours desquels nous voyons l'humanité se pervertir de plus en plus, à mesure qu'elle s'éloigne de son point de départ, jusqu'au point de nécessiter la destruction de l'univers gangrené par le vice. Néanmoins elle peut reconquérir sa pureté initiale par une longue suite d'efforts et par les vertus, surtout par le mépris et le renoncement de toutes les choses mondaines. Seulement le court espace de la vie d'un homme ne saurait suffire à une telle tâche, surtout si l'on tient compte des défaillances fatales, et l'âme doit par conséquent recommencer sans trêve de nouvelles existences jusqu'à ce qu'elle arrive de nouveau à la pureté parfaite. Tel est le fond du dogme de la Métempsycose ou Transmigration des âmes. La parcelle de vie et d'intelligence qui anime le corps du plus infime des animaux peut progresser, s'élever de plus en plus dans l'échelle des êtres jusqu'à devenir homme, Kshatrya et Brâhmane et alors arrivée à ce point suprême obtenir l'entrée du *Svarga*, le ciel ou paradis présidé par Indra, lieu de repos et de béatitude relative auquel il ne manque que l'éternité de la durée. La vie dans le Svarga est, à ce qu'il semble, une reproduction perfectionnée de la vie terrestre ; les âmes s'y livrent aux occupations et aux plaisirs qu'elles préféraient sur la terre, sans négliger les devoirs religieux imposés aux dieux eux-mêmes. La présence des Gandharvas, musiciens, bardes et chanteurs, et des Apsaras, chargées de récréer par leurs chants et leurs danses les habitants du bienheureux séjour, lui donne une certaine ressemblance avec le paradis, tant soit peu matériel, que Mahomet promet à ses fidèles. Ce ciel paraît surtout réservé aux Kshatryas. Ceux qui ont des visées plus hautes et ne reculent pas devant les austérités et les macérations de la vie religieuse de l'ascète qui a renoncé au monde, peuvent espérer parvenir au Brahmâ-loka, paradis de Brahmâ, et au Moksha.

Il y a une certaine confusion entre ces deux paradis, du moins chez les Vishnouites. Pour les Çivaïtes et les Vaishṇavas (Vishnouites orthodoxes) le Brahmâ-loka est purement le domaine de Brahmâ entré dans le repos après l'accomplissement de son rôle de démiurge, et le Moksha est le lieu où s'accomplit l'union de l'âme parfaite avec le Dieu suprême, qu'il s'appelle Vishṇou ou Çiva. L'étude des livres religieux de l'Indouisme permet même d'affirmer qu'en réalité le Moksha n'est pas un lieu, mais, comme le Nirvâṇa, un état particulier de l'âme arrivée à la perfection et à l'union intime avec la divinité, puisque la plupart des docteurs des deux sectes admettent que l'on peut atteindre le Moksha au cours de l'existence terrestre.

Cependant l'âme ne progresse pas fatalement ; les passions qui l'agitent, les conséquences des actes coupables, ou péchés, commis dans des existences précédentes exercent sur elle une influence dont on ne peut se délivrer que par des efforts énergiques et continus au dessus de la portée du vulgaire et même, suivant les doctrines d'une partie de l'école Védantiste, qu'au moyen de la grâce divine. Il résulte de ce dogme que l'âme est exposée à des chutes qui sont fatalement punies, en vertu des lois éternelles du Karma (ou conséquence des actes), par un arrêt ou même une rétrogradation dans le cours de son évolution progressiste. Ainsi, pour certains crimes, l'homme devra renaître dans le corps de quelque animal, voire même des plus infimes (la théologie brâhmanique a prévu les cas où l'on peut redevenir insecte ou ver de terre) et comme punition suprême il pourra être condamné à un nombre de siècles d'enfer proportionné à l'énormité de son péché.

Les Enfers, dont nous avons déjà dit un mot à propos de la cosmogonie générale, se composent d'une série d'étages superposés où les âmes coupables subissent des tourments proportionnels à leurs méfaits. Tous les genres de tortures qu'a pu inventer l'imagination orientale, et Dieu sait si elle est féconde, y sont mis en action : le feu, le froid, la faim, la soif, les tortures corporelles, etc. On s'accorde généralement à reconnaître que l'enfer le plus redoutable est la région de *Raurava*. Seulement il ne faut pas perdre de vue que la peine de l'enfer est temporaire, que l'âme qui en sort conserve le mérite des bonnes actions qu'elle peut avoir commises, et qu'elle est assez purifiée par les souffrances endurées pour pouvoir recommencer sans infériorité la série des nouvelles existences au bout desquelles elle peut aspirer au bonheur du Moksha. On se rappelle que l'empire des enfers est attribué au dieu Yama, qui joue ici les deux rôles de Pluton et de Minos, de même que ses deux chiens Çâma et Çabala nous représentent très fidèlement le Cerbère à triple gueule.

Le dogme de la métempsycose appliqué dans toute sa rigueur ne comporte pas seulement le passage de l'âme dans les diverses formes animales pour aboutir à l'humanité. Il s'exerce également sur les différentes conditions que peuvent occuper les hommes et devient ainsi la sanction de la loi des Castes. Nous avons déjà signalé, en parlant du Brâhmanisme, la division du peuple Arya en quatre castes, ou classes : Brâhmanes, Kshatryas, Vaiçyas et Çoudras ; mais dans le brâhmanisme propre, cette division était le résultat de créations spéciales, le Brâhmane, le Kshatrya, le Vaiçya et le Çoudra étant issus successivement de diverses parties plus ou moins nobles du corps du créateur divin. Dans l'Indouisme il semble plutôt que ces classes soient considérées comme des degrés successifs de perfectionnement. Les Pourânas stipulent même le nombre d'années ou de renaissances régulièrement nécessaires à une âme pure pour passer d'une caste à l'autre ; seulement des vertus, une piété exceptionnelle, peuvent raccourcir ces stages obligatoires et permettre même de franchir d'un saut une ou plusieurs classes. Le Çivaïsme accorde même aux Çoudras d'atteindre de prime-saut et dans une seule existence terrestre au rang de brâhmane, le plus pur de tous les êtres, celui qui se rapproche le plus de la divinité. Néanmoins dans la forme religieuse qui nous occupe, les castes conservent au point de vue social, toute leur importance et leur exclusivité. Non seulement les alliances sont interdites d'une caste à l'autre, et les enfants issus de ces unions prohibées sont exclus du sacrifice (véritable excommunication) et rangés au nombre des déclassés les plus méprisables, mais même les simples relations mondaines sont interdites d'une caste à l'autre, sous peine d'une souillure qu'il faut laver par des pénitences et des purifications d'une excessive rigueur. Un Brâhmane, par exemple, ne saurait sans péché s'asseoir à la table d'un Kshatrya ou d'un Vaiçya, à moins qu'il ne soit convié en vue de l'accomplissement d'un sacrifice qui comporte l'obligation d'offrir un repas aux brâhmanes ; et encore, dans ce cas, faudra-t-il que les aliments qui lui sont offerts soient présentés crus, suivant les rites établis, et qu'ils soient acomodés par une personne de la caste brâhmanique. Du haut en bas ces mêmes formalités sont observées et poussées à un tel degré que la caste même des Çoudras s'est subdivisée en une multitude de sous-castes, toutes absolument fermées, formées des différents corps de métiers, qui ne sauraient ni s'allier entre elles ni même partager un repas en commun.

Avec une pareille organisation, on comprend que les devoirs religieux et sociaux doivent être d'une rigueur extrême. Tout d'abord, la quatrième caste, celle des Çoudras, est absolument exclue de la vie religieuse et du sacrifice. On lui permet à peine une instruction religieuse rudimentaire et la participation aux fêtes publiques célébrées en dehors des temples, au sanctuaire desquels elle n'a pas le droit de pénétrer. Le Çoudra ne peut que prier et apporter aux brâhmanes ses offrandes volontaires et la dîme exigée pour l'entretien du culte. Il ne compte pour ainsi dire pas dans la famille religieuse brâhmanique. Au point de vue tant religieux que social il n'y a de place que pour le *Dvidja* « deux fois né », c'est à dire l'individu appartenant à une des trois classes supérieures : Brâhmane, Kshatrya et Vaiçya, qui ont reçu une seconde naissance du fait de l'initiation. Par une sorte de compensation c'est à ces trois castes qu'incombent les devoirs religieux et sociaux les plus sérieux. Dès qu'ils ont atteint l'âge de cinq ans les enfants appartenant à ces trois castes doivent être mis entre les mains d'instituteurs qui leur apprennent à lire les caractères sacrés. A douze ans ils reçoivent le sacrement de l'initiation qui est suivi de l'investiture du cordon et de la ceinture sacrés. Le cordon est fait de coton pour les brâhmanes, de chanvre pour les kshatryas et de laine pour les vaiçyas. Ce cordon doit être tressé avec quatre-vingt un fils et long de trois coudées. Il repose sur l'épaule gauche, passe sous le bras droit et tombe jusqu'à la hanche. La ceinture est faite d'herbe Kouça. L'Indou doit porter toute sa vie le cordon ; quant à la ceinture il se dispense actuellement de la renouveler quand elle est usée.

A partir du moment de l'initiation le jeune Indou prend le nom de *Brahmatchâri* (brahmacâri) « étudiant » qu'il conservera jusqu'à ce qu'il se marie, c'est à dire pendant au moins huit ou dix ans. Pour suivre fidèlement les prescriptions brâhmaniques, le Brahmatchâri doit quitter sa famille et aller vivre chez son précepteur, ou *Gourou*, auquel il rend, en échange des leçons qu'il reçoit, tous les services domestiques. Il est surtout tenu de l'assister en tout ce qui regarde le sacrifice, notamment l'appropriation du terrain où doit s'élever l'autel, la récolte du gazon de Kouça qui doit le couvrir, du bois destiné à alimenter le feu sacrificiel et les trois feux domestiques. Ceux qui se vouent à la vie ascétique demeurent quelquefois toute la durée de leur vie auprès de leur gourou, ou, s'il meurt le premier, se font un pieux devoir de continuer à vivre dans son ermitage.

Une fois marié l'Indou des trois premières castes prend le nom de Grihastha, (gṛhastha) « maître de maison ». Sa vie se divise alors en trois périodes. Pendant la première il se doit surtout aux soins de sa famille naissante et travaille pour assurer aux siens l'aisance et le bien-être, s'il ne peut arriver à l'opulence. Il ne peut avoir qu'une seule épouse légitime. Bien que soumise au pouvoir absolu de son mari, la femme indoue a, de par la loi religieuse, une situation bien supérieure à celle des femmes appartenant aux autres nations de l'Asie. Elle a son rôle fixé d'une façon formelle par le rituel dans tous les sacrifices domestiques que le maître de maison ne peut accomplir sans la présence et la collaboration de la maîtresse de maison, à tel point que, devenu veuf, il est obligé de se faire remplacer par l'aîné de ses fils mariés, ou à son défaut par son plus proche parent. S'il se trouve absolument sans famille il peut cependant déléguer un brâhmane comme remplaçant, jusqu'à ce qu'il soit remarié. Dans le cas d'une absence du Gṛihastha, c'est la femme, qui est chargée du devoir d'entretenir le feu sacré du foyer domestique auquel, à son retour, le voyageur rallumera les deux autres feux sacrés. Elle ne peut légalement être répudiée que dans certains cas prévus par la loi, dont les trois principaux sont : l'adultère, la stérilité et le manque d'enfants mâles. La possession d'un fils est en effet indispensable à l'Indou brâhmane pour assurer la perpétuité des sacrifices en l'honneur des ancêtres, sacrifices à l'accomplissement desquels est attachée la destinée de la famille et le bien être des défunts.

Déjà dans les Védas nous voyons une nombreuse postérité d'enfants mâles mise au premier rang des biens demandés aux dieux. Un sacrifice spécial, dit de *Désir*, est institué pour l'obtention de cette faveur. Néanmoins, en cas d'absolue nécessité, telle que par exemple la mort de tous ses fils, le maître de maison peut réparer par voie d'adoption l'injustice du sort, à condition d'adopter un enfant de sa caste et autant que possible de sa famille. La privation de fils est généralement considérée comme une punition de grands crimes commis dans des existences antérieures.

Lorsque le maître de maison a assuré par son travail l'avenir de sa famille, il doit se relâcher de ses travaux et de ses soucis matériels, faire aux brâhmanes et aux temples des aumônes proportionnées à sa fortune et surtout s'adonner à répandre parmi ses frères de caste la connaissance des vérités de sa religion, donner le bon exemple de la piété et des vertus, et s'occuper d'approfondir pour lui-même et pour les autres le sens caché et mystique de la loi et des Védas. C'est la seconde partie de son existence.

Enfin quand le Dvidja a vu bien établie la prospérité de sa famille, quand il a marié ses fils et ses filles, qu'il a rempli en conscience ses devoirs envers la société, il peut songer à lui-même et penser aux moyens d'assurer son salut, de parvenir au Moksha. Il quitte alors le monde, se retire dans les bois ou au sommet de quelque montagne, s'y construit un ermitage et là, seul, ou avec sa femme, il attend dans la pratique de la prière, des austérités et de la méditation le moment de la délivrance finale. Nous n'avons pas besoin de dire que tous ne se résolvent pas à cette dure existence, surtout de nos jours, et que cette coutume tend à tomber en désuétude sauf chez un petit nombre de fanatiques.

Les fanatiques de tout âge et de tous rangs ont toujours existé dans toutes les religions. Ils sont très nombreux dans le Brâhmanisme actuel, où ils se rangent dans les trois ordres des Mounis, Yogis et Sannyasis.

Mouni (Sk. Muni) est le terme général par lequel on désigne les ascètes de divers ordres qui renoncent au monde pour se vouer exclusivement à la vie religieuse contemplative. Déjà en usage à l'époque védique ce terme est souvent appliqué aux Rishis vivant à l'état d'ermites. C'est le titre que l'on donne au Bouddha lui-même tant qu'il n'a pas fait preuve de ses pouvoirs surnaturels. Le Mouni fait vœu de pauvreté et de mendicité. Il vit des aumônes qu'il va recueillir chaque jour, ou bien des produits chétifs de son labeur et de l'élevage de quelques animaux domestiques. Il joue un rôle très important dans toute la littérature indoue, où nous le voyons en butte aux attaques des démons cherchant par tous les moyens à le troubler dans ses méditations et à lui faire perdre par quelque acte passionnel le fruit de ses longues austérités. Les démons Râkshasas semblent surtout s'acharner après lui et dans le Râmâyana et le drame de la Reconnaissance de Sacountala il est réduit à réclamer contre eux le secours des armes matérielles du divin Râma ou du roi Doushmanta. Le Mouni est généralement entouré de disciples avides de profiter du fruit de ses méditations et de son expérience et de se façonner sous ses ordres à la discipline religieuse. C'est en partie à l'ordre des Mounis que l'Inde est redevable du prodigieux développement de sa philosophie.

Le Yogi est le religieux qui se livre plus particulièrement à la pratique du Yoga, système philosophico-religieux basé sur la méditation abstraite, ou l'extase, par laquelle l'âme du sage entre en communication directe ou même en union avec la divinité. Le Yogi s'astreint à des austérités sévères, jeûnes, abstinences, veilles, macérations de toutes sortes. Il s'applique aux sciences occultes. Il passe, et lui-même le prétend, pour posséder une puissance surnaturelle lui permettant de voir à la fois le passé, le présent et l'avenir, d'agir sur la nature et d'en suspendre à volonté les lois. Les Yogis sont presque tous Çivaïtes.

Le Sannyasi était primitivement le plus parfait des ascètes, le brâhmane parvenu au dernier terme de la carrière humaine, prêt à se fondre dans la divinité ou l'âme universelle, être si parfait qu'il n'y a plus pour lui de lois ni sociales, ni religieuses, ni fautes, ni crimes ni vertus. Quoiqu'il fasse il ne peut pécher. Il est presque un dieu sur la terre. On comprend tout ce que cette situation faite au Sannyâsi a d'anormal et de dangereux. Il en est promptement résulté que le Sannyâsi se livrant sans aucune retenue à toutes ses fantaisies et souvent à des actes de folie mystique que la loi était impuissante à réprimer, est arrivé a commettre impunément sous le couvert religieux les actes les plus répréhensibles et qu'encouragés par la certitude de l'impunité nombre de gens ont joué au Sannyâsi pour pouvoir sans contrainte satisfaire toutes leur passions. Le caractère particulier des Sannyâsis étant le pouvoir de faire des miracles ils ont appelé à leur aide toutes les rouéries de la jonglerie indienne et aujourd'hui cet ordre de religieux n'a plus guère d'autre but que de recueillir d'abondantes aumônes par des pratiques d'hypnotisme et de catalepsie volontaires qui leur permettent de se tenir dans des poses incompatibles avec les lois de l'équilibre, de se taillader le corps, de se suspendre au moyen de crochets qui leur percent les chairs, au grand ébahissement et pour la plus grande édification du public, sentiments qui se traduisent naturellement par l'abondance des quêtes.

Par sa nature, par son caractère et peut être aussi par son climat accablant plus favorable à la rêverie qu'à l'action, l'Arya indou semble avoir de tout temps été entraîné vers les spéculations philosophiques. Dans les Brâhmaṇas déja cette tendance se révèle. Les longs loisirs de l'ascète, la méditation dont on lui fait un devoir, devaient nécessairement la développer et la pousser jusqu'à ses extrêmes conséquences. Aussi ne devons nous pas nous étonner de trouver dans l'Inde ancienne et moderne un grand nombre d'écoles philosophiques. Le cadre restreint de ce travail ne nous permet pas de nous lancer dans une étude particulière de chacun des systèmes et nous devrons nous borner à indiquer sommairement les doctrines principales des six grandes écoles, sources et origines de toutes les autres.

Il existe depuis quelques années chez un certain nombre de savants européens une tendance à attribuer à l'influence grecque le développement de la civilisation indoue. A les en croire, c'est aux Grecs d'Alexandre que l'Inde doit ses arts, ses monuments, son alphabet, sa poésie, ses sciences, son astronomie et sa philosophie. Nous n'avons pas à discuter pour le moment cette opinion en général ; mais dans le cas particulier qui nous occupe, nous croyons pouvoir affirmer que bien avant l'invasion grecque il existait dans l'Inde au moins deux écoles philosophiques, existence dont nous trouvons la preuve dans les idées et les enseignements du Bouddha, pour ne citer que lui, qui nous donne une date minima d'au moins deux cents-ans antérieure à l'expédition d'Alexandre le Grand. Quand à fixer même approximativement l'époque où ces écoles se sont fondées, cela est absolument impossible dans l'état actuel de notre science, les dires exagérés des Indous ne pouvant être acceptés que sous bénéfice d'inventaire sérieux.

Les six grandes écoles de philosophie indienne sont généralement comprises sous le nom général de *Darçana* « spéculation. » Leur but, il n'est pas besoin de le dire, est d'éclairer et d'interpréter les idées et les dogmes des livres sacrés et d'en expliquer les mots. Leur point de départ c'est le Véda. Mais elles se sont élevées à une telle hauteur métaphysique, elles se sont laissées aller à de telles subtilités, qu'il est souvent difficile de les suivre et de les comprendre, même avec le secours des nombreux commentaires qui accompagnent leurs principaux traités.

Selon la tradition indoue, la plus ancienne de ces écoles est celle qu'on appelle *Nyâya*, c'est-à-dire la « véritable méthode pour conclure à l'aide de l'analyse ». Sa fondation est attribuée au sage *Gotama* ou *Gautama* qui, dit-on, ne serait autre que le fameux rishi célèbre par ses démêlés avec Indra. C'est, nous le savons, la propension habituelle des Indous d'attribuer aux rishis la composition de tous les ouvrages dont les auteurs sont inconnus ou bien portent le même nom que l'un de ces saints personnages, et comme il y a plusieurs Gautama il est assez difficile de décider auquel doit revenir l'honneur de la paternité de la première école philosophique de l'Inde. La méthode Nyâya a la logique pour fondement. Elle admet la réalité du monde et des objets extérieurs. Elle accorde une assez large place aux sens comme moyens d'observation et de vérification des inductions formées par l'esprit, ne discute pas l'existence des dieux, qu'elle accepte comme exerçant effectivement les fonctions que leur assigne le Véda.

L'école *Vaiçeshika* (Vaiçešika) fut fondée par le philosophe *Kaṇâda* qui était, croit-on, contemporain de Gotama, et par conséquent elle s'est développée parallèlement au Nyâya. On ne sait rien de précis sur Kaṇâda. Les doctrines du Vaiçeshika sont les mêmes que celles de l'école précédente auxquelles il ajoute cependant la théorie de l'existence d'un monde périssable formé par l'aggrégation d'atomes d'une matière éternelle, impérissable.

La troisième école, le *Saṃkhya*, a pour maître le sage *Kapila*, auquel l'admiration de la postérité a prêté une origine divine en en faisant une incarnation de Vishṇou ou d'Agni, fait assez surprenant si nous considérons que le Saṃkhya refuse aux dieux le pouvoir créateur, nie même leur existence tout en respectant par une étrange inconséquence l'autorité du Véda. Il affirme l'éternité de la matière, *Prakriti*, qui renferme en elle-même la virtualité de tout ce qui existe, de quelque nature et de quelque forme que ce soit, et qui prend les diverses formes des objets par son association momentanée avec le principe, intelligent, *Pourousha*, éternel aussi. Par suite cette éternité s'étend à l'univers qui se forme, se développe, décline et périt pour recommencer sans cesse, ainsi que nous voyons tout dans la nature naître, croître et mourir. Il fut le premier à proclamer que le mal et la douleur sont inhérents à l'existence et ne peuvent en être éliminés, et que par conséquent le but de l'âme intelligente doit être de trouver, avec l'aide de la science, le moyen de supprimer entièrement l'existence. Cette école est incontestablement la plus importante de l'Inde ancienne par l'immense influence qu'elle a exercée et par les conséquences religieuses et morales de ses doctrines matérialistes et athées qui développèrent les idées pessimistes et frayèrent les voies au Bouddhisme.

Le *Yoga* fut fondé par *Patanjali* au troisième ou au second siècle avant notre ère. Cette école suit en grande partie les doctrines du Saṃkhya, dont elle se sépare cependant en admettant l'existence d'une âme universelle existant dans toutes les choses et tous les objets de la nature, et distincte des âmes individuelles. Elle a été l'origine des systèmes de mysticisme en affirmant la possibilité et la nécessité pour les âmes individuelles de s'unir avec l'âme universelle et en recherchant les moyens d'arriver à ce but. Peut-être concourrut-elle à l'évolution indouiste et à la conception panthéiste du dieu unique, présent en tout et partout. On prête aussi à son fondateur une origine surhumaine. Patanjali, dit-on, serait descendu du ciel sous la forme d'un petit serpent.

La cinquième école philosophique porte le nom de *Mîmâṃsâ* ou *Pourva-Mîmâṃsâ*. Elle fut instituée par *Jaimini*, que l'on prétend disciple du célèbre Vyasa, et selon quelques auteurs pourrait remonter au 5me siècle avant notre ère. Il semble cependant qu'elle se soit inspirée du Yoga. Son objectif est d'aider à l'interprétation des Védas, au point de vue spéculatif et pratique.

La sixième porte le nom de *Védânta* ou *Outtara*

Mîmâmsâ. Bien qu'elle n'ait aucune analogie avec la précédente assez souvent on les réunit sous le nom unique de Védânta. Les Indous attribuent sa fondation au sage inspiré *Vyasa*, le prétendu compilateur du Véda et des Pourânas et auteur du Mahâbhârata. On suppose généralement que cette école a été instituée pour combattre et réfuter les enseignements des bouddhistes. Elle serait par conséquent de date relativement récente. Ce qu'il y a de certain, c'est qu'elle ne prit d'importance que sous l'impulsion du célèbre *Çankarâtcharya* (Çankârâcarya) qui pourrait bien être son véritable fondateur.

Comme doctrines spéciales, elle établit l'existence d'un dieu omniscient, omniprésent et tout puissant, créateur, conservateur et destructeur de l'Univers. La création est son œuvre, ou plutôt « un acte de sa volonté ». Il est unique. Il est l'esprit ou l'âme universelle. Lorsque l'univers se dissoudra tous ses éléments se réuniront, s'absorberont en lui. C'est aujourd'hui le système le plus enseigné ; mais une fraction cette école a maintenant adopté une tendance prononcée vers le Nihilisme.

A ces six grandes écoles il convient peut-être d'ajouter un système beaucoup plus récent, connu sous le nom d'école *Pourânique*, qui a emprunté ses doctrines un peu à toutes les anciennes écoles, surtout au Yoga, au Samkhya et au Védânta, et qui comme son nom l'indique, a pour principal objectif de défendre et d'interpréter les idées religieuses émises dans les Pourânas.

Nous avons déjà signalé, au commencement de ce chapitre, la division des brâhmanes indouistes en deux grandes sectes, ou plutôt religions étant donné les différences capitales qui les séparent ; mais sous l'influence des écoles philosophiques chacune de ces deux sectes se divisa en un nombre toujours croissant de sous-sectes sous le prétexte de quelque divergence d'interprétation de dogmes, de préférence pour telle ou telle divinité, ou simplement d'une importance particulière accordée à quelque détail de rite ou de vêtement. La plupart de ces sous-sectes ont trop peu d'importance pour que nous entrions dans une description détaillée de chacune d'elles. Nous nous bornerons à signaler les principales, celles dont les noms risquent de se rencontrer le plus souvent dans les livres relatifs à l'Inde, ou qui s'écartent le plus de l'ensemble des traditions orthodoxes, et d'indiquer brièvement les différences qui les caractérisent.

En règle générale on distingue les Vishnouites des Çivaïtes par les marques sectaires, ou *stigmates*, imprimées sur les parties visibles de leur corps. Cependant beaucoup d'Indous ne portent pas habituellement les stigmates et ne se les appliquent qu'au moment des cérémonies religieuses.

Pour les Vishnouites, le stigmate sectaire habituel consiste en deux traits perpendiculaires tracés avec une couleur blanche (une sorte d'argile) sur le front, de la racine des cheveux aux sourcils, et réunis à la base du nez par une barre horizontale. Dans son ensemble la marque figure une sorte de V à base carrée. Quelque fois on y ajoute au milieu un autre trait vertical de couleur rouge. La même figure est reproduite sur la poitrine, sur les bras et quelque fois même sur le ventre, avec l'adjonction entre les deux traits d'un cercle rouge représentant le disque ou foudre (Tchakra), ou bien une reproduction de la conque sacrée (Pantchajanya ou Çankha), attributs particuliers à Vishnou. Certains Vishnouites se con-

BRÂHMANE ÇIVAÏTE.
Dessin de Félix Régamey (Musée Guimet, n° 4784).

tentent d'un cercle blanc peint sur le front, la poitrine et les bras.

Les Çivaïtes ont pour stigmates, empreints sur les mêmes parties du corps, soit un trident, soit un serpent, soit un tambour, c'est-à-dire les attributs du dieu Çiva, soit simplement trois barres parallèles horizontales.

Quelques dévots se font imprimer ces marques au fer rouge afin de les rendre indélébiles ; mais cet usage est généralement condamné par les autorités religieuses comme contraire aux prescriptions du Véda et au respect dû à la chair du brâhmane.

Les Vishnouites se divisent en vingt sectes principales, parmis lesquelles les plus importantes ou les plus intéressantes sont :

Les *Vaishṇavas* (Vaiṣṇava) qui se prétendent les véritables Vishnouites orthodoxes. Leur culte s'adresse à Vishṇou sous sa forme de Kṛishṇa, et à Lakshmî sous la forme de Râdhâ, une des nombreuses concubines de Kṛishṇa, qu'ils élèvent au rang d'épouse légitime au détriment de Roukminî qui est la véritable incarnation de Lakshmî. Pour eux Kṛishṇa est le dieu suprême, éternel, créateur du monde et âme universelle. Il est tout à la fois Vishṇou, Brahmâ et Çiva. Le salut final, ou Moukti, consiste en l'identification de l'âme du dévot avec Kṛishṇa, et la meilleure voie pour y parvenir est l'invocation fréquente du nom de ce dieu ou de ceux de ces nombreux avatârs. Le trait caractéristique de cette secte est d'admettre dans l'intérieur des temples les fidèles de toutes castes. Lors de la grande fête de Jaggannâtha elle pousse même la tolérance jusqu'à réunir tous les pèlerins dans un repas sacrificiel commun. Ses sanctuaires les plus renommés sont ceux de Jaggannâtha, de Dvâraka, de Vrindavan et de Mathourâ. C'est la secte la plus importante au point de vue du nombre des adeptes, surtout dans l'Inde du nord et principalement au Bengale.

Les *Râmânoudjas* (Râmânuja) qui adorent Vishnou et Lakshmi dans toutes leurs différentes incarnations. Ils affirment que Vishnou est Brahmâ ; qu'il est réellement le créateur de l'univers ; qu'il est à la fois l'esprit suprême, ou cause, et la matière inerte, ou effet, que Vishnou et le monde ne font qu'un puisque tout est pénétré de son esprit. Leur culte se compose de trois actes : 1° le nettoyage du temple et la toilette des images ; 2° la récolte des objets qui doivent figurer dans le sacrifice ; 3° la présentation des offrandes qui consistent seulement en fleurs et parfums, les sacrifices sanglants étant interdits dans cette secte. Les fidèles sont astreints à préparer eux-mêmes leur nourriture et à prendre leurs repas dans une solitude absolue. Si quelqu'un touchait ou regardait seulement leurs mets pendant qu'ils les préparent ou les mangent, cette nourriture serait souillée et ils devraient la jeter ou l'enfouir.

Les *Râmânandis* qui adorent particulièrement Vishnou sous sa forme de Râma-Tchandra et Lakshmî sous celle de Sitâ. Ils professent aussi une dévotion particulière pour Lakshmana, frère de Râma et pour son compagnon et allié Hanoumân, le dieu-singe fils du vent. Ils rendent bien aussi un culte à toutes les autres incarnations de Vishnou, mais en affirmant la prééminence de Râma. Cette secte compte paraît-il un grand nombre d'adeptes, et, ce qui fait son principal intérêt pour nous, c'est qu'elle a été adoptée par les belliqueux Radjpouts que l'on dit être les derniers restes des Kshatryas. Elle est surtout répandue dans l'Inde septentrionale.

Les *Kabir-Panthis*. Cette secte assez récente a été fondée par un disciple des Râmânandis nommé Kabir. Il est évident qu'elle est postérieure à l'invasion musulmane puisqu'elle fait allusion aux dogmes mahométans, auxquels il semble du reste qu'elle ait emprunté son antagonisme contre les pratiques idolâtriques. Selon la légende courante, Kabir, fils d'une vierge veuve d'un brâhmane, fut exposé par sa mère et adopté par un tisserand. Mais ses partisans lui prêtent une origine divine et prétendent qu'il fut recueilli par le tisserand et sa femme dans un lotus miraculeux flottant sur un étang sacré proche de Bénarès. Ils en ont fait une incarnation, et l'adorent exclusivement comme représentant, du dieu unique créateur de l'univers. Selon leurs dogmes, dieu, l'homme et l'univers sont identiques, du moins au point de vue de l'origine. Ils admettent l'immortalité de l'âme et la transmigration ; seulement ils prétendent que le paradis et l'enfer sont de pures illusions inventées par Mâyâ, fille du dieu créateur, mère et épouse tout à la fois des dieux Brahmâ, Vishṇoú et Çiva. En réalité le paradis et l'enfer se trouvent sur la terre et ne sont pas autre chose que les félicités que l'on y goûte, ou les malheurs dont on y est accablé. Ils prêchent trois principes : *l'Humanité*, la *Vérité* et le *Recueillement* dans la solitude et loin du monde. Le salut final consiste dans la réunion définitive avec l'esprit du dieu créateur. Ils rendent cependant un culte à la plupart des divinités indoues et surtout à Vishṇou.

Les *Vallabhâtcharis* (Vallabhâcari) qui adorent Krishṇa comme le dieu unique, esprit et essence universels, créateur de la matière et du monde. Tous les autres dieux sont nés de lui après qu'il eut créé l'univers : Vishṇou sortit de son flanc droit, Çiva de son côté gauche, Brahmâ de sa main, Dharma de son souffle, Sarasvatî de sa bouche, Lakshmî de son cerveau, Dourgâ de son esprit, Râdhâ de son flanc gauche. Ils adorent Kṛishṇa sous toutes ses formes : comme enfant, comme jeune homme et comme homme fait. Son culte comprend huit cérémonies par jour, sans compter les sacrifices exceptionnels célébrés à l'occasion de certaines fêtes, telle que celle de *Janamashtami*, ou de la nativité de Krishna, et de *Râs-yâtrâ* en commémoration de ses divertissements avec les bergères ou Gopîs. Le sanctuaire principal de la secte est à Çrî-Nâtha-Douar où l'on adore une image du dieu qui, dit-on, vint toute seule de Mathourâ lorsque ce temple fut détruit par ordre d'Aureng-zeb.

Les *Madhavâtcharis* (Madhavâcari) qui, tout en rendant à Vishṇou le même culte que les autres sectes vishnouites, admettent dans ses temples sur le pied d'égalité les images de Çiva, de Skandha et de Dévî.

En ce qui concerne les Çivaïtes, il y a lieu d'établir une division très marquée entre ceux du nord et ceux du sud de l'Inde.

Dans le nord il n'y a en apparence qu'une seule secte, ou du moins les divergences qui peuvent séparer les fidèles sont inappréciables pour nous. Mais là le culte de Çiva a un caractère marqué de brutalité qui se traduit par la fréquence des sacrifices sanglants et le nombre des victimes qui y sont immolées, des chevreaux pour la plupart. C'est presque uniquement sous la forme du Linga que l'on adore Çiva dans cette partie de l'Inde. A côté de lui, et presque plus important que le sien, se développe le culte licencieux et cruel des *Saktis*, c'est à dire Kâlî, Dourgâ et Bhavânî, épouses de Çiva, formes diverses de la déesse Prithivî ou Pârvatî, la terre ou la nature considérée comme principe destructeur.

Dans le sud, au contraire, le culte de Çiva, tout philosophique, est aussi doux et aussi humain, sinon plus, que celui de Vishnou dont il prend du reste la place et les attributs comme dieu suprême, créateur et protecteur du monde. L'adoration des Çaktis est à peu près nulle et, en tout cas, beaucoup plus adoucie. Nous manquons malheureusement de renseignements précis sur l'état actuel du Çivaïsme dans l'Inde méridionale dravidienne, et nous sommes obligés de nous en tenir à ceux que nous fournissent les anciens auteurs Çivaïtes du IXe au XIe siècle. Dans le livre intitulé, *Çiva-jnâna-Siddhî*, l'auteur, Arounandi-Çivâtcharya, nous dit qu'il existe six sectes Çivaïtes orthodoxes, dont il ne nous donne malheureusement pas les noms (il n'en cite qu'une celle des Pasoupatas), et dix-huit sectes hétérodoxes ou hérétiques, au nombre desquelles il compte les Vaishnavas, les Djains et les Bouddhistes, ainsi que les sectes athées et matérialistes des Lokayitas, et des Tcharvakas qui cherchent le paradis dans les plaisirs et les jouissances terrestres. Deux autres auteurs, plus modernes Ânanda-Giri et Mâdhavâtcharya, nous donnent une liste de six sectes Çivaïtes qui sont probablement les six sectes orthodoxes d'Arounandi, mais sans fournir de détails sur leur compte. Ces six sectes sont : Çaïvas, Roudras, Ougras, Bhâktas, Jangamas et Pâsoupatas. Toutes considèrent Çiva comme le dieu unique, le créateur, le protecteur, et le destructeur du monde, pur esprit, éternel, tout puissant, omniscient, omniprésent et dont Vishnou, Brahmâ et tous les autres dieux ne sont que des manifestations diverses appropriées à l'intelligence de leurs adorateurs. Le culte de Çiva paraît avoir atteint dans l'Inde méridionale une pureté et une élévation dont n'approche pas celui de Vishnou, et par certaines de ses idées de charité et d'amour universel pour tous les êtres se rapproche tellement du bouddhisme qu'il semble difficile qu'il ne lui ait pas fait des emprunts. C'est dans cette forme du culte çivaïte que l'on trouve ces curieuses doctrines de la grâce efficace et suffisante qui semblent empruntées aux célèbres controverses des *Thomistes* et des *Molinistes*. C'est également au Çivaïsme que se rattachent les sectes des Yogis et des Sannyasis dont nous avons parlé un peu plus haut à l'occasion des écoles philosophiques.

En plus de ces diverses sectes vishnouites et çivaïtes, nous devons signaler, quoiqu'elles n'aient qu'un nombre très infime d'adeptes, les petites congrégations des brâhmanes adorateurs d'Agni qui continuent encore aujourd'hui à célébrer leur culte d'après les règles védiques et sans temples ; des *Sauraptyas*, ou adorateurs du soleil, qui ne peuvent prendre aucune nourriture tant que cet astre est invisible ; des *Gâṇapatyas*, ou adorateurs de Ganéça le dieu de la sagesse, et les *Nânakshahis* ou *Sikhs* qui professent une religion mélangée de brâhmanisme et de mahométisme.

Nous avons dit dans les premiers chapitres de cet ouvrage qu'on ne connaît aucun monument de l'époque védique et brâhmanique propre. Cependant on pourrait peut-être attribuer à ces antiques civilisations l'érection des Dolmens et des Menhirs de l'Inde, ainsi que la confection de ces curieuses excavations, pratiquées dans des rochers et surtout sur des blocs erratiques, que l'on désigne faute de connaître leur usage, sous le nom de *pierres à écuelles*. Plusieurs auteurs ont émis l'hypothèse que ces excavations ou *écuelles* auraient pu être pratiquées pour servir à la préparation du Soma. Quelques unes, en effet, sont entourées de rigoles qui rappellent par leur disposition celles qui se trouvent sur la partie inférieure, ou base des lingas ?

Si nous nous en rapportons aux livres bouddhiques, il aurait existé au temps de la naissance du Bouddha des temples et des images des dieux, puisqu'il y est question de la présentation du jeune héros dans un temple dont les statues quittent leurs piédestaux pour venir lui rendre hommage en s'inclinant devant lui. Mais jusqu'à présent on n'a rien découvert qui confirme cette assertion. Ce n'est qu'à partir de l'époque indouiste que nous trouvons des traces de monuments, et encore, suivant les archéologues les plus autorisés, les plus anciens temples connus ne remonteraient pas plus loin que le VIIe ou le VIIIe siècle de notre ère. On s'accorde généralement à attribuer aux bouddhistes et aux djains l'honneur d'avoir initié l'Inde à l'architecture et à la sculpture.

Les temples indous sont de trois sortes : creusés dans le roc, construits, sculptés dans le rocher. Les temples souterrains ou creusés paraissent être les plus anciens. Ils se composent généralement d'un parvis avec portique et galerie soutenus par des colonnes taillées dans la roche vive et servant d'entrée au souterrain. Celui-ci comprend une série de galeries et de salles s'enfonçant sous la montagne et constituant plusieurs chapelles occupées par les divinités inférieures. Le sanctuaire du dieu principal se trouve habituellement tout au fond du souterrain ou quelquefois au centre des chapelles. Les plafonds sont soutenus par des colonnes massives ménagées dans la roche vive et atteignant quelquefois une grande hauteur. Les parois sont couvertes de sculptures représentant des personnages divins, ou bien des scènes mythologiques, ou de peintures à la fresque qui rappellent celles de Pompeï et d'Herculanum. Le plus souvent l'image du dieu principal est isolée et placée sous une sorte de dais de pierre soutenu par quatre colonnes. Dans presque tous ces temples on a remarqué certains détails d'architecture imitant des poutres en saillie, ce qui a amené les archéologues à supposer qu'avant de creuser les temples on avait dû les construire en bois. Les plus célèbres temples souterrains sont situés dans l'Inde méridionale : ce sont ceux d'Ellora, d'Eléphanta dans l'île de Salsette, de Sanchi et d'Ajunta, ce dernier consacré à Krishna, tandis que les trois autres appartiennent au culte de Çiva.

Les temples construits sont de deux types bien distincts. Dans le nord ils portent la marque de l'influence des conquérants musulmans ; leur style est presque entièrement arabe et persan. Dans le sud ils sont restés absolument indous dans leur style général et dans leurs détails. Ils sont plus imposants, plus majestueux avec leurs immenses pyramides surchargées de sculptures de la base au sommet, un peu lourdes peut-être, que ceux du nord avec leurs grêles arabesques. Un temple brâhmanique se compose ordinairement de plusieurs enceintes successives (le grand temple de Çriringham en a sept) séparées les unes des autres par de vastes cours ou préaux, le plus souvent plantés d'arbres. On communique de l'une à l'autre par des portes pratiquées dans des pyramides quelquefois énormes, appelées *Gopouram*, entièrement sculptées. Ces sculptures représentent des scènes mythologiques empruntées aux Pourânas, au Mahâbhârata et au Râmâyana. Dans la dernière enceinte, par conséquent au centre de l'édifice, s'élève le sanctuaire proprement dit. Les brâhmanes seuls peuvent y pénétrer. Dans les enceintes du temple ou tout à côté, se trouve toujours un étang ou un bassin, *Tîrthâ*, destiné aux bains et aux ablutions obligatoires avant de pénétrer dans l'édifice sacré.

Les temples sculptés dans le rocher sont généralement des imitations des temples construits, à cette différence près qu'ils n'ont pas d'enceintes. Ce sont des collines tout entières dont le roc, mis à nu, est sculpté de façon à figurer un édifice. Quelques uns sont creusés à l'intérieur et présentent plusieurs étages praticables ; d'autres n'ont que la forme extérieure du monument et sont massifs à l'intérieur ou bien ne possèdent qu'une ou deux salles restreintes. Les plus curieux sont ceux de Mahâvellipouram, dans le gouvernement de Madras, communément appelés à cause de leur nombre les « sept Pagodes ».

Parallèlement aux temples sculptés et rentrant évidemment dans le même ordre d'idées, il ne faut pas oublier de signaler les nombreux rochers sculptés en demi-relief, ou quelquefois simplement gravés que l'on rencontre un peu partout dans l'Inde. Le plus célèbre de ces monuments de la piété indienne est la roche de Mahâvellipouram, sur laquelle se développe en relief toute la scène du Mahâbhârata connue sous le nom de « Pénitence d'Ardjouna »

Outre les temples on rencontre fréquemment, surtout dans les villes qui jouissent d'un renom de sainteté, nombre de couvents ou monastères appelés

Mâths. Ces monastères servent à plusieurs usages. Ce sont à la fois des maisons d'éducation religieuse, des asiles de retraite pour les religieux âgés et infirmes, et des caravansérails où les pèlerins s'abritent et se reposent, où les ascètes errants et les ermites viennent reprendre des forces et passer la saison des pluies. Ces maisons sont construites sur le modèle des anciens *Vihâras* bouddhiques. Elles se composent d'une série de constructions divisées intérieurement en cellules pour les religieux, entourant un édifice central isolé, demeure du supérieur, qui renferme aussi la bibliothèque de la communauté, le réfectoire et une salle commune pour les réunions. Le supérieur est ordinairement un brâhmane réputé pour sa vertu et pour sa science, veuf ou célibataire. Il est chargé de l'instruction religieuse des jeunes brâhmanes et autres Dvidjas, tâche dans laquelle il est aidé par les religieux qui résident d'une façon permanente dans le temple. Le personnel régulier et stable de ces monastères se recrute parmi les savants ; on n'y accepte qu'à titre d'hôtes de passage les Sannyasis, les Yogis et en général tous les ascètes, qu'on tient en fort médiocre estime. C'est dans ces couvents, comme dans ceux d'Europe au moyen-âge, que s'exécute le travail si long et si minutieux de la copie des manuscrits, ordinairement sur feuilles de palmier ; quelques-uns ont même des presses d'imprimerie. Les monastères sont accessibles à tout le monde. La claustration est inconnue dans l'Inde.

En dehors du culte quotidien rendu aux divinités auxquelles les temples sont consacrés, ils sont encore le théâtre de nombreuses cérémonies, les unes fixes, les autres accidentelles. Ces dernières sont célébrées à la requête des fidèles dans certaines occasions solennelles, telles que l'iniation d'un fils ou l'accomplissement du « Rite de désir » qui a pour but d'obtenir la naissance d'enfants mâles ; ou bien elles sont provoquées par l'inauguration d'une nouvelle image, le mariage d'un souverain, la mort d'un prince ou d'un brâhmane illustre, quelque calamité publique, famine, sécheresse, cyclone, inondation, guerre désastreuse, ou au contraire par quelque évènement heureux inattendu. Les cérémonies fixes se célèbrent pour les fêtes des divers dieux et principalement du dieu patron du temple, à l'anniversaire de quelque miracle divin, de l'érection du temple ou de la consécration de quelque image particulièrement vénérée. Ces fêtes, surtout celles des dieux et les anniversaires de fondation des temples, donnent lieu à des cérémonies d'une pompe et d'un éclat tout particuliers. Elles réunissent de nombreux pèlerins attirés de tous les points de l'Inde par la dévotion et plus encore peut-être par l'attrait des divertissements populaires, des foires, des marchés qui accompagnent toujours ces solennités et dont les Indous de toutes classes se montrent très friands. Il n'est pas rare qu'à leur occasion on donne quelque grande représentation des anciens drames classiques ou de mystères semblables à ceux qui se jouaient chez nous au moyen-âge. Une fête religieuse, Poudjà (Pujâ) se compose généralement de deux parties ou phases distinctes : la première se passe dans le temple, la seconde au dehors.

On sait que l'entrée dans le temple proprement dit ou dans le sanctuaire n'est permise qu'aux brâhmanes et à un petit nombre de privilégiés de haute caste. C'est devant cette assemblée d'élite qu'a lieu la première partie de la cérémonie qui consiste : dans 1°

le lavage des images sacrées avec du lait, du beurre clarifié, de la mélasse et de l'eau bénite : 2° des offrandes de fleurs, de feuillage, de parfums, de riz, de graines de sésame, de lumières (lampes ou cierges); 3° des sacrifices d'animaux, principalement des chevreaux, que l'on égorge devant l'autel et dont on fait brûler une partie des chairs. Après le sacrifice a lieu un repas dans lequel est consommé ce qui reste des victimes et du riz présentés aux dieux.

La partie populaire de la cérémonie comporte l'exposition aux regards de la foule des images sacrées et, habituellement, une promenade processionnelle de ces statues autour du temple. Le dieu principal est porté sur un palanquin, ou bien placé sur un char monumental traîné par des chevaux, des buffles, ou mieux encore par de nombreux fidèles qui s'imaginent par cet acte de piété gagner le paradis ou tout au moins obtenir de renaître dans une condition meilleure. Autour de la divinité favorite on porte les images des dieux secondaires qui composent sa cour. Le char, ou le palanquin, est escorté de la troupe des brâhmanes en tenue de cérémonie, de chanteurs qui célèbrent par les hymnes consacrés la gloire du dieu, de musiciens jouant du tambour, des cymbales, de la trompette, de la flute, de la conque marine et de la guitare, et enfin par les chœurs des bayadères qui dansent devant le dieu. La foule des fidèles rangée sur le passage du cortège salue de ses cris de joie et de ses chants religieux l'idole triomphante dont elle jonche la route de fleurs et de feuillage. La plupart du temps ces processions se font de nuit à la lumière de milliers de torches. Lorsque le dieu est rentré commence la fête populaire. Festins, chants et danses se prolongent bien avant dans la nuit pour recommencer le lendemain, car généralement ces fêtes durent plusieurs jours consécutifs.

Les mêmes cérémonies et réjouissances se pratiquent aussi dans certains lieux consacrés sur le bord de la mer, sur les rives du Gange, de la Djumna, de la Godavérî, et à de certains étangs tenus pour particulièrement sacrés. On vient s'y purifier par le bain de tous les points de l'Inde ; car l'Indou est grand amateur de ces pieux voyages, et, quoi qu'il n'y soit pas absolument obligé, tient à visiter au moins une fois en sa vie quelqu'un de ces lieux saints. Aussi pendant tout le cours de la belle-saison voit-on sur les routes des pélerins de toutes classes, isolés ou en troupe, se rendant à quelque pélerinage avec la même ferveur que les Musulmans font le voyage de la Mecque.

Nous venons de dire qu'outre les cérémonies solennelles un culte quotidien devait se célébrer dans les temples, service qui consiste en prières, offrandes de fleurs et de parfums, de riz, de sésame et de lumières. Peu d'Européens ayant pénétré dans les sanctuaires, il est difficile de savoir exactement comment les sacrifices s'y accomplissent et on est obligé de s'en tenir aux prescriptions des livres sacrés relatives aux offrandes à faire et au temps où elles doivent se faire, mais qui sont à peu près muettes sur la façon d'y procéder.

Nous savons toutefois par les livres et par les dires des brâhmanes que le culte dans les temples n'est que la partie la moins importante des obligations religieuses du fidèle et que, comme aux temps védiques, le culte domestique joue toujours le principal rôle.

Quand on consulte les rituels, le Dharmasindhou et

le Brahma-Karma par exemple, on est littéralement confondu de la multiplicité des obligations qui sont imposées au Dvidja chef de famille (ou maître de maison) et on comprend comment la plupart d'entre eux sont obligés de renoncer à toute occupation mondaine s'ils veulent remplir ponctuellement leurs devoirs sacrés. Nous allons essayer de donner une idée de la vie quotidienne d'un maître de maison scrupuleusement pratiquant d'après le Rituel intitulé Brahma-Karma.

Ainsi que nous l'avons dit dans le chapitre consacré au Brâhmanisme, tout brâhmane doit avoir dans un enclos dépendant de sa demeure, ou dans une pièce spéciale de sa maison, les trois feux sacrés domestiques, qu'il ne faut pas confondre avec le feu du foyer domestique. Celui-ci en effet, destiné aux usages du ménage, peut s'éteindre sans inconvénient, et se rallumer sans cérémonies au moyen d'un brandon pris à l'un des feux sacrés. Les trois feux sacrés s'allument solennellement le jour où le Brâhmane, étant marié, prend possession de sa demeure, devient maître de maison. On célèbre à cette occasion le sacrifice d'Agni, appelé *Agni-hotra* qui a pour première phase l'allumage du feu à la façon védique par la friction des Aranîs (voir pages 27 et 86). Ces feux ne doivent plus s'éteindre tant que vit le maître de maison, ou, si cet accident arrive, il faut de nouveau recourir à l'allumage sacré par le frottement de deux morceaux de bois. On se rappelle qu'aux temps védiques le brâhmane allumait le feu du sacrifice tous les matins ; actuellement il se contente d'entretenir les trois feux pendant le jour au moyen de quelques boules de fumier de vache séché et de les raviver à l'aurore. Ces trois feux sont placés sur trois foyers disposés en un triangle dont la base est tournée du côté de l'occident. Au sommet du triangle, c'est-à-dire à l'orient, est le feu appelé *Ahavania* qui est dédié à Vishnou, au midi le feu *Dakshina* consacré à Brahmâ et au nord le feu *Garhapatya* consacré à Çiva. Le feu de Çiva remplace celui de Vishnou quand le fidèle est Çivaïte.

Un peu avant le lever du soleil, le brâhmane prononce à haute voix, ou mentalement, la formule de la *résolution* ou du *vœu* de procéder au sacrifice et à l'ablution qui doit le précéder. Cette ablution qui se compose d'un bain et d'une onction de cendres prises aux trois foyers sacrés est accompagnée de prières et d'incantations, entre autres de la fameuse *Gayâtri* (voir page 92) et de signes mystiques des doigts (mudras) symbolisant les huit ustensiles sacrés du sacrifice. Ce premier devoir rempli, il pénètre accompagné de sa femme dans l'enceinte des feux sacrés. La présence de la femme est indispensable au point que le brâhmane veuf ne peut plus sacrifier tant qu'il n'est pas remarié. Ils s'approchent des feux, les raniment et font jaillir la flamme en y jetant des branches sèches de figuier sacré, de l'herbe de Kouça, du beurre clarifié et des graines de sésame. Pendant tout le temps la femme doit tenir sa main droite sur le bras droit ou sur l'épaule droite de son mari en symbole d'union parfaite. Ils récitent les hymnes du Véda relatifs au feu du sacrifice matinal et répètent la Gayâtrî.

Après cette première cérémonie le brâhmane procède au culte des cinq dieux protecteurs du foyer domestique : Vishnou, Çiva, Ganéça, Pârvatî et Soûrya. Il commence d'abord par adorer et honorer avec des prières et des incantations les ustensiles sacrés dont il va se servir, c'est-à-dire le pot à eau consacrée, la conque marine et la sonnette qui appelle les dieux et met en fuite les démons. Puis il présente à chacun des dieux séparément des offrandes de riz, de fleurs, de parfums, de sésame et une libation d'eau qu'il répand sur les offrandes disposées en tas devant chaque image. Prenant ensuite, si c'est possible, chaque image dans sa main, il la baigne ou l'arrose, s'il ne peut la déplacer, avec du lait frais, du lait caillé, du beure clarifié, du miel, de la mélasse et enfin de l'eau claire parfumée avec de la poudre de bois de santal et de l'aloës. La cérémonie du bain achevée il offre aux dieux des feuilles d'arbres ou des morceaux d'étoffe pour leur servir de vêtements, verse dans la lampe sacrée du beure clarifié, l'allume aux feux sacrés et fait l'offrande de la lumière. Enfin il fait en courant trois fois le tour de la place où se trouvent les cinq dieux, en ayant soin de leur présenter toujours le côté droit, et termine le sacrifice en buvant une gorgée de l'eau dans laquelle il a lavé les dieux.

Après les dieux domestiques c'est le tour des parents morts : aïeux, père, mère, frères, sœurs, oncles, tantes, etc., auxquels il offre une libation d'eau, un peu de riz et de sésame, en les appelant chacun par leur nom et en récitant pour chacun les prières et les incantations destinées à assurer leur bien-être dans l'autre monde. Cette pratique assurément inconséquente avec le dogme de la transmigration, est une survivance des usages et des idées védiques suivant lesquelles les ancêtres, ou Pîtris, habitent après leur mort les cieux, le soleil ou les astres.

Ce devoir de piété filiale accompli, le brâhmane fait le sacrifice au soleil qui ne consiste qu'en prières et incantations accompagnées d'une libation d'eau.

Enfin il offre un sacrifice collectif à tous les dieux

en s'adressant à Agni, le dieu du feu, qui est chargé de leur porter le sacrifice dans les cieux. Cette cérémonie se compose comme toujours de récitation de prières, d'incantations, d'hymnes du Véda, d'offrandes de riz, de fleurs et de fruits que l'on réunit en un tas sur lequel on verse une libation d'eau.

Ces diverses cérémonies emploient à peu près toute la matinée.

A midi, avant de prendre son repas, le brâhmane fait une nouvelle ablution semblable à celle du matin sauf le texte des prières récitées, et avec cette différence que s'il a la certitude de n'avoir encouru aucune souillure il peut se contenter d'une simple aspersion d'eau bénite ; mais il doit prendre le bain complet s'il a contracté une souillure quelconque. En terminant cette ablution il boit une gorgée d'eau consacrée et fait une nouvelle libation au soleil accompagnée d'une incantation spéciale.

Enfin le soir, au coucher du soleil, il fait encore une nouvelle ablution, toujours dans les mêmes formes, en changeant seulement le texte des incantations. De même qu'à midi, le bain peut être remplacé par une simple aspersion si le fidèle n'a contracté aucune souillure.

Telles sont les obligations religieuses quotidiennes du Dvidja, même laïque, et on se fera une idée de ce qu'elles ont d'astreignant si l'on se rappelle qu'outre leurs minuties d'exécution il ne faut changer ni les formules de prières imposées pour chaque sacrifice, ni un mot, ni une syllabe de ces incantations, et prononcer chaque syllabe avec l'intonation voulue. Le moindre oubli ou la moindre erreur entraîne la nullité du sacrifice qu'il faut se hâter de recommencer.

Mais ce n'est pas tout. A ces pratiques obligatoires

quotidiennes il faut ajouter la lecture obligatoire du Véda, l'instruction religieuse à donner à ses frères, les actes religieux accidentels et les actes obligatoires fixes, mais non quotidiens.

Les actes religieux accidentels sont presque toujours provoqués par des souillures. Il suffit en effet du contact d'un brâhmane impur, d'un homme de basse caste, d'un chien, d'une poule, ou simplement que l'ombre d'un être impur soit projetée sur le brâhmane, pour qu'il soit souillé. Il devient impur s'il touche un cadavre quelconque. De même si un de ses proches parents meurt, ou si quelqu'un meurt dans sa maison. Il est souillé s'il se produit une éclipse de soleil ou de lune et demeure impur tant que dure l'éclipse. Or dès que le brâhmane a conscience de sa souillure il doit immédiatement procéder à des ablutions accompagnées de prières appropriées à chaque circonstance, sous peine, s'il s'en dispensait, de souiller à son tour tout ce qui l'entoure.

Les actes obligatoires non quotidiens comprennent :

Les sacrifices anniversaires mensuels et annuels de la mort des proches parents, qui comportent des prières et des offrandes de riz, de fleurs et d'eau. En plus il est de règle d'offrir chaque mois, ou tout au moins chaque année, un repas aux brâhmanes en l'honneur des ancêtres qu'ils sont censés représenter, repas qui doit se faire le jour de la nouvelle lune, ou bien la veille ou le lendemain.

Les offrandes de boules de riz aux dieux, aux Pitris, aux démons, aux esprits errants et affamés (Baliharana), cérémonie très compliquée puisqu'il s'agit de donner une place à chaque divinité, à chaque ordre de génies, de démons, d'esprits dans un cercle imaginaire censé tracé sur le sol, et de placer devant chacun les offrandes voulues. Elle doit s'accomplir au moment de la nouvelle lune.

Les rites de jeûne obligatoires aux huitième et quatorzième jour de chaque demi-mois lunaire.

Il n'est pas absolument exact de se servir du terme de « prière » pour qualifier les formules usitées pendant les divers sacrifices ou cérémonies brâhmaniques. Ce sont plutôt des hymnes d'action de grâce ou de louanges, des rogations, ou des incantations supposées toutes puissantes sur la volonté des dieux et tirées des divers Védas, du Rig principalement. Seulement pour avoir toute leur puissance ces formules doivent être récitées scrupuleusement d'après leur texte hiératique, sans qu'il en soit changé un mot et avec l'intonation voulue pour chacune d'elles. Le simple fait de se tromper de quantité tonique sur une syllabe suffit à rendre sans fruit tout le sacrifice. Ces prières sont accompagnées de mouvements divers et de gestes mystiques (mudra) effectués avec les doigts et qui sont, soit des signes symboliques représentatifs des divinités, soit la représentation figurée des ustensiles sacrés dont le fidèle est censé se servir. On donne le nom de *Tantras* ou *Dharanis* aux formules mystiques et magiques qui agissent directement et inévitablement sur les dieux et surtout sur leurs Çaktis. Souvent la prière se simplifie et devient une sorte de litanie, répétition du nom du dieu invoqué auquel on adjoint le monosyllabe mystique. *Om* ! La prière qui passe pour la plus efficace consiste à répéter dans leur ordre canonique, et sans en omettre ou en intervertir aucun, les noms sacrés de la divinité implorée, exercice de mémoire qui ne manque pas de difficulté quand il s'agit de dieux comme Vishnou et Çiva qui ont chacun mille huit noms.

Telle est résumée, aussi brièvement que possible, la religion actuelle du peuple indou, bien moins intéressante pour nous (si toutefois une manifestation quelconque de l'esprit humain peut ne pas être intéressante) que ses devancières le Védisme et le Bouddhisme, car son action a été nulle en dehors de l'Inde proprement dite, du Cambodge et de Java, tandis que nous retrouvons les mythes et souvent les idées védiques dans tout l'occident avec les religions indo-européennes, et que le bouddhisme a su conquérir à sa foi plus de la moitié de l'Asie. Pendant les vingt et quelques siècles de son existence, elle s'est ingéniée à demeurer aussi fermée et aussi exclusive que l'était à son début la religion nationale du petit groupe des conquérants Aryas. Par son système de castes uniquement fondées sur la naissance et défendues par leur origine prétendue divine, elle a pu non-seulement maintenir presque intacts le prestige et le pouvoir des brâhmanes, mais encore se défendre de l'intrusion des éléments étrangers qui auraient risqué de devenir pour elle de dangereux dissolvants, et peut-être, sans le danger que lui fit courir le bouddhisme, n'eut-elle jamais accepté la fusion avec les Aryas conquérants des vaincus les Dravidiens du sud. Sous le couvert de l'inspiration divine et de la révélation elle a pu conserver dans ses dogmes toutes les idées d'un autre âge et y donner place aux superstitions populaires et aux croyances locales qu'elle avait besoin de flatter, exploitant ainsi la force de la tradition et de l'habitude, la crédulité et l'indolence pessimiste du caractère indou.

Mais la stabilité immuable et l'exclusivisme qui ont

un temps fait sa force sont maintenant pour elle des causes de faiblesse, non seulement parceque tout ce qui ne progresse pas doit périr fatalement, mais parceque le contact des étrangers, qu'elle est obligée de subir, introduit peu à peu des idées nouvelles et des aspirations avec lesquelles elle sera forcée de compter. Si depuis quatre siècles les missionnaires chrétiens n'ont recueilli dans l'Inde aucun profit de leurs efforts propagandistes (de leur propre aveu l'Inde est le plus ingrat de leurs champs de missions), il n'en est pas moins vrai que l'indifférence et le scepticisme ont grandi dans les hautes classes. Que les idées européennes d'égalité et de liberté pénètrent dans le peuple et ce sera fini de tout le sytème social et politique brâhmanique en attendant que la religion elle-même soit emportée dans la débâcle.

C'est ce qu'ont prévu depuis longtemps quelques esprits supérieurs. Dès les premières années de ce siècle, Ram-Mohun-Roy et son successeur Dayânanda Sarasvatî fondaient le *Brahmaïsme* et *l'Arya Samadj* dans le but de mettre leur religion au niveau des idées nouvelles et scientifiques apportées par les Européens. Ils en écartaient les abus et les croyances superstitieuses, les légendes invraisemblables, la pratique de l'idolâtrie, les castes, l'interdiction du mariage des veuves, et réduisaient le culte à la croyance en un seul Dieu, en la transmigration et en l'infaillibilité du Véda. Plus tard, en 1865, un de leurs successeurs Keshub-Tchunder-Sen fonda le Brahma-Samadj qui va dans cette voie de réforme jusqu'à rejeter l'autorité du Véda comme « n'étant pas d'accord avec les exigences de la raison ».

Nous ne pouvons que constater l'existence de ces nouvelles sectes sans préjuger ce que l'avenir leur réserve. Il est en tous cas intéressant de voir que dans l'Inde même quelques esprits d'élite se préoccupent de l'état d'infériorité où sont leurs croyances et leurs institutions sociales, et cherchent le moyen de les régénérer.

CONCLUSION

Nous voici parvenu au terme de notre tâche. Il ne nous reste plus qu'à résumer rapidement les grands traits de la religion de l'Inde et voir si nous y trouvons bien la vérification et la confirmation des hypothèses émises au commencement de cet ouvrage sur le développement probable des religions sous les quatre formes de naturalisme, polythéisme, panthéisme et monothéisme.

Tout d'abord chacune des trois formes par où a passé successivement la religion de l'Inde est nettement caractérisée par des livres qui lui sont propres et portent la marque du génie particulier à son époque.

Le Védisme a son Véda, simple recueil d'hymnes en l'honneur des dieux, célébrant leurs exploits, glorifiant leur bonté, leur générosité, pour les remercier des faveurs accordées à leurs fidèles adorateurs et les engager à en accorder de nouvelles pour lesquelles on promet une égale reconnaissance ; et naturellement ces dieux sont dépeints en héros, revêtus d'une forme humaine, la seule que puisse concevoir l'intelligence de peuples presque primitifs ; leurs combats mythiques sont de véritables batailles à la façon de celles qui se livrent sur la terre, préparant ainsi la personnification et l'anthropomorphisme de la divinité. A peine y trouve-t-on traces d'idées morales et d'organisation sociale ; le péché consiste en l'omission du sacrifice ; la société védique se révèle à l'état patriarcal, et luttant pour la conquête du sol.

L'objet principal du culte, la base du sacrifice est le feu, essence de la vie et l'importance qu'on lui donne semble presque nous ramener au souvenir des temps de misère où le feu était inconnu à l'homme. L'immortalité de l'âme n'est pas proclamée, mais implicitement reconnue par le fait que le ciel, le soleil et les astres sont les demeures des rishis et des pitris. L'idée de la création est à peine indiquée.

Le Brâhmanisme a les Brâhmanas et les Oupanishads, commentaires et paraphrases du Véda dont le sens est déjà devenu obscur, et d'où l'on cherche à tirer des prescriptions divines qui mettent sous la sanction sacrée les lois indispensables à la société déjà mieux organisée, mais aussi exposée à plus de dangers. Les dieux plus définis sont hiérarchisés ; on leur assigne une origine, un chef, Indra, un maître suprême Brahmâ. La création de l'univers devient un acte volitif de la divinité suprême personnifiée en Brahmâ. L'âme immortelle devient une particule de l'âme divine qui anime le monde entier. L'idée du péché se développe et se précise en tant que transgression aux lois divines et sociales. De même que les dieux l'humanité se hiérarchise ; les quatre castes apparaissent et la plus élevée usurpe définitivement le caractère sacerdotal.

L'Indouisme enfin possède des codes de lois, Dharmas et Çâstras, des poëmes épiques chantant les exploits des dieux absolument anthropomorphisés, des Pourânas qui mettent à la portée du vulgaire l'histoire mythologique de ces dieux augmentée de toutes les légendes populaires. La philosophie s'évertue à expliquer les idées védiques et brâhmaniques de plus en plus obscurcies et à les mettre d'accord avec les idées et la mythologie nouvelles.

Avec le Védisme nous nous trouvons en plein naturalisme. Il ne faudrait pas croire cependant que ce fut une religion tout à fait primitive. Si ses dieux représentent exclusivement des forces et des phénomènes de la nature, s'ils sont vagues, flottants, indéterminés, il n'est pas moins vrai que ce sont des conceptions déjà élaborées, marquées au cachet de l'observation attentive des phénomènes et des forces auxquels ils président et très éloignées des idées fétichiques grossières de l'homme primitif qui voit un dieu dans l'objet matériel lui-même, tandis que l'Arya védique adore non le soleil, ou l'orage, mais le dieu qui réside dans le soleil et règle sa carrière, qui provoque l'orage pour faire tomber la pluie fécondante emprisonnée dans le nuage. On peut donc jusqu'à un certain point dire avec M. Bergaigne que « les Védas contiennent, non pas les premiers tâtonnements de la raison humaine, mais les idées souvent bizarres et paradoxales d'une cosmogonie déjà très raffinée et mise au service du rituel », ou peut-être, que le rituel et le Véda sont nés simultanément l'un de l'autre, l'hymne créant la pratique ritualiste, et certains hymnes ayant été composés pour expliquer le rituel et lui donner une raison d'être, de même que nous voyons plus tard des légendes forgées de toutes pièces pour expliquer et justifier une fonction ou une forme donnée à un dieu, un mythe dont le sens est perdu. Mais ce ne serait pas une erreur moins grave de conclure de ce vague des dieux védiques, de la facilité avec laquelle ils se confondent ou se remplacent les uns les autres, de la supériorité et même de l'universalité que l'on donne indifféremment suivant les besoins à l'un ou à l'autre, et même de la conception indéfinie de l'Asoura principe et essence de vie, à un monothéisme primitif, et de voir dans le polythéisme en formation une déchéance de l'idée religieuse. Si les dieux védiques sont vagues et flottants, c'est qu'ils ne sont pas encore suffisamment dégagés des phénomènes qui leur ont donné naissance, et qu'ils ne sont pas encore assez anthropomorphisés pour devenir des dieux distincts et bien définis. Il ne faut pas perdre de vue qu'une divinité innommée ne représente pas, comme on est trop souvent porté à le croire, une notion élevée monothéiste, mais bien une idée mal définie, sans formes et sans rôle arrêtés, création d'une imagination trop bornée pour qu'elle puisse déterminer sa pensée et la revêtir d'une forme distincte des objets et des phénomènes de la nature. Il faut un grand développement de l'esprit, et une longue pratique du syncrétisme philosophique pour arriver à la notion d'un dieu unique, notion qui n'est autre que celle de l'Infini.

Dans le Brâhmanisme le polythéisme est décidé-

-ment établi. Les dieux complètement anthropomorphisés ont des fonctions bien précises, invariables, suivant lesquelles ils interviennent dans les affaires des hommes. Ceux-ci savent pertinemment à quelle divinité ils doivent s'adresser selon la faveur qu'ils veulent en obtenir, quelle est celle qui pardonne telle ou telle forme de transgression ou de péché, celle qui protège contre tel ou tel accident, et de quelle façon, avec quelles prières il faut adorer chacune d'elles. On a son dieu préféré sur la protection de qui on se repose et qui au besoin combattra les autres dieux en faveur de son client. Les dieux se sont entièrement dégagés des phénomènes et sont devenus des personnalités vivantes et agissantes douées d'une puissance qui peut s'exercer dans l'univers entier et sur toutes les parties de cet univers. En même temps le panthéisme fait son apparition par suite de l'assimilation de Brahmâ à l'âme universelle, principe vital, intelligent, spirituel, sans la coopération et l'association duquel la matière, quoique éternelle, demeure inerte et informe. Toutefois il ne semble pas que cette conception soit poussée à des limites extrêmes, mais que l'âme universelle anime seulement les êtres vivants, la nature inanimée demeurant inintelligente et inerte.

Dans la période Indouiste, le panthéisme se développe au détriment du polythéisme qui décline par suite de la situation prépondérante faite au créateur, Vishnou ou Çiva, âme, essence de vie, et esprit universel, qui anime tout et existe dans tout, même dans la matière inerte et inintelligente. Les autres dieux ne sont plus que ses créatures, supérieurs aux hommes à la vérité, mais n'ayant de pouvoir que par lui, sortes de fonctionnaires préposés au bon fonctionnement de l'univers et à sa préservation, ne jouissant que d'une immortalité relative puisqu'au jour du cataclysme final ils doivent disparaître comme le reste du monde pour rentrer dans le sein du créateur. L'Indouisme actuel nous présente ce phénomène curieux et, croyons-nous, unique d'une religion suivant à la fois deux courants absolument divergents : l'un populaire déclinant et s'abaissant de plus en plus, s'enfonçant dans la fange des superstitions transformant, sous prétexte de les expliquer et de les justifier, les traditions mythologiques en contes invraisemblables, enfantins ou ridicules quand ils ne sont pas licencieux. Il va sans dire que c'est celui que suit la foule. L'autre philosophique s'élevant par la puissance du raisonnement et la pureté de l'idée jusqu'à une conception presque parfaite de la divinité, de l'Infini. Son dieu est éternel, infini en tout, bon, tout puissant, présent en tout et partout à la fois, source de toute vie et de toute intelligence, maître suprême du monde, sans égaux, unique. Tous les autres dieux non seulement de l'Inde, mais du monde, ne sont que des formes de ce dieu unique appropriées aux divers degrés de l'intelligence de leurs adorateurs, et le culte qu'on leur rend c'est lui, l'*Unique*, qui le reçoit. Il est sans formes, invisible et incompréhensible pour ceux que n'a pas touchés sa grâce ; mais il illumine l'intelligence des élus ; il leur apparaît alors clairement visible dans ses œuvres et dans leur propre esprit.

Si ce n'est pas du monothéisme, ce n'en est pas bien loin.

Les deux grands schismes du Djaïnisme et du Bouddhisme ont dû incontestablement contribuer pour leur part au développement général de l'idée religieuse dans l'Inde, Jusqu'à présent, cependant, il est impossible de déterminer sur ce point le rôle et l'influence du Djaïnisme, sauf peut-être comme ayant préparé les voies au Bouddhisme et servi de refuge à ses membres dispersés au temps des persécutions. Il semble surtout avoir fait des protestations demeurées à l'état platonique contre le système des castes, qu'il abolit en fait en le maintenant de nom, contre le rôle et la puissance prêtés aux dieux, qu'il rabaisse au dessous de l'homme divinisé par la science, et à qui il enlève toute importance dans le monde par sa théorie de l'éternité de la matière se détruisant et se reconstituant sans cesse dans les mêmes formes, en vertu de lois fatales, invariables et éternelles, en dehors de toute action divine. La meilleure preuve, croyons-nous, de l'insignifiance de ses réformes au point de vue pratique c'est la tolérance que lui a toujours accordée le Brâhmanisme.

Quant au Bouddhisme, son influence est indiscutable, mais la plupart de ses effets ont été détruits par la réaction qui a suivi sa chute et son expulsion de l'Inde. Néanmoins les idées de charité universelle, d'amour du prochain et d'égalité, sans autre distinction que la supériorité acquise par la science et la vertu, dont il s'est fait l'apôtre, ont contribué sans doute puissamment aux concessions aux idées populaires qui caractérisent l'Indouisme. De même aussi la nécessité de le combattre a donné une impulsion heureuse à la philosophie indoue, favorisé le développement de ses spéculations métaphysiques et l'a aidé peut-être à atteindre aux hauteurs où elle s'est élevée depuis, surtout en ce qui concerne la conception de la divinité. Cette influence est surtout visible dans la philosophie védantique qui s'est développée principalement du VIII⁰ au XIII⁰ siècle de notre ère, c'est-à-dire à l'époque où la lutte était la plus ardente entre bouddhistes et brâhmanes. Ne traitant pas ici de la philosophie des religions nous n'avons pas à rechercher les causes de la chute du bouddhisme dans l'Inde, mais nous pouvons dire, cependant, sans sortir du cadre que nous nous sommes tracé, que la négation si non de l'existence du moins de l'action efficace des dieux dans le monde en a été une des raisons principales. La clientèle bouddhique, que l'on nous pardonne cette expression, devait surtout se composer des petits, des humbles, des déshérités du monde dont l'esprit peu éclairé devait avoir peine à concevoir un monde sans dieux, ou des dieux mortels et sans puissance, un univers éternel se formant et se détruisant par la seule force de lois incompréhensibles en dehors de toute intervention d'une volonté intelligente, et cela dans l'Inde surtout où l'on était accoutumé à tant de dieux intervenant continuellement dans les affaires du monde. De là probablement des doutes, des hésitations et des mécontentements qu'il fut facile aux brâhmanes d'exploiter au profit de leur cause.

Deux faits nous servent de preuve.

Quand l'Indouisme se fonda pour faire échec au bouddhisme, son premier soin fut d'élargir son panthéon pour y faire place à toutes les divinités locales jouissant de quelque autorité et de créer des mythes nouveaux et des légendes qui lui permettent de rattacher ces dieux aux anciennes divinités brâhmaniques.

Le Bouddhisme lui-même va nous fournir la seconde preuve de ce que nous avançons. L'existence d'un monde sans dieu créateur, ou au moins directeur, était tellement antipathique à l'esprit du peuple, que l'école dite *Mahâyana* ou du « grand développement » inventa un Bouddha éternel, inspirateur et soutien de tous les autres, qui, s'il n'est pas à proprement parler créateur, préside du moins à la création et veille au fonctionnement régulier des lois qui régissent l'univers, *Adi-Bouddha*.

C'est peut-être à cette conception du Bouddha Éternel et de ses coadjuteurs, les Dhyâni-Bouddhas et les Dhyâni-Bodhisattvas, que le bouddhisme Mahâyana a dû son immense extension. C'est lui que nous retrouverons partout en Asie avec des millions de fidèles, tandis que les dogmes primitifs de Çâkya-mouni ne se sont pas étendus plus loin que Ceylan, le Cambodge, Siam et la Birmanie.

ERRATUM

Page 18, ligne 25 *au lieu de* Sapta-Sindava, *lire* Sapta-Sindhavas.
— — 29 *au lieu de* Mlecchhas, *lire* Mlecchas.
19, — 2 *au lieu de* autochtones, *lire* autochthones.
20, 6 — *au lieu de* grihasta et de grhasta, *lire* grihastha et grhastha.
— — 31 *au lieu de* Saptarśis, *lire* Saptarśayas.
28, — 22 *au lieu de* grihasta, *lire* grihastha.
— — 31 *au lieu de* psycopompe, *lire* psychopompe.
57, — 15 *au lieu de* Çastra, *lire* Çâstra.
— — 18 *au lieu de* Çâstrs, *lire* Çâstra.

Page 58, ligne 33 *au lieu de* le créateur et les dieux seront ses fils, *lire* le créateur, et les dieux, etc.

64, — 11 *au lieu de* Râmà, *lire* Râma.

— — 20 *au lieu de* Paraçou-Râmà, *lire* Paraçou-Râma.

— — 27 *au lieu de* Hérî, *lire* Hirà.

65, — 18 *au lieu de* tapa, *lire* tapas.

— — 4 *au lieu de* dhyana, *lire* dhyâna.

— — 31 *au lieu de* Brahm, *lire* Brahma.

72, — 6 *au lieu de* Saraçvatî, *lire* Sarasvatî.

— — 9 *au lieu de* Ganges, *lire* Gange.

74, — 7 — annéantissement, *lire* anéantissement.

76, — 22 *au lieu de* Brâhmatchari, *lire* Brahmatchâri et Brahmacâri.

— — 29 *au lieu de* Brâhmatchari, *lire* Brahmatchâri.

77, — 3 *au lieu de* Grihasta et grhasta, *lire* Grihastha et grhastha.

— — 30 *au lieu de* Sanyasi, *lire* Sannyasi.

78, — 29 *au lieu de* Gaudama, *lire* Gautama.

80, — 26 *au lieu de* Brâhmatchari, *lire* Brahmatchâri.

81, — 7 *au lieu de* brâmane, *lire* brâhmane.

83, — 20 *au lieu de* appas, *lire* appât.

— — 25 *au lieu de* Puja, *lire* Pujà.

87, — 32 *au lieu de* la Çatapatia Brâh-

ERRATUM

Pages	ligne		
			maṇa, *lire* le Çatapatha Bràhmaṇa.
93,	—	1	*au lieu de* bhürbhuvasçah, *lire* bhürbhuvasçvah.
94,	—	18	*au lieu de* concurramment, *lire* concurremment.
101,	—	18	*au lieu de* Bhârata, *lire* Bharata.
—	—	24	*au lieu de* Chakravartin, *lire* Tchakravartin.
108,	—	23	*au lieu de* Saktîs, *lire* Çaktîs.
109,	—	3	*au lieu de* Chatourdaçi, *lire* Tchatourdaci.
—	—	23	*au lieu de* Adiçvara, *lire* Adìçvara.
—	—	24	*au lieu de* Dévadidéva, *lire* Dévâdidéva.
110,	—	5	*au lieu de* gṛhasta, *lire* gṛhastha.
111,	—	6	*au lieu de* Saktî, *lire* Çakti.
112,	—	29	*au lieu de* Svétambaras, *lire* Çvétâmbaras.
118,	—	14	*au lieu de* Satroumerdaṇa, *lire* Çatroumerdaṇa.
120,	—	7	*au lieu de* Kshattryas, *lire* Kshatryas.
124,	—	8	*au lieu de* Kevalà, *lire* Kévala.
130,	—	1	*au lieu de* Bràhmacari, *lire* Brahmacâri.
—	—	15	*au lieu de* gṛhasta, *lire* gṛhastha.
132,	—	6	*au lieu de* Ahimça, *lire* Ahimsa.
133,	—	4	*au lieu de* Mahâvira, *lire* Mahâvîra.

Page	ligne		
137,	ligne 24 et 34	*au lieu de* Svétambaras, *lire* Çvétâmbaras.	
144,	—	29	*au lieu de* exhubérante, *lire* exubérante.
145,	—	10	*au lieu de* Çudhodhana, *lire* Çudodhana.
—	—	33	*au lieu de* Latita, *lire* Lalita.
146,	—	20	*au lieu de* Çoudhodhana, *lire* Çoudodhana.
164,	—	1	*au lieu de* dhyana, *lire* dhyâna.
165,	—	28	*au lieu de* Pratiéka, *lire* Pratyéka.
217,	—	5	*au lieu de* Brahma, *lire* Brahmâ.
—	—	12	*au lieu de* Purusha, *lire* Puruša.
—	—	17	*au lieu de* Manava, *lire* Mânava.
229,	—	26	*au lieu de* Parvatî, *lire* Pârvatî,
230,	—	8	*au lieu de* Vamana, *lire* Vâmana.
232,	—	30	*au lieu de* attribé, *lire* attribué.
240,	—	22	*au lieu de* à, *lire* a.
241,	—	20	*au lieu de* Tandava, *lire* Taṇḍava,
242,	—	2	*au lieu de* Parvatî, *lire* Pârvatî.
—	—	14	*au lieu de* Kali, *lire* Kâlî.
244,	—	25	*au lieu de* Soubramahnya, *lire* Soubrahmaṇya.

ERRATUM

Page 246, ligne 2 *au lieu de* Gakoula, *lire* Gokoula.
  249, — 15 *au lieu de* Rakshasas, *lire* Râkshasas.
  259, — 26 *au lieu de* Rakshasas, *lire* Râkshasas.
  288, — 34 *au lieu de* Saktîs, *lire* Çaktîs.

INDEX BIBLIOGRAPHIQUE

Généralités.

C. P. Tiele. — Manuel de l'histoire des religions. *Paris*, 1880.
E. Burnouf. — La science des religions. *Paris*, 1876.
F. Max Müller. — Essais sur la mythologie comparée. *Paris*, 1873.
— — Essais sur l'histoire des religions. *Paris*.
— — Introduction to the science of religion. *Londres*, 1873.
— — Lectures on the origin and growth of religion as illustrated by the religions of India. *Londres*, 1878.
— — Ueber Henotheismus, Polytheismus, Pantheismus und Atheismus. *Berlin*, 1878.
Maurice Vernes. — Mélanges de critique religieuse. *Paris*, 1881.
Michel Bréal. — Mythologie et linguistique, *Paris*, 1878.
J. Darmesteter. — Mélanges de Mythologie et de linguistique *Paris*.
— — Le dieu suprême dans la mythologie.
Girard de Rialle. — La mythologie comparée. *Paris*, 1878.

J. Darmesteter. — Prolégomènes de l'histoire des religions Paris.
A. Maury. — Croyances et légendes de l'antiquité.
Goblet d'Alviella. — Les origines de l'idolâtrie. *Revue de l'hist. des Rel.* 1885, t. XII, p. 1.
G. H. Lewes. — Problems of Life and Mind. — The foundations of a Creed. *Londres*, 1874.
Jules Simon. — La religion naturelle. *Paris*, 1856.
L. Carrau. — L'origine des croyances relatives à la vie future. *Revue des deux Mondes*, 1875, t. VI.
— — L'origine des cultes primitifs d'après de récents travaux. *Id.* 1876.
F. Lenormant. — Les origines de l'histoire. *Paris*, 1880.
— — Les premières civilisations ; 2 vol. *Paris*, 1874.
C. C. J. de Bunsen. — Dieu dans l'histoire. *Paris*, 1868.
Hégel. — La philosophie de la religion ; 2 vol. *Paris*, 1876.
A. de Gubernatis. — Mythologie zoologique. *Paris*, 1874.
— Mythologie des plantes. *Paris*, 1882.
J. Fiske. — Myths and Myths-Makers. Old tales interpreted by comparative mythology. *Londres*, 1872.
C. de Harlez. — Du rôle des mythes dans la formation des religions antiques. *Le Muséon*, 1882, p. 72 ; 1885, p. 162.
Supernatural Religion. An inquiry into the reality of divine revelation ; 3 vol. *Londres*, 1879.
Th. Inmann. — Ancient faiths embodied in ancient names ; 2 vol. *Londres*, 1872-73.
Fustel de Coulanges. — La Cité antique.
H. Oort. — Du rôle de la religion dans la formation des états. *Revue de l'hist des rel.* 1881, t. III.
A. Kuenen. — Religion nationale et religion universelle. *Paris*, 1884.
H. G. M. Murray-Ainsley. — Discursive contributions towards the comparative study of Asiatic Symbolisms. *Indian Antiquary*, 188, XV, p. 61
L. Oberzinner. — Il culto del Sole, presso gli antichi orientali *Trente*, 1886.
M. J. Walhouse. — The westward spred of the indian metaphores and myths. *Indian Antiquary* 1879, t. VIII, p. 162.
The sacred Books of the East ; 31 vol. *Oxford*, 1879-88.
Encyclopédie des Sciences Religieuses ; 13 vol. *Paris*, 1881-84.
Revue de l'Histoire des Religions ; 20 vol. *Paris*, 1880-89.

Védisme et Bràhmanisme.

A. Barth. — Religions de l'Inde. *Encycl. des Sc. Rel.* t. VI.
P. Regnaud. — Discours d'inauguration de la chaire de Sanskrit et de Grammaire comparée à la Faculté des lettres de Lyon. *Paris*, 1887.
A. Langlois. — Le Rig-Véda. *Paris*, 1872.
Monier-Williams. — Indian wisdom. *Londres*, 1876.
J. Muir. — Original Sanskrit Texts ; 5 vol. *Londres*, 1868-74.
C. Lassen. — Indische Alterthumskunde. *Bonn*, 1847.
A. Bergaigne. — La Religion Védique ; 3 vol. *Paris*, 1878-83.
A. Ludwig. — Der Rig-Veda, oder die heiligen Lieder der Brähmanen ; 3 vol. *Prague*, 1878.
A. Pictet. — Les origines Indo-européennes, ou les Aryas primitifs ; 3 vol. *Paris*, 1878.
A. Kuhn. — Die Herabkunft des Feuers. *Berlin*, 1859.
D. O. Allen. — India ancient and modern. *Boston*, 1856.
G. W. Cox. — The mythology of the Aryan nations ; 2 vol. *Londres*, 1870.
Ch. F. Keary. — Outlines of primitive Belief among the Indoeuropœan races. *Londres*, 1882.
J. Darmesteter. — Le dieu suprême dans la mythologie Indo-européenne. *Revue de l'hist. des Rel.* 1880, I, p. 305.
Ph. Collinet. — La divinité personnelle dans l'Inde. *Le Muséon*, 1884, II, p. 127.
P. von Bradke. — Dyaus Asura, Ahura Mazda, and the Asuras. *Halle*, 1885.
J. D. Paterson. — On the origin of Hindu religion. *As. Res.* t. VIII.
P. Regnaud. — La Màyà et le pouvoir créateur des divinités Védiques. *Rev. de l'hist. des Rel.* 1885, t. XII, p. 237.
— — Une épithète des dieux dans le Rig-Véda. *Rev. de l'hist. des Rel.* 1887, t. XV, p. 48.
— — Matériaux pour servir à l'histoire de la philosophie dans l'Inde ; 2 vol. *Paris*, 1878.
— — Le Pessimisme bràhmanique. *Annales du Musée Guimet*, t. I, p. 101.
Michel Bréal. — Hercule et Cacus. *Paris*, 1863.
Ràjendralàla-Mitra. — Human sacrifices in ancient India. *Jour. As. Soc. of Bengal*, XLV, p. 76.

Râjendralàla-Mitra. — Chandogya-upanishad of the Sâma-veda. *Calcutta*, 1854.

— — — Alla-upanishad ; a spurious chapter of the Atharva-veda. *Jour As. Soc. of Bengal*, t. XL. p. 170.

A. Bourquin. — Le l'anthéism dans les Védas. *Paris*, 1886.

F. Creuzer. — Les Religions de l'antiquité ; 4 vol. *Paris*, 1825.

H. Weber. — Drittes Buch des Atharva-veda. *Indische Studien*, t. XVII, 177.

F. Max Müller. — The Upanishads. — *Sacred Books of the East*, t. I et XV.

J. Eggeling. — Satapàtha-bràhmaṇa. *Sacred books of the East*, t. XII et XXVI.

H. Oldenberg. — The-Grihya-sûtras. — *Sacred books of the East*, t. XXIX.

A. Loiseleur-Deslonchamps. — Manava Dharma Sàstra, ou Lois de Manou. *Paris*, 1833.

G. Bühler. — The Laws of Manu. *Sacred books of the East*, t. XXV.

— — Sacred Laws of the Aryas. *Sacred books of the East*, t. XIV.

Indouisme.

A. Barth. — Les religions de l'Inde. (Déjà cité).

Robert Cust. — Les religions et les langues de l'Inde. *Paris*, 1880.

Monier-Williams. — Hinduisme. *Londres*, 1879.

— — Indian Wisdom. *Londres*, 1876.

— — Religious thought and life in India. *Londres*, 1883.

— — Modern India. *Londres*, 1879.

Emile Guimet. — Huit jours aux Indes. *Tour du Monde*, 1886-88.

D. O. Allen. — India ancient and modern. *Boston*, 1856.

J. Muir. — Original Sanskrit Texts.

C. Lassen. — Indische alterthumskunde.

John Garrett. — A classical dictionary of India. *Madras*, 1871.

John. Dawson. — A classical dictionary of Hindu ; mythology and religion, geography, history and literature. *Londres*, 1879.

H. H. Wilson. Essays on the religion of the Hindus 2 vol. *Londres*, 1862.

Ph. Ed. Foucaux. — Le Mahàbhàrata. Onze épisodes tirés de ce poëme. *Paris* 1862.

Hippolyte Fauche. — Le Mahàbhàrata ; 10 vol. *Paris*, 1870.

—   —   — Le Ràmàyaṇa ; 9 vol. *Paris*, 1858.

E. Burnouf. — La Bhagavad-gîtà ou le chant du bienheureux. *Paris*, 1861.

— — Le Bhàgavata-puràṇa ; 3 vol. *Paris*, 1840.

H. H. Wilson. — Analysis of the Puràṇas. *Journ. As. Soc. of. Bengal*, t. I. pp. 81, 217.

— — The Vishṇu-puràṇa. *Londres*, 1840.

H. T. Colebrooke. — On the philosophy of the Hindus. *Trans. of the Roy. As. Soc.* t. I., pp. 19, 92, 439, 549 ; t. II, p. 1.

Ed. Moor. — The Hindu Pantheon. *Londres*, 1841.

G. A. Jacob. — A manual of Hindu Pantheism. *Londres*, 1881.

A. Bourquin. — Le Brahmakarma, ou rites sacrés des Bràhmanes. *Annales du Musée Guimet*, t. VII.

— — Le Dharmasindhu, ou Océan des Rites religieux. *Annales du Musée Guimet*, t. VII.

Garcin de Tassy. — Tableau du Kali-youg. *Annales du Musée Guimet*, t. I.

F. Kittel. — Ueber den Ursprung des Lingacultus in Indien. *Mangalou*, 1875.

Théodore Pavie. — Kṛishṇa et sa doctrine. *Paris*, 1852.

A. Weber. — An investigation into the origin of the festival of Kṛishṇajanmàshtamî. *Indian Antiquary*, 1874, pp. 21, 47.

— — On the Kṛishṇajanmàshtamî, or Kṛishṇa's birth festival. *Indian Antiquary*, 1877, pp. 161, 281, 349.

Prannàth-Pandit. — Kṛishṇa cultus in the Bṛhat-samhîtà. *As. Soc. of Bengal, jour.* XLIV, p. 150.

Ph. Collinet. — Les doctrines philosophiques et religieuses de la Bhagavad-gîtà. *Louvain*, 1884.

— — La théodicée de la Bhagavad-Gîtà. *Bull. de l'Acad. Roy. de Belgique*, t. X, p. 88.

Ch. Schoebel. — Le Ràmàyaṇa au point de vue religieux, philosophique et moral. *Annales du Musée Guimet*, t. XIII.

A. Locard. — Les Coquilles sacrées dans les religions indoues. *Annales du Musée Guimet*, t. VII, p. 291.

K. M. Banerjea. — The Brahma-sûtras. *Calcutta*, 1870.

H. T. Colebrooke. — Indian sectaries. *Trans. of the Roy. As. Soc.* t. I, p. 549.

H. H. Wilson. — A sketch of the religions sects ot the Hindus. *As. Res*, t. XVI, p. 1 ; XVII, p. 169.

J. Avery. — The religion of the aborigenal tribes of India. *The Orientalist*, t. II.

E. Trumpp. — Adi-Granth, or the Holy Scriptures of the Sikhs. *Londres*, 1877.

L. Langlès. — Monuments anciens et modernes de l'Hindoustan ; 2 vol. *Paris*, 1821.

J. Burgess. — Archœological Survey of India ; 4 vol. *Londres*, 1874-86.

J. Burgess. — The Rock-temples of Elephanta or Ghârâpurî. *Bombay*, 1871.

J. Fergusson. — Early Indian buildings. *Indian Antiquary*, 1873, p. 28.

J. Fergusson and J. Burgess. The Cave-temples of India. *Londres*, 1880.

F. S. Growse. — Mathurà. A district memoir. *Bombay*, 1874.

J. S. F. Mackensie. — On the Rude-stone archœology of the Hassan district. *Indian Antiquary*, 1873, p. 7.

Sonnerat. — Voyage aux Indes Orientales et à la Chine ; 2 vol. *Paris*, 1782.

Elysée Reclus. — Inde et Indo-Chine. *Nouv. géog. univ.* VIII. *Paris*, 1883.

Djaïnisme.

A. Barth. — Les religions de l'Inde. *Encycl. des Sc. Rel.* t. VI.

H. T. Colebrooke — Observations on the sect of the Jains. *As. Res.*, t. IX, p. 287.

— — On Indian Sectaries. *Trans. of the Roy. As. Soc.*, t. I.

L. de Milloué. — Essai sur la religion des Jains. *Louvain*, 1884.

Buchanan Hamilton. — On the Sràcvacs or Jains *Trans. of the Roy. As. Soc.*, 1827, t. I, p. 531.

James Delamaine. — On the Sràcvacs or Jains. *Trans. of the R. As. Soc.*, t. I, p. 413.

Cavelly Borya. — Account of the Jains, collected from a priest of this sect. *As. Res.*, t. IX, p. 244.

J. Bird. — Historical researches on the origin and principles of Bouddha and Jaina religions. *Jour. of the Bombay Branch R. As. Soc.* t. II, p. 71.

J. Klatt. — Extracts of the historical records of the Jains. *Ind. Ant.* XI, p. 245.

J. Burgess. — Papers on Satrunjaya and the Jains. *Ind. Ant.*, t. II, pp. 14, 134, 354 ; t. XIII, pp. 191, 276.

Ed. Rehatsek. — Papers on Satrunjaya and the Jains. *Ind. Ant.*, t. II, pp. 193, 258.

H. Jacobi. — The Kalpa-sûtra. — The Akârânga-sûtra. *Sacred Books of the East.* t. XXII.

A. Weber. — The Bhagavatî.

— — Ueber die heiligen Schriften der Jainas. *Berlin,* 1883.

J. Vinson. — Siudamani. *Mélanges orientaux,* p. 549.

J. Stevenson. — The Kalpa-Sâtra and Nava-tattva. *Londres,* 1848.

L. de Milloüé et E. S. W. Sénathi-râja. Essai sur le Jaïnisme par un Jain. *Leide,* 1885.

Léon Feer. — Tîrthikas et Bouddhistes. *Leide,* 1884.

Les Six Tîrthakas. *Ind. Ant.* 1879, p. 311.

Bhâu-Dâjî. — Merutanga's Theràvalli. Genealogical and succession table. *Jour. Bombay Branch.,* t. IX, p. 147.

H. Jacobi. — Ueber die Entstehung der Çvetambara Sekten. *Deutsche Worg. Getell. Zeitschrift,* 1884, p. 1.

E. Leumann. — Beziehungen der Jaina Litteratur zu andern Litteraturzwaigen Indiens. *Leide,* 1884.

S. J. Warren. — Les idées philosophiques et religieuses des Jainas. *Annales du Musée Guimet,* t. X, p. 231.

H. Jacobi. — Mahâvîra and his predecessors. — *Ind. Ant.,* 1880, p. 158.

K. B. Pâthah. — The date of Mahâvîra Nirvâna. *Ind. Ant.,* 1883.

L. de Milloüé. — Etude sur le mythe de Vrishabha. *Annales du Musée Guimet,* t. X, p. 413.

J. S. F. Mackensic. — The Jaina God Gomatêçvara at Sravana-Belligola. *Ind. Ant.* 1873, p. 139.

J. Burgess. — Notes on the Jainas. *Bombay.*

Ed. Thomas. — Jainism, or the early faith of Açoka. *Londres,* 1877.

Bouddhisme

A. Barth. — Les religions de l'Inde. *Encycl. des sc. rel.,* t. VI.

Mary Summer. — Histoire du Bouddha Çâkyamouni. *Paris,* 1874.

— — Les Religieuses Bouddhistes. *Paris,* 1873.

W. Wassilieff. — Le Bouddhisme, ses Dogmes, son Histoire et sa Littérature. *Paris*, 1865.

R. Spence Hardy. — A manual of Buddhism in its modern development. *Londres*, 1880.

E. Burnouf. — Introduction à l'histoire du Bouddhisme Indien. *Paris*, 1844.

B. H. Hodgson. — Illustrations of the littérature and religion of the Buddhists. *Sérampore,* 1841.

— — Notice sur la langue, la littérature et la religion des Bouddhistes du Népal, et du Bhotan ou Tubet. *Nouv. Jour. Ast.*, VI, pp. 81, 257.

— — Sketch of Buddhism. *Trans. of the Roy. Ast.*, Soc., II, p. 222.

Barthélemy-St-Hilaire. — Le Bouddha et sa religion. *Paris*, 1862.

H. Alabaster. — The Wheel of the Law. *Londres*, 1871.

E. Burnouf. — Le Lotus de la Bonne Loi. *Paris*, 1852.

Al. Csoma de Körös, — Notices of the different systems of Buddhism. *Jour. As. Soc. of Bengal*, t. VII, p. 142.

Ph. Ed. Foucaux. — Rgya-Tcher-rol-pa. *Paris,* 1868.

— — Le Lalita Vistara. *Annales du Musée Guimet*, t. VI.

J. Alwiss. — Buddhism, its origins, history and doctrines. *Jour. Pâli Texts Soc.* 1883.

E. Sénart. — Essai sur la légende du Bouddha. *Paris*, 1882.

— — Note sur quelques termes boudhiques. *Jour. As.*, 1876, t. VIII, p. 477.

H. Kern. — Histoire du Bouddhisme dans l'Inde. *Revue de l'hist. des Rel.*, 1881, t. IV ; 1882, t. V ; 1883, t. VII.

R. Spence Hardy. — The legends and theories of the Buddhists.

Bigandet. — Vie ou légende de Gaudama, le Bouddha des Birmans. *Paris*, 1878.

H. Holdenberg. — Buddha, sein Leben, seine Lehren, seine Gemeinde. *Berlin*, 1881.

F. Max Müller. — The true date of Buddha's death. *Ind. Ant.*, 1884, t. XIII, p. 148.

Samuel Beal. — The Buddhist Councils held at Râjagriha and Vesali. *Berlin*, 1881.

E. Sénart, — Etudes sur les inscriptions de Piyadasi. *Jour. As.*, 1880-89

J. Prinsep. — On the Edicts of Piyadasi or Açoka, *Jour. As. Soc. of Bengal,* t. VII, p. 219.

A. Barth. — Inscriptions Sanskrites du Cambodge, avec Atlas. *Paris,* 1885.

Léon Feer. — Etudes Bouddhiques. *Journal As.*
— — Avadàna Çataka. *Paris,* 1881.
— — Les Quatre vérités et la Prédication de Bénarès. *Jour. As.*, 1870, t. XV.

Ed. Upham. — The Mahàvansi, the Rêja-ratnâcari, the Râjavali ; 3 vol. *Londres,* 1833.

J. Gerson da Cunha — Mémoire sur la Dent-relique de Ceylan. *Annales du Musée Guimet,* t. VII, p. 307.

Mutu-Coomàra-Swamy.— Le Dàthàvamça, ou histoire de la Dent-relique du Bouddha Gautama. *Annales du Musée Guimet,* t. VII, p. 307.

C. Alwis. — Visites des premiers Buddhas dans l'île de Lankà. *Annales du Musée Guimet,* t. 1, p. 117.

C. Lassen. Indische Atterthumskunde. *Bonn,* 1847.

T. W. Rhys-Davids. — Buddhist sùttas. *Sacred Books of the East,* t. XI.

T. W. Rhys-Davids, and H. Oldemberg. — Vinaya texts. *Sacred Books of the East,* t. XIII.

T. W. Rhys-Davids, and H. Oldemberg. — The Mahàvagga. — The Qullavagga. *Sacred Books of the East,* t. XVII ; t. XX.

H. Kern. — The Saddharma-Pundarika. *Sacred Books of the East,* t. XXI.

A. Cunningham. — The Bhilsa Topes. *Londres,* 1854.

T. Latter. — On the Buddhist Emblems of architecture. *Jour. As. Soc. of Bengal,* t. XIV, p. 623.

A. M. Broadley. — Buddhist Remains in Bihàr. *Jour. As. Soc. of. Bengal,* t. XLI, p. 209.

M. J. Walhouse. — Buddhist vestiges in Trichinapalli. *Ind. Ant.,* 1875, p. 272.

J. Wilson. — Memoir on the Cave-temples, and Monasteries, and other ancient Buddhist, Bràhmanical, and Jains remains in Western India. *Jour. Bombay Branch,* t. III, p. 36 ; t. IV, p. 340.

M. A. Sherring. — The Sacred City of the Hindus, an account of Benares in ancient and modern times. *Londres,* 1868.

G. Delaporte. — Voyage au Cambodge. — Architecture Khmer. *Paris,* 1880.

J. Spooner. — Exploration des monuments religieux du Cambodge. *Revue de l'hist. des Rel.*, t. I, 1880.
Cochinchine Française. — Excursions et Reconnaissances ; 12 vol.
Pallegoix. — Description du royaume Thaï ou de Siam ; 2 vol., *Paris*, 1854.
A. Bergaigne. — L'ancien royaume de Campa, dans l'Indo-Chine. *Paris*, 1888.
Abel Rémusat. — Foe-koue-ki, ou relation des royaumes Bouddhiques. *Paris*, 1836.
Samuel Beal. — Indian Travels of Chinese Buddhists. *Ind. Ant.* 1881, pp. 109, 192, 246.
Samuel Beal. — Travels of Fa-hian and Sun-yun, Buddhist Pilgrims, from China to India (400 and 518 A. D.). *Londres*, 1869.
C. Leemans — Borô-Boudour dans l'île de Java, avec atlas de 400 pl. *Leide*, 1874.

Bouddhisme Tibétain.

Léon Feer. — Le Tibet. Le Pays, le peuple, la religion. *Paris*. 1888.
— — Analyse du Kandjour et du Tandjour, recueils des livres sacrés du Tibet, de Csoma de Koros, traduite de l'anglais et augmentée de diverses additions et remarques. *Annales du Musée Guimet*, t. II.
— — Textes tirés du Kandjour. *Annales du Musée Guimet*, t. V.
Emile de Schlagintweit. — Le Bouddhisme au Tibet. *Annales du Musée Guimet*, t. III.
Koppen. — Tibet und der Lamaismus. *Berlin* 1859.
Babu Sarat-Chandra-Dàs. — Contributions to the religion, history, and literature of Tibet. *Jour. As. Soc. of Bengal*, 1881, p. 181 ; 1882, pp. 1, 87.
Huc et Gabet. — Souvenirs d'un voyage dans la Tartarie, le Thibet et la Chine ; 2 vol. *Paris*, 1853.
— — — Les quarante-deux points d'enseignement proférés par Bouddha. *Nouv. Jour. As.*, t. XI, p. 535.

TABLE DES MATIÈRES

                                                                                    Pages.

PRÉFACE...   1

INTRODUCTION. L'histoire des Religions; son but. — Religion et Religions. — Origine des Religions : Révélation, Naturalisme, Animisme. — Classification des Religions : Fétichisme, Polythéisme, Panthéisme, Monothéisme. Religions Aryennes ou Indo-européennes et religions Sémitiques. — Notion de la Divinité. — Morale. — Le Rite : prière et sacrifice. — Le Clergé............   1

CHAPITRE I. *Védisme* : Les Védas. — Origine et état de civilisation des Aryas védiques. — Le culte védique. Les hymnes. Le sacrifice. Les Rishis. — Naturalisme du védisme. — Les dieux védiques : l'Asoura, Dyaus-Pitâr. Prithivî et Aditi. Les Adityas : Varouna et Mitra. Les Dévas, divinités solaires et météorologiques : Agni et Soma, Indra, Vishnou, Roudra, les Marouts, Vayou, Savitri, Tvashtri, Oushas, Yâma, les Açvins, les Ribhous. — Les démons : Vrîtra, Ahi, Çambara, etc.....   13

CHAPITRE II. *Brâhmanisme* : Le Brâhmanisme ; modifications de la société Aryenne ; institution d'un corps sacerdotal. — Les quatre Castes : Brâhmanes, Kshatryas, Vaiçyas, Çoudras. — Livres sacrés : les Brâhmanas, les Oupanishads, les Soûtras, les Çâstras, les Pourânas.

Le Mânava-Dharma-Çàstra. Les Itihasas. — Transformation du Védisme. Divinités bràhmaniques. Démons. — Création du monde. Cosmogonie. — L'âme universelle. — Immortalité de l'âme. Dogme de la Transmigration ou Métempsycose. — Le Svarga. Le Moksha. L'Enfer. — Vie religieuse de l'Arya. Initiation. Le Dvidja : les quatre époques de sa vie. — Ascétisme. — Prescriptions morales. Le péché. — Sacrifices. Prières. — Temples. Images. — Ecoles philosophiques. Leur influence sur la religion. — Les Schismes............   49

Chapitre III. *Djaïnisme*: Le Djaïnisme est-il antérieur ou postérieur au Bouddhisme ? — Son origine. Dogmes des djaïns. Création du monde. Cosmogonie. Immortalité de l'âme. Transmigration. Le Moukti. — Divinités et démons. — Les Tîrthamkaras ou Djinas. Vrishabha, Némi, Pàrçvanàtha, Mahàvîra. — Les Arhats, les Çramanas, les Yatis, les Çràvakas. — Devoirs religieux des prêtres et des laïques. Dharmas et Karmas. L'Ahimsa. Lectures pieuses. Méditation. Jeûnes. Ablutions. Confession et Absolution. — Sacrifices et fêtes. Pèlerinages. — Temples et images. — Funérailles. — Sectes : les Dîgambaras et les Çvétambaras. — Etat actuel du djaïnisme. Son importance..........................   97

Chapitre IV. *Bouddhisme* : Le Bouddhisme. Son caractère. Son origine. Date probable de sa fondation. — Le Bouddha, Çàkya-mouni fondateur historique du bouddhisme. Son histoire et sa légende mythique. — Enseignement du Bouddha. Les Quatre Excellentes Vérités et les Huit Bons Chemins. — Dogmes bouddhiques. Divinités. Bouddhas et Bodhisattvas. Démons. Création du monde. Les Kalpas. Cosmogonie. Immortalité de l'âme ; Transmigration. Le Nirvàna. Le paradis de Soukhavàtî. Les Enfers. — Le Monachisme bouddhique. — La Trinité : Bouddha, Dharma, Sangha. — Conciles. Rédaction du canon bouddhique. Le Tripitaka. — Progrès et extension rapide du bouddhisme. Le roi Açoka. Missions à l'étranger. — Luttes avec le bràhmanisme. Persécutions. Le bouddhisme expulsé de l'Inde. — Ecoles philosophico-religieuses : Hinayana, Mahàyana, Madhyamika, Kala-tchakra. Bouddhisme du Sud et bouddhisme du Nord. — Cérémonies bouddhiques. Prières. Lectures pieuses. — Temples. Monastères. Images. Reliques. Pèlerinages. — Etat actuel et avenir du bouddhisme. — Le bouddhisme Tibétain. Le Lamaïsme   141

CHAPITRE V. *Indouisme :* L'Indouisme ou brâhmanisme sectaire. Son origine et son caractère. — Ses livres sacrés : Pourânas, Tantras, Çâstras. — Poëmes épiques. Le Mahâbhârata et le Râmâyana. — Vishnouisme et Çivaïsme. — La Trimourtî. — Divinités supérieures : Brahmâ et Sarasvatî. Vishnou, Lakshmî, Kâma ; Avatârs de Vishnou, Râma et Krishna. Çiva, le Linga, Pârvatî et Prithivî, Kâlî, Dourgà, Bhavanî, Dêvî, Ganêça, Skanda. — Divinités inférieures : Indra, Soûrya, Oushas, les Açvins, Varouna, Vayou, les Marouts, Agni, Tvashtri, Viçvakarman, Soma, Yama, Kouvéra. Génies et démons. Rishis et Pîtris. — Création du monde. Cosmogonie. Kalpas et Yougas. — Immortalité de l'âme. Transmigration. Le Svarga. Le Moksha. Les Enfers. — Castes. — Devoirs religieux et sociaux. — Ascètes, Yogis, Sannyasis. — Ecoles philosophiques. Sectes brâhmaniques. — Temples. Images. Cérémonies. Pélerinages. Sacrifices. Prières. — Causes de faiblesse du brâhmanisme. Tentatives de réformes........ 205
CONCLUSION................................. 307
Erratum.................................... 317
Index Bibliographique........................ 323

ERNEST LEROUX, ÉDITEUR
RUE BONAPARTE, 28

L. DE MILLOUÉ

Le Bouddhisme, son histoire, ses dogmes, son extension et son influence sur les peuples chez lesquels il s'est répandu. In-8. .... 1 fr. 50

Essais sur la religion des Jaïns. In-8. .... 3 fr.

Etude sur le mythe de Vrishabha, le premier Tirthamkara des Jaïns. In-4, avec héliogravures. .... 5 fr.

Aperçu sommaire de l'histoire des religions des peuples civilisés. In-18, illustrés. .... 1 fr.

Catalogue du Musée Guimet. (Lyon 1883) ...... 2 fr. 50

Guide du Musée Guimet, in-18, illustré. .... 1 fr.

N. SIOUFFI

Etude sur la religion des Soubbas ou Sabéens, leurs dogmes, leurs mœurs. In-8 .... 7 fr. 50

CATÉCHISME BOUDDHIQUE

de Soubhadra Bhikshou, traduit en français. In-18. 2 fr. 50

P. PIERRET

Le Panthéon Égyptien. In-18, illustré de 75 dessins originaux .... 10 fr.

BRAHMAKARMA

ou rites sacrés des Brahmanes. Traduit du sanscrit en français par A. Bourquin. In-4. .... 7 fr. 50

ANDERSON

Mythologie Scandinave. Légendes des Eddas, traduction de M. J. Leclercq. In-18. .... 3 fr. 50

www.ingramcontent.com/pod-product-compliance
Lightning Source LLC
Chambersburg PA
CBHW060557170426
43201CB00009B/807